Beck'sche Schwarze Reihe
Band 317

OTTO SCHILY

Politik in bar

Flick und die Verfassung unserer Republik

VERLAG C. H. BECK MÜNCHEN

Mitarbeit: Dietmar Hüsemann

CIP-Kurztitelaufnahme der Deutschen Bibliothek

Schily, Otto:
Politik in bar : Flick u. d. Verfassung unserer Republik /
Otto Schily. – Orig.-Ausg. – München : Beck, 1986.
(Beck'sche Schwarze Reihe Bd. 317)
ISBN 3 406 31733 2
NE: GT

Originalausgabe

ISBN 3 406 31733 2

Lektorat: Klaus Humann, Hamburg
Umschlagentwurf von Uwe Göbel, München (Foto: Sven Simon)

Gesamtherstellung: Presse-Druck Augsburg
Printed in Germany

Inhalt

Ehrenwerte Dunkelmänner. Zur Einführung 9

1. Wg. Flick. Das Verfahren 15

Einsetzung des Ausschusses und dessen Auftrag 15
Vorgeschichte und Parallelverfahren 18
Ablauf des Untersuchungsverfahrens 24

Konstituierung des Ausschusses 24
Beweisaufnahme 25

2. Politik in bar. Die ermittelten Tatsachen 50

Das Spendensystem des Flick-Konzerns 50

Spendenkanäle 50
Spendenempfänger 54

Die »Pflege der Bonner Landschaft« durch das »Bonner Büro« des Flick-Konzerns 68

»Thema Mitbestimmung« 69
»Kontaktausbau zu einer Gruppe potenter Politiker um Dr. Czaja« 75
»Zahlung an Willibald Hilf / Begründung: Seine Bedeutung auch künftig im Bereich Medienpolitik« 75
»Kontakt mit Wissmann auf Perspektive sehr wesentlich und auch in unserem Sinne hoffnungsvoll« 77
»Beachtenswert ist, daß die Friedrich-Naumann-Stiftung direkt Parteiveranstaltungen der FDP organisiert und natürlich auch finanziert« 79
»Streicheleinheiten« 80
»Heiße Quellen bei den CDU-Rechten« 81

»Spezialbrief für Dr. Voss / Abwicklung über Münchener Stiftung für ihn nicht wünschenswert« 83
»Ziel ist es, die Wirtschaftspolitiker des zweiten Gliedes aus der Fraktion einzubinden« 89
»Teltschik, ein wichtiger Kontaktmann für unsere Arbeit« 90
»Mit dem Ziel der Effizienzkontrolle die Spendenpolitik gestrafft (größere Wirkung mit geringeren Mitteln)« 91
»Für weitere Streichungen kaum noch Raum, ohne daß wir die Effektivität der politischen Verbindungen zu unserem Nachteil einschränken« 93
»Ziesl beteuerte, loyal zu Dr. Kohl zu stehen« 97
»Herausfinden, ob Zimmermann, mit dem wir bekanntlich eine anwaltschaftliche Beratung haben, in Bonn helfen kann« 99
»Büro Bonn von Parlamentariern, Beamten sowie Funktionsträgern in Parteien 1979 in zunehmendem Maße in Anspruch genommen« 100
»Vor allem ›psychologische Beihilfe‹ und Argumentationshilfen haben uns ›gute Freunde‹ für die neue Legislaturperiode gesichert« 101

Mängel. Berichtigungen und Ergänzungen zum Abschlußbericht der Mehrheit im Flick-Untersuchungsausschuß 103

»Moralische Rückendeckung« für die Deutsche Bank 104
»Friderichs hat mir gesagt, er stünde uns zu jeder Tages- und Nachtzeit zur Verfügung« 105
»Mit Friderichs ein besonders vertrauensvolles Verhältnis« 108
»Zahlungen aus der ›schwarzen Kasse‹« 112
»Kohl gibt Zwischenbescheid. Adresse nicht bekannt« 122
»H. v. B. am 06. 06. 1979 vorgelegen« 123
»Üblich, der Bitte, den Spender ungenannt zu lassen, zu entsprechen« 124
»Friderichs ist zur Zeit bereit, sehr großzügig und sehr schnell Dinge mitzumachen« 126
»bar 3 × 30« 127
»Ich würde aus atmosphärischen Gründen für eine Hilfe plädieren« 130
»20. 11. Ka. wg. Kohl ü. v. B. 50000.–« 131
»Naturgemäß konnte sich Kohl nicht abschließend verbindlich äußern« 137
»Frau Weber/Sekr. Dr. Kohl fragt an, ob es Ihnen recht ist, wenn sie ... gegen 16.00 Uhr bei Ihnen kurz vorbeikommt« . . . 140
»Der ist bei mir nicht eingegangen« 141
»Da habe ich gesagt, daß diese Eintragung ›FKF‹ nicht stimmt« 145

»Für jemanden, der Ohren hat, war zu erkennen, daß er die Wirtschaft zur Kasse bitten wollte« 148
»Etwas zum Ablehnen« 153
»Endgültige Hausnummer 100–130« 157

3. Die Verfassung unserer Republik. Politische Bewertungen und Schlußfolgerungen 160

Verhältnis von Wirtschaft und Politik 160

Historische Entwicklung 162

Das Einflußpotential des Flick-Konzerns in der Bundesrepublik Deutschland 172

Kontinuität nach 1945 172
Enge Beziehungen des Flick-Konzerns zu Parteien und Politikern von CDU/CSU und FDP 176
Einflußmethoden 180
Einflußfelder und Einflußziele des Flick-Konzerns 186

Rechtliche Beurteilung 188
Schlußfolgerungen 192

Rückkehr zum Recht 192
Ausgabenreduzierung 194
Neue Verhaltensregeln für Abgeordnete 195
Wiedereinführung des Straftatbestandes der Abgeordnetenbestechung? 195
Änderung der Vorschrift in § 6 b EStG 195
Neutralisierung der Kapitalmacht von Großunternehmen und Banken 207
Stärkung der Minderheitenrechte in Untersuchungsausschüssen 208

Anhang: Strafanzeige gegen Bundeskanzler Dr. Helmut Kohl wegen des Verdachts der uneidlichen Falschaussage (§ 153 StGB) in zwei Fällen 209

Vorbemerkung 209

Anmerkungen 241

Der Autor 243

Ehrenwerte Dunkelmänner. Zur Einführung

I.

In einem Zeitschrifteninterview wurde Hans-Günther Sohl, der frühere Präsident des Bundesverbandes der Deutschen Industrie, gefragt, ob die Parteispendenaffären nach seiner Meinung zu einer gesteigerten Staatsverdrossenheit führen. Seine Antwort war, diese Gefahr sei vorhanden, wir könnten ihr am besten begegnen, wenn wir »Mißgeschicke, die jedem und die überall passieren, nicht hochspielen« und »gemeinsam dazu beitragen, daß diese Dinge nicht durch die Medien hochstilisiert werden«. Das ist eine sehr aufschlußreiche Äußerung eines der höchsten Würdenträger aus dem industriellen Machtkartell. Ein Mißgeschick, das jedem überall passieren kann, darum handelt es sich also bei den Parteispendenaffären. Das klingt nach Schicksal, Unfall und allenfalls Ungeschick. Der Vorwurf kriminellen Handelns ist darin spurlos verschwunden. Die Empfehlung lautet, sich nicht weiter damit aufzuhalten und die Geschichte geräuschlos zu beerdigen.
Kein guter Rat für die Demokratie.

II.

Auch Eberhard von Brauchitsch wünschte, daß nichts hochgespielt wird. Er schrieb vor Jahren an Rainer Barzel, in deutlich tadelndem Ton: »Inwieweit es richtig ist, von seiten der CDU eine unbefriedigte Humanität im Zusammenleben der Menschen in Deutschland hochzuspielen, wage ich zu bezweifeln. Sie wissen von dem gemeinsamen Abendessen bei Dichgans, daß ich größte Bedenken habe, von der Notwendigkeit der stärkeren Humanität der Arbeitsplätze zu sprechen. Die CDU hat sich von der SPD unter vielem anderen auch dadurch in der Vergangenheit wohltuend unterschieden, daß sie realistisch gedacht und gearbeitet hat. Ich glaube nicht daran, daß die Menschen verbessert werden können. Ich glaube lediglich, daß es möglich ist, durch Gesetze einen gewissen Zwang für die Anständigkeit im Zusammenleben der Menschen auszuüben. Das aber ist unter der Regierung der CDU/CSU in einem Maße geschehen, das weltweit seinesgleichen sucht. Die Erweckung der Begehrlichkeit bei den Menschen, daß auf diesem Gebiet mehr getan werden kann, führt – fürchte ich – zu Unruhe und Unzufriedenheit...«

III.

Durch Gesetze »einen gewissen Zwang für die Anständigkeit im Zusammenleben der Menschen auszuüben«, wollen Hans-Günther Sohl und Eberhard von Brauchitsch freilich nicht für sich und ihresgleichen gelten lassen. In dem erwähnten Zeitschrifteninterview hat Sohl zwar immerhin treuherzig versichert, daß er »strafbare Handlungen ablehne« und auch gegen eine Beeinflussung der Politik durch Geld oder Anweisungen sei, jedoch kann er partout nicht einsehen, daß bei der früher praktizierten Parteienfinanzierung Straftatbestände wie zum Beispiel Steuerhinterziehung vorliegen. Es habe sich um Fehler in der Gesetzgebung oder in der Steuerpraxis gehandelt.
Daß das Bundesverfassungsgericht in seiner Entscheidung vom 24. Juni 1958 steuerliche Vergünstigungen für Großspenden für verfassungswidrig erklärt hatte und daß es spätestens seit diesem Zeitpunkt klare und unmißverständliche Steuervorschriften gab, wonach nur in einem sehr begrenzten Rahmen Parteispenden steuerlich abgesetzt werden können, ficht Sohl und seine Gefährten in ihrem robusten Rechthabebewußtein nicht an. Sie haben das Orwellsche Verfassungsverständnis, demzufolge alle Tiere gleich sind, nur manche gleicher als die anderen.

IV.

Inzwischen ist der Service in Karlsruhe für Flick, Horten, Henkel und viele andere besser geworden. Mit seinem Urteil vom 14. Juli 1986 hat der 2. Senat des Bundesverfassungsgerichts »kapitalkräftigen Interessenträgern nahezu einen Freifahrschein zur steuerbegünstigten Einflußnahme auf die politische Willensbildung« erteilt, wie Bundesverfassungsrichter Böckenförde in seinem Sondervotum mit Recht festgestellt hat.

V.

Dem Aufsichtsratsvorsitzenden der Deutschen Bank, Wilfried Guth, ist es unverständlich, »daß dieselben Parlamentarier, die diese Finanzierungsnotwendigkeiten für ihre Parteien erkannten, die mit Spenden zusammenhängenden Rechtsfragen erst im Jahre 1983 gesetzlich geregelt und in der Zwischenzeit die bekannten Wege und Einrichtungen für ihre Einwerbung benutzt haben, die nun eine Flut von Anklagen und Prozessen nach sich ziehen«. Es sei, so diagnostiziert Guth, »letztlich dieser Mangel an Konsequenz und Verantwortungsbewußtsein in der Gesetzgebung, für den jetzt Unternehmer, die in gutem Glauben an die Rechtmäßigkeit ihres Tuns solche Spenden geleistet haben, an den Pranger gestellt werden«. Immerhin mußte auch die Mehrheit des 2. Senats des Bundesverfassungsgerichts in dem bereits zitierten Urteil vom 14. Juli 1986 einräumen, daß die Neuregelung der Steuervergünstigungen für Großspenden in dem Parteienfinanzierungsgesetz von 1983 »zu einer krassen Ungleichbehandlung der Steuerpflichtigen« und zu einer verfassungswidrigen Bevorzugung von Bürgern mit hohem Einkommen führt. Die Deformierung des Rechtsbewußtseins muß weit fortgeschritten sein, wenn das verfassungs- und gesetzwidrige Verhalten von Politikern und Unternehmern in der Vergangenheit damit gerechtfertigt werden soll, daß die betroffenen politischen Parteien erst im Jahr 1983 ein verfassungswidriges Parteiengesetz verabschiedet haben.

Die salbungsvolle Dreistigkeit, mit der guter Glaube auf seiten der Unternehmer reklamiert wird, vermag nicht darüber hinwegzutäuschen, daß zielbewußt gegen Steuergesetze verstoßen und Grundprinzipien der Verfassung in schändlicher Weise mißachtet wurden.

VI.

Der frühere Bundespräsident Walter Scheel, lange Zeit Schatzmeister der FDP, hat ein besonders eigenwilliges Rechtsverständnis. In einer Zeugenaussage vor einem Kölner Gericht erklärte er, es sei »für die Parteien ein umständlicher Weg gewesen, erst Vereine zu gründen, um Geld für Aufgaben zu erhalten, die wir erfüllen mußten«, es habe sich aber um einen »vom Gesetz erzwungenen Umweg« gehandelt; daß sie diesen Weg gewählt hätten, zeige doch, daß sie sich bemüht hätten, im Rahmen des Gesetzes zu handeln.
Im Dunkeln ist gut munkeln. Wer die Steuerbehörden hinters Licht führt, beweist gerade dadurch seine Steuerehrlichkeit, so die Logik von Altschatzmeister Scheel. Das ist wahrhaft rheinischer Humor, Tünnes und Scheel in Vollendung.

VII.

Graf Lambsdorff, frisch ausgestattet mit einem Vorfreispruch hinsichtlich des Vorwurfs der Bestechlichkeit, fühlt sich bereits wieder zur Rückkehr auf einen Ministerposten berufen. Eine eventuelle Verurteilung wegen Steuerhinterziehung sieht er nicht als störend an. Er sei in guter Gesellschaft. »Parteispendenaffäre um 90 noble Spender« heißt es in einem der Flick-Dokumente. »Wenn der Staatsanwalt gegen die Elite ermittelt« überschrieb eine Zeitung ihren Bericht über die Parteienspendenverfahren. Graf Lambsdorff fühlt sich als Elite. Die Elite, die gute Gesellschaft, die ehrenwerte Gesellschaft, ihr wird wohl noch ein wenig Steuerhinterziehung nachzusehen sein. Daß die

Staatskasse um einige Millionen Mark erleichtert wurde, regt das noch jemanden auf? Erst recht scheint dem Grafen niemand nachzutragen, daß er systematisch und schon gewohnheitsmäßig ein zentrales Verfassungsgebot, die Pflicht zur öffentlichen Rechenschaftslegung über Parteispenden, verletzt hat.

VIII.

Zur guten Gesellschaft gehörte auch Friedrich Flick, jener Industriemagnat, der die Verbrechensherrschaft der Nazis finanzierte und zugleich von ihr profitierte. Franz Josef Strauß rühmt sich noch heute seiner Freundschaft zum Verbrecher Friedrich Flick. Die blutbefleckten Flick-Millionen fanden den Weg in viele Taschen. Die gute Gesellschaft, die ehrenwerte Gesellschaft scheut nicht die politische Prostitution.

IX.

Am 20. Februar 1933 notierte Joseph Goebbels in seinem Tagebuch: »Wir treiben für die Wahl eine ganz große Summe auf, die uns mit einem Schlage aller Geldsorgen enthebt. Wenn uns keine außergewöhnliche Panne mehr unterläuft, dann haben wir auf der ganzen Linie gewonnen.« Im Jahre 1907 feierte der »Centralverband Deutscher Industrieller« die Spendenbereitschaft seiner Mitglieder, die »mit außerordentlicher Opferwilligkeit durch die Hergabe reicher Mittel wesentlich dazu beigetragen hätten, die Vertretung der Sozialdemokratie im Reichstag zu dezimieren«. Im Pyrmonter Abkommen von 1949 verpflichteten sich Unternehmer, unter ihnen viele, die früher die Naziverbecher finanziell unterstützt hatten, für den Wahlfonds der Rechtsparteien CDU, FDP und DP den Betrag von 2 Millionen Mark aufzubringen, ein Jahr nach der Währungsreform eine gewaltige Summe. Die gute Gesellschaft, die ehrenwerte Gesellschaft des großen Geldes wußte stets, wo ihre Interessen am besten aufgehoben waren. Soll diese Tradition fortgesetzt werden?

X.

Das Sondervotum zum Flick-Untersuchungsausschußbericht dokumentiert Methoden und Verhaltensmuster der Geldherrschaft. Drei Reaktionen sind zu erwarten: Es war immer schon so, es wird so bleiben oder, es muß sich etwas ändern. Hoffentlich ändert sich etwas.

Bonn/Berlin, im Juli 1986 *Otto Schily*

1. Wg. Flick. Das Verfahren

Einsetzung des Ausschusses und dessen Auftrag

Am 27. April 1983 beantragte die Fraktion der GRÜNEN die Einsetzung eines Untersuchungsausschusses mit folgendem Auftrag:

»Es wird ein Untersuchungsausschuß gemäß Artikel 44 GG eingesetzt, bestehend aus dreizehn Mitgliedern (fünf CDU/CSU, vier SPD, zwei FDP, zwei GRÜNE).
Dieser Ausschuß soll den Vorgang und insbesondere folgende Fragen klären: Nach einer Vielzahl von Presseberichten in den letzten Jahren soll es im Zusammenhang mit Steuerbefreiungen des Flick-Konzerns in Höhe von über 800 Millionen DM nach § 6b des Einkommensteuergesetzes zu Einflußnahmen des Flick-Konzerns und seiner Beauftragten auf die Entscheidungsfindung von Regierungsmitgliedern, Abgeordneten und weiteren Personen gekommen sein. Ferner sollen nach Presseberichten in den letzten Jahren den Parteien CDU, CSU, SPD und FDP Spenden auf dem Umweg über steuerlich privilegierte Organisationen (z. B. gemeinnützige Vereine, staatsbürgerliche Vereinigungen, parteinahe Stiftungen) zugeflossen sein.

1. Hat der Flick-Konzern — gegebenenfalls auf welche Weise — auf Gremien oder einzelne Mitglieder des Deutschen Bundestages, die Bundesregierung, einzelne Ministerien und/oder andere Stellen sowie Parteien Einfluß genommen?
2. Wie ist die Entscheidung der damaligen SPD/FDP-Regierung über die Gewährung von Steuervorteilen aus dem Gewinn des Verkaufs von Daimler-Benz-Aktien des Flick-Konzerns zustande gekommen? Welche Überlegungen, Vorschläge und Informationen sind insbesondere von den beteiligten Ministerien für Wirtschaft und Finanzen oder auch von Behörden der Bundesländer erörtert worden?
3. Wie hat der Flick-Konzern seine Anträge auf Steuerbefreiung begründet? Sind seitens des Flick-Konzerns zur Begründung der Anträge auf Steuerbefreiung unzutreffende, unvollständige oder irreführende Angaben gemacht worden? Was und wie ist geprüft worden, ob die Voraussetzungen für eine Steuerbefreiung nach § 6b des Einkommensteuergesetzes vorlagen?
   Auf welche Weise kann die Entscheidung betreffend die Steuerbefreiung revidiert werden? Welche Vorkehrungen sind notwendig, um künftig

Steuerbefreiungen gemäß § 6b des Einkommensteuergesetzes in ähnlich oder gleichgelagerten Fällen zu verhindern? Muß die Vorschrift in § 6b des Einkommensteuergesetzes geändert werden?

4. Sind von seiten des Flick-Konzerns und seiner Beauftragten unmittelbar oder mittelbar über Dritte, insbesondere in sachlichem und zeitlichem Zusammenhang mit den Anträgen auf Gewährung von Steuerbefreiungen gemäß § 6b des Einkommensteuergesetzes, Zahlungen oder andere geldwerte Leistungen Parteien oder Politikern zugewendet worden? Haben Beauftragte des Flick-Konzerns insbesondere versucht,
   a) mit Geldzahlungen den allgemeinen wirtschaftspolitischen Kurs von CDU, CSU, SPD und FDP zu beeinflussen,
   b) Politiker durch Geschenke, Spenden und durch Betreuung auf Auslandsreisen für ihre Zwecke gewogen zu machen,
   c) den Einfluß der Linken in SPD und FDP zu neutralisieren,
   d) die Karriere Flick-genehmer Nachwuchspolitiker zu fördern und
   e) durch gezielte Spendenzahlungen innerparteiliche Flügelkämpfe zu entscheiden?

   Auf welchen Wegen sind diese Geldleistungen bzw. geldwerte Leistungen erbracht worden? Fungierten steuerlich privilegierte Organisationen (u. a. gemeinnützige Vereine, parteinahe Stiftungen, staatsbürgerliche Vereinigungen, Berufsverbände) als »Zwischenträger« und »Geldwaschanlagen«?
5. Sind diese Zuwendungen in die Rechenschaftsberichte der Parteien aufgenommen worden? Gegebenenfalls in welcher Form?
6. Haben Abgeordnete des Deutschen Bundestages, soweit sie Zuwendungen oder andere geldwerte Leistungen des Flick-Konzerns erhielten, von dort Gehälter bezogen oder mit diesem über Beraterverträge verbunden waren, diese entsprechend den Verhaltensregeln für Mitglieder des Deutschen Bundestages (Anlage 1 zur Geschäftsordnung des Deutschen Bundestages) dem Präsidium angezeigt? Welche Abgeordnete haben in welcher Höhe solche Zuwendungen erhalten? Haben diese Abgeordneten an Entscheidungen, die den Flick-Konzern mittelbar oder unmittelbar betreffen, mitgewirkt?
7. Haben die Parteien CDU, CSU, SPD und FDP auch von anderer Seite Spenden in Form von Geldbeträgen oder geldwerten Leistungen über steuerlich privilegierte Organisationen (z. B. gemeinnützige Vereine, parteinahe Stiftungen, staatsbürgerliche Vereinigungen, Berufsverbände) als »Zwischenträger« und »Geldwaschanlagen« erhalten? Sind zur Verdeckung solcher »Umwegfinanzierungen« Geldbeträge in das Ausland transferiert und von dort der jeweils begünstigten Partei zur Verfügung gestellt worden?

   Sind Spenden der genannten Art in die veröffentlichten Rechenschaftsberichte der Parteien aufgenommen worden? Gegebenenfalls in welcher Form?
8. Haben im Zusammenhang mit den staatsanwaltschaftlichen Ermittlun-

gen um verdeckte Parteispenden und Zahlungen des Flick-Konzerns persönlich betroffene oder nicht unmittelbar beteiligte Personen auf die laufenden Verfahren Einfluß genommen? Gegebenenfalls in welcher Weise und mit welchem Ziel?

9. Aus welchen Erwägungen ist im Jahre 1981 von den Parlamentarischen Geschäftsführern der Fraktionen der CDU/CSU, SPD und FDP ein Gesetzentwurf zur »steuerlichen Selbstberichtigung und zur Steuernachzahlung« ausgearbeitet worden? Welche Veranlassung bestand, die in diesem Gesetzentwurf vorgesehene Gewährung von Straffreiheit auch auf Straftaten gemäß §§ 246, 263 und 266 StGB (Unterschlagung, Betrug und Untreue), die in Tateinheit mit Steuerhinterziehung begangen worden sind, zu erstrecken?

10. Welche Schlußfolgerungen ergeben sich aus diesen Vorgängen, insbesondere mit Blick auf die Bestimmung in Artikel 21 Abs. 1 Satz 4 GG für den Gesetzgeber?«

Dieser Antrag wurde in der Plenarsitzung des Deutschen Bundestages am 19. Mai 1983 mit den Stimmen der CDU/CSU-, FDP- und SPD-Fraktion abgelehnt. Statt dessen wurde der von der SPD-Fraktion eingebrachte Antrag auf Einsetzung eines Untersuchungsausschusses angenommen, mit dem die Reichweite des Untersuchungsauftrages im wesentlichen auf die Klärung der Frage beschränkt wurde, ob – und falls ja, in welcher Weise – es der Flick-Konzern unternommen hat, auf Entscheidungen von Mitgliedern des Deutschen Bundestages, der Regierung, der Verwaltung oder sonstiger Stellen der Bundesrepublik Deutschland Einfluß zu nehmen.

Mit Ausnahme der Fraktion DIE GRÜNEN war keine andere Fraktion des Deutschen Bundestages bereit, die Untersuchungen auf Einflußnahmen und Spendenpraktiken anderer Großunternehmen auszudehnen. Auf Antrag der Fraktion der SPD vom 24. Oktober 1983 wurde der Untersuchungsauftrag mit Beschluß des Deutschen Bundestages vom 27. Oktober 1983 lediglich wie folgt ergänzt:

»Der durch Beschluß des Deutschen Bundestages vom 19. Mai 1983 eingesetzte Untersuchungsausschuß soll auch klären, ob und in welcher Weise die Firma Flick Einfluß auf die Herausgabe der vom Ausschuß in Erfüllung seines Untersuchungsauftrages angeforderten behördeninternen Unterlagen über die dem Flick-Konzern bewilligten Steuervergünstigungen genommen hat.«

Eine zusätzliche Ergänzung des Untersuchungsauftrages beschloß der Bundestag auf Antrag der Fraktion von CDU/CSU und FDP ebenfalls in der Sitzung vom 27. Oktober 1983:

»Der durch Beschluß des Deutschen Bundestages vom 19. Mai 1983 eingesetzte Untersuchungsausschuß soll auch klären, ob Parteien, Mitglieder des Deutschen Bundestages oder andere Personen es unternommen haben, auf
- Mitglieder der Bundesregierung,
- Parlamentarische Staatssekretäre, leitende Beamte oder sonstige Mitarbeiter der gesetzlich hierzu berufenen Stellen

mit dem Ziel Einfluß zu nehmen, daß dem Flick-Konzern von ihm beantragte Bescheinigungen (§ 6b EStG, § 4 AIG) nicht erteilt werden.«

Vorgeschichte und Parallelverfahren

Im Jahre 1953 veröffentlichte der Vorstand der Sozialdemokratischen Partei Deutschlands eine Denkschrift mit dem Titel »Unternehmermillionen kaufen politische Macht! Finanzierung und Korrumpierung der Regierungsparteien durch die Managerschicht der Wirtschaft«. Bereits in dieser Denkschrift wurden illegale Spendenpraktiken, Steuerhinterziehung bei Vergabe von Spendengeldern, verfassungswidriges Verschweigen von Großspenden in den Rechenschaftsberichten und massive Einflußnahmen bestimmter Wirtschaftskreise auf Parlament und Regierung dokumentiert und kritisiert. Es kam jedoch weder zu einer parlamentarischen Untersuchung noch zu nennenswerten staatsanwaltschaftlichen Aktivitäten zur Aufklärung der Steuerstraftatbestände. Auch in den folgenden Jahren wurden hin und wieder in der Presse die dubiosen Methoden bei der Beschaffung von Parteispenden angeprangert, ohne daß dies jedoch in der Öffentlichkeit größere Resonanz fand und zu parlamentarischen Konsequenzen führte. Vor allem im »Spiegel«, aber auch in der »Süddeutschen Zeitung«, in der »Zeit«, im »Stern« und im »Kölner Stadtanzeiger« erschienen Berichte über illegale und verfassungswidrige Umwegfinanzierungen bei der Akquisition von Parteispenden, ohne daß sich die im Bundestag vertretenen Parteien dazu aufraffen konnten, den Vorwürfen in einem parlamentarischen Untersuchungsausschuß nachzugehen.

Als im Herbst 1975 der damalige Leiter der Steuerfahndungsstelle St. Augustin, Klaus Förster, der »Europäischen Unternehmensberatungsanstalt« in Vaduz/Liechtenstein auf die Spur kam, die mittels systematischer Steuerhinterziehung Spendensummen in Millionenhöhe in die Kassen der CDU schleuste, wurde er in seinen Ermittlungen erheblich behindert.[1]
Obwohl »Der Spiegel« bereits im Jahre 1976 über das obskure Vaduzer Unternehmen berichtete, fand sich auch im 1976 neu gewählten Bundestag niemand, der eine parlamentarische Untersuchung in Gang bringen wollte. Das änderte sich auch nicht, als im Jahre 1977 die Steuerfahndung St. Augustin die steuerbetrügerischen Spendentransaktionen aufdeckte, die über die »Gesellschaft des göttlichen Wortes mit beschränkter Haftung« abgewickelt wurden. Es stellte sich heraus, daß der Flick-Konzern der genannten Gesellschaft im Laufe von mehreren Jahren eine Spendensumme in Höhe von insgesamt 12,3 Millionen DM gegen steuerabzugsfähige Spendenquittungen überwiesen hatte. Von dieser Summe ließ sich der Konzern jedoch unter der Hand 80% in bar zurückzahlen, das sind rund 9,8 Millionen DM. Weitere 10% der Spendensumme gingen an den früheren CDU-Bundestagsabgeordneten Prof. Walter Löhr, die ihm »für politische Aufgaben der CDU« in bar ausgehändigt wurden (vgl. unten). Über diesen Millionenbetrug zu Lasten des Fiskus berichtete wiederum »Der Spiegel«, ohne daß der im Jahre 1980 neu gewählte Bundestag irgendwelche Versuche unternommen hätte, sich des Themas in einem parlamentarischen Untersuchungsausschuß anzunehmen. Im Jahre 1981 wurden von der Staatsanwaltschaft in Bonn mehrere steuerstrafrechtliche Ermittlungsverfahren gegen die Verantwortlichen von sogenannten Spendenvereinen wegen des Verdachts der Steuerhinterziehung eingeleitet. Zu den Vereinen gehört die »Staatsbürgerliche Vereinigung von 1954 e. V.«, die im Laufe der Jahre über 200 Millionen DM gegen Spendenquittung vereinnahmt und anschließend an CDU/CSU und FDP weitergeleitet haben soll. Auch das Bekanntwerden dieser Ermittlungen führte nicht zur Einsetzung eines Untersuchungsausschusses. Im Gegenteil: Eine interfraktionelle Arbeitsgruppe der seinerzeit im Bundestag

vertretenen Parteien (CDU/CSU, SPD und FDP) entwarf ein Amnestiegesetz, mit dem den Ermittlungen der Staatsanwaltschaft die Grundlage entzogen worden wäre. Das Amnestiegesetz sollte in einem parlamentarischen Schnellverfahren verabschiedet werden.[2] Die SPD-Fraktion stimmte dem Entwurf jedoch nicht zu, vor allem wegen des entschiedenen Widerspruchs der Abgeordneten Dr. Vogel, Dr. Schmude und Dr. Spöri.
Die Ermittlungen im Zusammenhang mit der »Gesellschaft des göttlichen Wortes mit beschränkter Haftung« (Soverdia) und zahlreicher Spendenvereine erstreckten sich auch auf Verantwortliche der Geschäftsführung des Flick-Konzerns, die in den Verdacht der Beteiligung an den illegalen Spendentransaktionen geraten waren. Im Rahmen der Ermittlungsverfahren fanden mehrere Durchsuchungen der Geschäftsräume des Flick-Konzerns statt. Diese Durchsuchungen führten zur Auffindung zahlreicher Beweismittel, insbesondere von Kassenabrechnungen des Flick-Konzerns seit dem Jahre 1951 sowie einer dazu gehörenden Sammlung von Belegen und Quittungen ab 1975. Unter anderem wurden mehrere von dem Chefbuchhalter des Konzerns, Diehl, geführte Schnellhefter (Diehl-Liste) entdeckt, die tabellarische Zusammenstellungen von Zahlungen an die Parteien CDU/CSU, SPD und FDP und einzelne Politiker in den Jahren 1969 bis 1980 enthielten. In weiteren Unterlagen fanden sich Hinweise auf eine enge Zusammenarbeit von Angehörigen des Flick-Konzerns mit Amtsträgern, die in den Jahren 1975 bis 1981 mit dem Bescheinigungsverfahren aus Anlaß des Daimler-Aktienverkaufes befaßt waren und die lt. Diehl-Liste in dem fraglichen Zeitraum Zahlungen vom Flick-Konzern erhalten haben sollen.

Die Staatsanwaltschaft Bonn leitete daraufhin im Februar 1982 unter anderem gegen den damaligen geschäftsführenden Gesellschafter der Friedrich Flick Industrieverwaltung KGaA Eberhard von Brauchitsch sowie gegen Bundesminister a. D. Dr. Hans Friderichs und Bundesminister Dr. Otto Graf Lambsdorff Ermittlungsverfahren wegen des Verdachts der Vorteilsgewährung bzw. Vorteilsnahme ein. In einer sehr breit angelegten Berichterstattung versuchte »Der Spiegel« die Öffentlichkeit über das Ausmaß des Skandals umfassend zu unterrichten. Ungeachtet wachsender Kritik in der Bevölkerung und den Medien versuchten manche Politiker, die gegen sie und andere gerichteten Vorwürfe mit Angriffen auf die Staatsanwaltschaft abzuwehren. Im März 1982 sprachen der bayerische Ministerpräsident Strauß und der damalige Oppositionsführer Kohl von »einer systematischen Kampagne mit spezifischer politischer Zielrichtung«. Strauß bezeichnete die angebliche Kampagne als einen »Generalangriff gegen die ganze Führungsschicht der Bundesrepublik«, und Kohl assistierte ihm mit der Behauptung, die Enthüllungen im Zusammenhang mit der Spendenaffäre richteten sich in erster Linie gegen Politiker, die für einen gemäßigt-pragmatischen Kurs einträten, dies gelte in gewissem Sinne auch für die Angriffe gegen die Gewerkschaftsführung im Zusammenhang mit dem ebenfalls vom »Spiegel« aufgedeckten Korruptionsskandal beim gewerkschaftseigenen Baukonzern »Neue Heimat«.[3] Strauß verstieg sich später zu der Frage: »Welche kriminellen Elemente gibt es im Dunstkreis der Staatsanwaltschaft, die geheime Zeugenvernehmungsprotokolle — entweder gegen Geld oder aus politischen Motiven — zur Diffamierung des politischen Gegners dem ›Spiegel‹ zuspielen?«[4]

Die Versuche, die Staatsanwaltschaft einzuschüchtern und die Öffentlichkeit von den eigentlichen skandalösen Vorgängen abzulenken, verfingen jedoch nicht. Kritik in der Bevölkerung schlug teilweise in helle Empörung um. Selbst die »Frankfurter Allgemeine Zeitung« gelangte in einem im Januar 1983 abgedruckten Kommentar zu einem vernichtenden Urteil:

> »Was da zutage kommt, wirkt mit seinen widerwärtigen Details über schwarze Kassen in Millionenhöhe, Zuwendungen in Kuverts, Durchstechereien und unverhohlenen politischen Ansinnen wie eine Horrorgeschichte über die Abgründe des Kapitalismus. Es zeigen, weil rundum betroffen, alle Parteien nur einen schwachen Impuls, sich mit dem Skandal zu beschäftigen. Nichts dagegen, daß die Staatsanwaltschaft in Ruhe zu Ende ermittelt. Das kann der Sache nur nützen. Aber dann sollte in dieses Dunkel viel Licht gebracht werden, nicht zuletzt aus sozialhygienischen Gründen.«

Im 10. Deutschen Bundestag, der im März 1983 gewählt wurde, waren die von dem Spenden- und Flick-Skandal betroffenen Parteien nicht mehr unter sich. Die neue Oppositionsfraktion der GRÜNEN ergriff die Initiative und forderte am 27. April 1983 die Einsetzung eines Untersuchungsausschusses. Ihr schloß sich die SPD-Fraktion mit einem eigenen Antrag an, mit dem allerdings der Untersuchungsauftrag weitgehend eingeschränkt wurde. Anzuerkennen ist, daß die SPD-Fraktion von ihrem Antragsrecht gemäß Artikel 44 des Grundgesetzes Gebrauch gemacht hat, obwohl sie damit rechnen mußte, daß im Verlauf der Untersuchungen auch für die SPD nachteilige Sachverhalte zur Sprache kommen.

Der 1. Untersuchungsausschuß hat aufgrund einstimmiger Beschlußfassung bei seiner Arbeit Rücksicht auf mehrere gleichzeitig laufende Ermittlungsverfahren bzw. Strafverfahren sowie ein verwaltungsrechtliches Verfahren genommen.
a) Die bereits genannten Ermittlungsverfahren der Staatsanwaltschaft gegen Friderichs u. a.[5] führten am 29. November 1983 zur Anklageerhebung wegen des Verdachts der Bestechlichkeit gegen Bundesminister a. D. Dr. Friderichs, Bundeswirtschaftsminister Dr. Graf Lambsdorff und den früheren Wirtschaftsminister in NRW, Dr. Riemer, sowie wegen des Verdachts der Bestechung gegen den früheren persönlich haftenden Gesellschafter des Flick-Konzerns Eberhard von Brauchitsch und den für die Unternehmensgruppe seinerzeit tätigen Kaufmann Nemitz. Das Verfahren hinsichtlich der übrigen Beschuldigten wurde eingestellt. Die Anklagen gegen Dr. Riemer und Nemitz ließ das Landgericht Bonn nicht zu; die von der Staatsanwaltschaft gegen diese Entscheidung eingelegte Beschwerde wurde vom Oberlandesgericht verworfen. Die Anklage gegen von Brauchitsch, Dr. Friderichs und Dr. Graf Lambsdorff wurde vom Landgericht Bonn mit Beschluß vom 29. Juni 1984 zur Hauptverhandlung zugelassen und das Hauptverfahren eröffnet, verbunden mit dem rechtlichen Hinweis gemäß § 265 StPO, daß anstelle des Straftatbestandes der Bestechung bzw. Bestechlichkeit auch eine Verurteilung lediglich wegen Vorteils-

gewährung bzw. Vorteilsnahme in Betracht komme. Darüber hinaus erhob die Staatsanwaltschaft Bonn am 28. Dezember 1984 gegen die genannten drei Angeklagten Anklage wegen Steuerhinterziehung bzw. Beihilfe zur Steuerhinterziehung. Auch diese Anklage wurde vom Landgericht Bonn zur Hauptverhandlung zugelassen. Die Hauptverhandlung gegen die drei Angeklagten begann am 29. August 1985 und dauert zur Zeit noch an.

Im Hinblick auf die Mitte 1983 noch nicht abgeschlossenen strafrechtlichen Ermittlungen hat der 1. Untersuchungsausschuß die Beiziehung der entsprechenden Ermittlungsakten für mehrere Monate zurückgestellt, um die Ermittlungsarbeit nicht zu stören. Der Untersuchungsausschuß hat ferner Zeugen, gegen die ein staatsanwaltschaftliches Ermittlungsverfahren eingeleitet worden war, in Anlehnung an die Vorschrift in § 136 StPO ein Aussageverweigerungsrecht eingeräumt, von dem einige Zeugen in weitem Umfang Gebrauch gemacht haben. Außerdem wurde diesen Zeugen das Recht zugestanden, bei ihrer Vernehmung einen Rechtsanwalt als Beistand hinzuzuziehen. Dementsprechend erschienen u. a. die Zeugen Dr. Flick und von Brauchitsch mit ihren Verteidigern als Rechtsbeistand.

b) Noch vor Beginn der Tätigkeit des 1. Untersuchungsausschusses leitete das Bundesministerium für Wirtschaft am 10. November 1982 aufgrund von Hinweisen, die es von der Staatsanwaltschaft Bonn erhalten hatte, ein Verfahren zur Überprüfung von zwei dem Flick-Konzern nach § 4 AIG erteilten Bescheinigungen für den Erwerb von Beteiligung an dem amerikanischen Grace-Konzern ein, weil der Verdacht entstanden war, daß die fraglichen Bescheinigungen aufgrund unrichtiger und unvollständiger Angaben des Flick-Konzerns erteilt worden waren. Am 28. Dezember 1983 wurden aufgrund des Überprüfungsverfahrens die Bescheinigungen für die Grace-Beteiligung zurückgenommen. Der Flick-Konzern hat dagegen Klage beim Verwaltungsgericht Köln erhoben, das mit Urteil vom 28. Mai 1985 teils zuungunsten, teils zugunsten des Flick-Konzerns entschied. Gegen das Urteil haben beide Seiten Berufung eingelegt. Im Berufungsverfahren hat der Flick-Konzern mit Zustimmung der Bundesregierung die Klage zurückgenommen. Damit ist die Rücknahme der Bescheinigungen rechtskräftig geworden.

Ablauf des Untersuchungsverfahrens

• *Konstituierung des Ausschusses*

Der Ausschuß ist am 9. Juni 1983 durch die Vizepräsidentin des Deutschen Bundestages, Frau Annemarie Renger, konstituiert worden. Er hat die Abgeordneten Dr. Langner (CDU) zum Vorsitzenden und Dr. Penner (SPD) zum Stellvertretenden Vorsitzenden bestimmt. Als Berichterstatter sind zunächst die Abgeordneten Schröder (CDU, Lüneburg) und Dr. Struck (SPD) benannt worden. Für den am 17. Januar 1984 ausgeschiedenen Abgeordneten Schröder (Lüneburg) hat der Abgeordnete Bohl dessen Funktion als Berichterstatter übernommen.
Das Verlangen der GRÜNEN, den Vorsitz des Untersuchungsausschusses einem ihrer Abgeordneten zu überlassen, weil die GRÜNEN als einzige Partei von den zu untersuchenden Vorgängen nicht betroffen sind, wurde abgelehnt.

Dem Ausschuß gehörten im übrigen folgende Mitglieder an:

CDU/CSU
Ordentliche Mitglieder
Abg. Friedrich Bohl
Abg. Dr. Heinz Günther Hüsch
Abg. Dr. Manfred Langner
Abg. Alfred Sauter (Ichenhausen)
Abg. Horst Schröder (Lüneburg)
Stellvertretende Mitglieder
Abg. Dietrich Austermann
Abg. Werner Dörflinger
Abg. Dr. Kurt Faltlhauser
Abg. Ingrid Roitzsch
Abg. Dr. Conrad Schroeder (Freiburg)

SPD
Ordentliche Mitglieder
Abg. Dr. Willfried Penner

Abg. Gerhard Schröder (Hannover)
Abg. Dr. Dieter Spöri
Abg. Dr. Peter Struck
Stellvertretende Mitglieder
Abg. Gernot Fischer (Osthofen)
Abg. Peter Reuschenbach
Abg. Günter Schlatter
Abg. Dr. Dietrich Sperling

FDP
Ordentliches Mitglied
Abg. Gerhart Rudolf Baum
Stellvertretendes Mitglied
Abg. Dr. Hermann-Otto Solms

DIE GRÜNEN
Ordentliches Mitglied
Abg. Otto Schily
Stellvertretendes Mitglied
Abg. Willi Hoss

• *Beweisaufnahme*

Der 1. Untersuchungsausschuß hat sich zu insgesamt 86 Sitzungen zusammengefunden. In 66 Sitzungen wurden Zeugen vernommen; im Rahmen zahlreicher Sitzungen waren auch Verfahrensfragen Beratungsgegenstand.
Der Anregung von uns, Zeugenvernehmungen auch in den Wochen durchzuführen, in denen keine Plenarsitzungen des Deutschen Bundestages stattfinden, wurde bis auf wenige Ausnahmen nicht entsprochen.

Vor Eintritt in die Beweisaufnahme hat der 1. Untersuchungsausschuß von dem Sachverständigen Prof. Dr. Rupert Scholz in einer öffentlichen Anhörung ein Gutachten zum Thema »Parlamentarischer Untersuchungsausschuß nach Artikel 44 GG und Steuergeheimnis« vortragen lassen. Der Sachverständige kam zu dem Ergebnis, daß das parlamentarische Untersuchungsrecht grundsätzlich nicht durch das Steuergeheimnis (§ 30 Abgabenordnung) eingeschränkt ist, jedoch bei der Durchführung des Untersuchungsverfahrens auf die grundrechtlichen Schutzposi-

tionen zur Wahrung der Privat- und Intimsphäre Bedacht genommen werden müsse.
Der 1. Untersuchungsausschuß hat sich darüber hinaus von Vertretern der Staatsanwaltschaft Bonn über Gegenstand, Betroffene und den damaligen Stand der laufenden Ermittlungsverfahren informieren lassen.

Im Rahmen der Beweisaufnahme hat der 1. Untersuchungsausschuß die Beiziehung folgender Akten *beschlossen:*

— Akten
des Bundesministers für Wirtschaft (BMWi) einschließlich der Akten des Verwaltungsverfahrens zur Überprüfung des Bescheinigungsverfahrens nach § 4 AIG für die Anteilserwerbe der Firma Flick bei Grace
des Bundesministers der Finanzen (BMF) einschließlich der Akten des Rücknahmeverfahrens »Flick« betreffend Grace I und II
des Bundeskanzleramts (BK)
des Bundesrechnungshofes (BRH)
des Bundeskartellamtes (BKartA)
des Bundesaufsichtsamtes für das Versicherungswesen (BaV)
— Bericht und Protokolle eines Untersuchungsausschusses des Landtages von Nordrhein-Westfalen
— Hauptakten, Beweismittelordner und Beiakten des Landgerichts Bonn in der Strafsache gegen Friderichs u. a.[6]
— Ermittlungsakten der Staatsanwaltschaft Bonn in dem Ermittlungsverfahren 40 Js 114/81 einschließlich Beweismittelordner und Beiakten
— Ermittlungsakten der Staatsanwaltschaft Bonn in dem Ermittlungsverfahren gegen Diehl[7]
— Akten der Staatsanwaltschaft in dem Ermittlungsverfahren gegen von Brauchitsch u. a.[8]
— Akten der Staatsanwaltschaft Bad Kreuznach des Ermittlungsverfahrens gegen Dr. Friderichs u. a.[9]
— Akten der Staatsanwaltschaft München I des Ermittlungsverfahrens gegen Erwin Essl[10]
— Akten des Generalstaatsanwalts in Köln[11]

Die Prüfung und Auswertung der vorgenannten Akten, deren Beiziehung der Untersuchungsausschuß beschlossen hatte, ist hinsichtlich bestimmter Akten oder Aktenteile erheblich *verzögert* und *erschwert* und hinsichtlich anderer Akten vollständig *vereitelt* worden.
— Der damalige Bundesminister für Wirtschaft, Graf Lambs-

dorff, und der Bundesminister der Finanzen, Stoltenberg, haben die vollständige Herausgabe der Akten ihrer Ministerien bis zur Entscheidung des Bundesverfassungsgerichts vom 17. Juli 1984 verweigert.

— Der Vorsitzende der 7. Strafkammer des Landgerichts Bonn verweigerte ebenfalls die Herausgabe eines Teils der Hauptakten aus dem Strafverfahren gegen Friderichs u. a.[12] und der dazugehörenden Beweismittelordner bis zur Entscheidung des OLG Köln vom 14. September 1984.

— Die CDU/CSU- und FDP-Mitglieder im Ausschuß sabotierten die Durchführung des Beschlusses, mit dem die Beiziehung der Akten der Staatsanwaltschaft Bonn[13] einschließlich Beiakten und sonstiger Beistücke angeordnet worden war.

Die Bundesminister für Wirtschaft und der Finanzen hatten die vom 1. Untersuchungsausschuß angeforderten Akten zusammen mit einer Sachdarstellung und Dokumentationen zum Verfahrensablauf unter Hinweis auf das Steuergeheimnis zunächst nur unvollständig — zahlreiche Seiten waren entfernt und viele Textpassagen und Angaben geschwärzt worden — übersandt und sie teilweise als »VS-Vertraulich« eingestuft. Die Fraktion der GRÜNEN im Bundestag reichte gegen die Verweigerung der Aktenherausgabe am 8. September 1983 über ihren Prozeßbevollmächtigten Prof. Dr. Uwe Wesel eine Organklage beim Bundesverfassungsgericht ein. Dieser Organklage schloß sich die SPD-Fraktion mit einer eigenen Organklage vom 22. Dezember 1983 an.

Das Bundesverfassungsgericht entschied mit Urteil vom 17. Juli 1984, daß die Weigerung der Bundesminister für Wirtschaft und der Finanzen, die Akten vollständig herauszugeben, Artikel 44 GG verletzt.

In Befolgung der Entscheidung des Bundesverfassungsgerichts haben die Bundesminister für Wirtschaft und der Finanzen dem 1. Untersuchungsausschuß nachträglich die zunächst aussortierten oder unkenntlich gemachten Aktenteile im August und September 1984 zur Verfügung gestellt. Die vorher zurückbehaltenen oder unkenntlich gemachten Aktenteile sind teils offen,

teils als Verschlußsachen unter Einstufung als »VS-Nur für den Dienstgebrauch« (VS-NfD) oder als »Geheim« eingestuft übersandt worden. Durch diese Aufteilung der Akten war die Übersicht über deren Gesamtinhalt erheblich erschwert. Ohnehin konnte der 1. Untersuchungsausschuß aufgrund der unübersichtlichen Aktenführung diese nicht auf Vollständigkeit kontrollieren. So wurden dem Untersuchungsausschuß später von dem Bankier Ulrich Schriftstücke über die Verhandlungen mit Bundeskanzler Schmidt überreicht, die in den Akten des Bundeskanzleramtes nicht vorhanden waren.
Jedoch haben im Anschluß an die Entscheidung des Bundesverfassungsgerichts auch das Bundeskanzleramt und der Bundesrechnungshof dem Untersuchungsausschuß zunächst noch zurückbehaltene Aktenteile, die als Verschlußsache eingestuft wurden, zur Verfügung gestellt. Aufgrund der von den Bundesministern für Wirtschaft und der Finanzen verschuldeten Verzögerung wurden den Ausschußmitgliedern die Akten der Ministerien erst *acht Monate* nach Beginn der Zeugenvernehmungen zugänglich gemacht.

Auch die Beiziehung der Akten des Strafverfahrens gegen Friderichs u. a.[14] hat sich erheblich verzögert. Der 1. Untersuchungsausschuß erhielt zwar Anfang November 1983 von der Staatsanwaltschaft Bonn einen großen Teil der Hauptakten, jedoch lehnte später der nach Erhebung der Anklage zuständige Vorsitzende der 7. Strafkammer des Landgerichts Bonn es ab, dem Ausschuß die restlichen Hauptakten, insbesondere die Anklageschriften sowie die Einstellungsverfügung, und vor allem die Beweismittelordner zur Einsichtnahme zur Verfügung zu stellen. In diesem Fall beschloß der Untersuchungsausschuß einstimmig, gegen die Entscheidung des Strafkammervorsitzenden Beschwerde einzulegen. Das Oberlandesgericht Köln gab der Beschwerde mit Beschluß vom 14. September 1984 statt. Aufgrund der Entscheidung des Oberlandesgerichts Köln erhielt der Untersuchungsausschuß die angeforderten restlichen Hauptakten und Beweismittelordner aus dem Strafverfahren gegen Friderichs u. a.[15] im Oktober 1984 in Ablichtung.

Die dadurch eingetretene Verzögerung hat die Arbeit des Untersuchungsausschusses ebenfalls erheblich erschwert. Der Ausschuß konnte bei der Befragung der Zeugen, die bereits im Januar 1984 begonnen hatte, nicht auf die in den Beweismittelordnern zusammengestellten Urkunden für Vorhalte und Gedächtnisstützen zurückgreifen. Bei der Vernehmung mangels Akten war deshalb eine präzise Befragung vieler wichtiger Zeugen, u. a. der Zeugen Graf Lambsdorff, Friderichs und von Brauchitsch nur in sehr begrenztem Ausmaß möglich.
Hinzu kam, daß sich die Ausschußmitglieder in die nachgelieferten umfangreichen Akten parallel zu den weiterlaufenden Zeugenvernehmungen einarbeiten mußten. Unser Antrag im Ausschuß, die Zeugenvernehmungen bis zum 31. Oktober 1984 auszusetzen, um den Ausschußmitgliedern Gelegenheit zu geben, sich mit dem Inhalt der nachgelieferten umfangreichen Akten vor Fortsetzung der Zeugenbefragung vertraut zu machen, fand keine Mehrheit.

Die Ausschußmitglieder der CDU/CSU- und FDP-Fraktion haben *verhindert*, daß der Ausschuß sämtliche Akten prüft, aus denen Erkenntnisse zur Erfüllung des Untersuchungsauftrages zu erwarten waren.
Von besonderer Bedeutung waren die Unterlagen, die die Staatsanwaltschaft bei mehreren Durchsuchungen in den Geschäftsräumen des Flick-Konzerns im November 1981 in 150 Leitz-Ordnern (LO) und Heftern sichergestellt hat. Es handelt sich im einzelnen um folgende Dokumente:

a) Ablage von Brauchitsch

2 LO	1973	Korrespondenz Tageskopien A—K L—Z
1 LO		Tageskopien Hausmitteilungen und Telefonnotizen 1. 1.—28. 9. 1973
1 LO		Tageskopien (Berlin) 20. 11. 1972—30. 6. 1973
2 LO		Tageskopien 1. 10.— 8. 12. 1973 10. 12.—31. 12. 1973

6 LO	1974 Tageskopien	
8 LO	1975 Tageskopien	
8 LO	1976 Tageskopien	
8 LO	1977 Tageskopien	
7 LO	1978 Tageskopien	
8 LO	1979 Tageskopien	
7 LO	1980 Tageskopien	
1 LO	Notizen PHGs Paefgen, Kaletsch, Dr. Vogels	
	1. 1. 1977—31. 12. 1978	
1 LO	Notizen Generalbevollmächtigte	
	1. 1.—31. 12.1977	
3 LO	mit Klarsichteinlagen	
	USF (§ 6b/4)	
	Buderus/FM/Grace/PCV	
	DN/Buderus/Grace	
2 LO	FKG Büro Bonn 1977	
	1. 1. 1978—30. 4. 1979	
1 LO	Dr. Kreile 1973—1975	
1 LO	FKF Konten alter Unterlagen	
1 LO	Grace Info Allgemein/steuerliche Gesichtspunkte/betriebswirtschaftliche Analysen/Organisation	
	Februar—September 1975	
1 LO	vB an FKF 1. 11. 1978—30. 9. 1979	
1 LO	Dr. FKF allgemein	
1 LO	FK spezial 1973—1978	
8 LO	Vertraulich FK	
	März 1973—Dezember 1974	
	1975—1979	
8 LO	Spenden und Mitgliedschaften	
	1. 1. 1973—30. 5. 1975	A—L
		M—Z
	1. 6. 1975—31. 12. 1976	A—L
		M—Z
	1. 1. 1977—31. 12. 1977	
	1. 1. 1978—31. 12. 1978	A—F
		G—Z
	1. 1. 1979—30. 9. 1979	
1 LO	M. Nemitz — Arbeitskreis Wirtschaftspolitik	
	1973—1978	
1 LO	Minister Dr. Friderichs 1975—1977	
1 LO	§ 6b – Gespräche mit Politikern 1975/76	
4 LO	Politik 1. 1. 1973—30. 6. 1975 I	
	1. 1. 1973—30. 6. 1975 II	
	1. 7. 1975—31. 12. 1976 I	
	1. 7. 1975—31. 12. 1976 II	

7 LO Politiker
1973—30. 6. 1975 A—E
F—L
1. 7. 1975—31. 12. 1977 A—E
F—L
M—Z
1978 K—M
L—Z

b) Keller

1 LO Notizen Dr. FKF ab 1. 1. 1973—31. 8. 1974
1 LO 2. 9. 1974— 1. 5. 1975
1 LO 1. 5. 1975—31. 12. 1975
1 LO 1. 1. 1976—30. 6. 1976
1 LO 1. 7. 1976—31. 12. 1976
1 LO 1. 1. 1977—31. 12. 1977
1 LO Notizen Dr. GRF, Dr. FCF
Kaletsch, Dr. OAF, Paefgen 1975—1976
1 LO FKF und Sekretariat Dr. FKF
übersandte Notizen 1977
1 LO Notizen Generalbevollmächtigte
(Diehl, Kämpfer, Dr. Thomae, Dr. Vogels, Dr. Schröder)
1. 1. 1976—31. 12. 1976
1 LO Dr. FKF, H. v. B. an FKF
1. 1. 1978—31. 10. 1978
1 LO FKG Büro Bonn 1. 1.—31. 12. 1973
1. 1.—31. 12. 1974
1. 1.—31. 12. 1975
1. 1.—31. 12. 1976
1 LO Kanter privat, November 1972—31. 12. 197(?)

c) Büro und Sekretariat Dr. FKF

1 LO Duplos 1 (laufend) von/an H. v. B.
1 LO Duplos 2 (laufend) von/an H. v. B.
1 LO streng vertraulich Notizen an Dr. FKF
vom 21. 1. 1980—10. 11. 1980
1 LO ohne Rückenbeschriftung, Duplos Redemund
vom 14. 10. 1980—5. 11. 1981
1 LO Tageskopien (1) bis 31. 8. 1981
1 LO Tageskopien (2) ab 1. 9. 1981
1 LO 6b vom 29. 1. 1979—3. 12. 1980
1 LO Parteien, CDU/CSU, SPD und FDP
1 LO F. J. Str. (Ausz.) Januar 1978—
1 LO Kreile, Notizen und Korrespondenz »Spezi-Themen«
1 LO Steuern allgemein
Unterlagen ab 1976
1 LO Gespräche mit Persönlichkeiten A—L

1 LO	Gespräche mit Persönlichkeiten M—Z
1 LO	Gespräche mit Politikern L—Z
2 LO	H. v. B. an FKF 1. 1. 10. 1979—1. 4. 1981 2. ab 10. 4. 1981
1 LO	verschiedene Unterlagen 6b, Gerling PCV (aus Klarsichthülle »sortiert«)
1 LO	§ 6b/4 (roter Aktendeckel »von FKF zurück und muß noch mal mit der bei uns befindlichen Mappe koordiniert werden«)

d) Büro von Brauchitsch

1 Karte	Dr. Friderichs 18. 7. 1980
1	Antwortschreiben v. B. an Dr. Friderichs vom 8. 8. 1980
4 LO	§ 6b/4 1. Allgemein seit 1977 2. Bundeswirtschaftsministerium/Bundesfinanzministerium, Riemer, Voss 3. Bescheinigungsverfahren 4. Gesetz und Verordnung pp.
1 LO	Beratungsverträge ausgelaufen A—Z
1 LO	Spenden Politiker/Parteien
1 LO	Büro Bonn, Ansätze für die Arbeit des Büros Bonn, Spenden
1 LO	Maxhütte/K1, Vertrag usw.
1 LO	Notizen über erledigte Rücksprachen FKF
1 LO	Grace mit den Unterbezeichnungen Abgabe, Zukauf, Schachtel usw.
1 LO	Bescheinigungsverfahren 6b Dritter Geleitzug
1 LO	Vertrauliche Tageskopien 2. 1. 1980 bis 30. 9. (?)
1 LO	Akte Dr. FKF, Konten usw.
1 H	Sonderanlage zur Bilanz und G. u. V. I—V
3 Klars.-hüllen	1. Notiz vom 22. 6. 1981 betr. Spenden 2. Troost, Vermerk vom 8. 8. 1980 über eine Besprechung mit der Finanzverwaltung 3. Notiz Diehl vom 13. 8. 1980 über Spenden (Friderichs)

e) Panzerschrank Paefgen

1 LO	Arbeitsunterlagen 6b bis Ende März 197(?)
1 LO	»G« — geheim — (Duin, Göring, Werner Jung, Kersten, Speer, Wolff)
1 LO	Allgemeine Notizen – Schriftwechsel 6b
1 LO	Büro Bonn ab 1. 6. 1978 bis 31. 12. 1978

f) Büroraum Blomesath

1 LO	Staatsbürgerliche Vereinigung
1 H	Kreile
2 H	Nemitz
1 H	Steyler Missionare

1 H Friedrich-Ebert-Stiftung
1 H Vereinigung Politik und Wirtschaft
1 H Heinz H. Karry
1 H Gemeinschaft zur Erschließung unterentwickelter Märkte
1 H Gesellschaft für Wirtschaftsförderung Koblenz
1 H Friedrich-Naumann-Stiftung
und weitere Hefter

Die vorstehend bezeichneten Unterlagen hat die Staatsanwaltschaft Bonn mehrmals durchgesehen und einen *Teil* der Unterlagen, soweit diese für die Klärung strafrechtlicher Vorwürfe relevant waren, ausgesondert und in sogenannten Beweismittelordnern zusammengefaßt. Diese Beweismittelordner wurden dem Untersuchungssausschuß nach der Entscheidung des Oberlandesgerichts Köln vom 14. September 1984 in Fotokopie zur Verfügung gestellt. Die in den Beweismittelordnern enthaltenen Urkunden umfassen schätzungsweise allenfalls ein *Fünftel* der insgesamt sichergestellten Dokumente. Auf diese Weise blieb dem Ausschuß der Einblick in den größeren Teil der sichergestellten Urkunden verwehrt.

Wir haben uns im Untersuchungsausschuß seit Mitte Juni 1983 vergeblich bemüht, eine vollständige Durchsicht und Prüfung sämtlicher von der Staatsanwaltschaft sichergestellten Unterlagen zu erreichen.

Bereits am 16. Juni 1983 hatten die Mitglieder der Fraktion der GRÜNEN im 1. Untersuchungsausschuß einen entsprechenden Antrag gestellt. Die daraufhin einstimmig beschlossene Aktenbeiziehung wurde später von der Ausschußmehrheit entgegen dem wirklichen Verfahrenshergang dahingehend interpretiert, es sei nur die Beiziehung der Hauptakten und der Beweismittelordner des Strafverfahrens 50 Js 36/82 beschlossen worden. Wir haben daraufhin am 18. Januar 1984 beantragt, die Akten der Staatsanwaltschaft Bonn in dem steuerstrafrechtlichen Ermittlungsverfahren *StA Bonn 40 Js 114/81* einschließlich sämtlicher Beweismittelordner und *Beiakten* beizuziehen. In der Begründung des Antrages wurde insbesondere auf die Unterlagen hingewiesen, die in dem vorerwähnten Sicherstellungsverzeichnis der Staatsanwaltschaft vom 20. November 1981 aufgeführt sind.

Unser Antrag, dem sich die Mitglieder der SPD anschlossen, wurde in der 13. nichtöffentlichen Sitzung des Untersuchungsausschusses am 18. Januar 1984 *angenommen.* Der Vorsitzende des Ausschusses, Dr. Langner, unterließ es jedoch, den Beschluß zu vollziehen.
Der Ausschußvorsitzende hat allerdings mit Schreiben vom 13. September 1984 an Justizminister Dr. Haak darauf gedrängt, daß die Akten der Staatsanwaltschaft Bonn *42 Js 657/82* kurzfristig zur Verfügung gestellt werden. In dem Schreiben vom 13. September 1984 führte der Ausschußvorsitzende Dr. Langner aus, daß *»gerade in den kommenden Wochen die Spendenzuwendungen der Firma Flick einen Schwerpunkt der Arbeit des Untersuchungsausschusses darstellen werden«.* Bei den Akten der Staatsanwaltschaft Bonn 42 Js 657/82 handelt es sich um die des steuerstrafrechtlichen Ermittlungsverfahrens gegen Verantwortliche des Flick-Konzerns, das ursprünglich Bestandteil des Ermittlungsverfahrens 40 Js 114/81 war und später ausgetrennt wurde. Mit der Austrennung des Ermittlungsverfahrens verloren jedoch die ursprünglich unter dem Aktenzeichen 40 Js 114/81 in den Geschäftsräumen der Firma Flick sichergestellten Unterlagen ihren Sachzusammenhang mit dem steuerstrafrechtlichen Ermittlungsverfahren gegen von Brauchitsch u. a. nicht. Unverständlich ist es daher, daß der Ausschußvorsitzende die dringliche Anforderung der Akten 42 Js 657/82 nicht auch auf die in dem steuerstrafrechtlichen Ermittlungsverfahren 40 Js 114/81 sichergestellten Urkunden erstreckt hat.
Mit Schreiben vom 5. und 6. November 1984 haben die GRÜNEN den Vorsitzenden daher aufgefordert, dafür Sorge zu tragen, daß der Untersuchungsausschuß entsprechend dem von ihm gefaßten Beschluß vom 18. Januar 1984 Einsicht in die in dem Sicherstellungsverzeichnis vom 20. November 1981 aufgeführten Urkunden gewährt wird. In dem Schreiben vom 6. November 1984 wurde insbesondere darauf hingewiesen, daß die auf den Aktenordnern vermerkten Inhaltsangaben auf deren unmittelbare Bedeutung für die Beurteilung der Bescheinigungsverfahren und der Verbindungen des Flick-Konzerns zu Politikern und Amtsträgern schließen lassen. Sämtliche 69 Leitz-

Ordner mit Aufzeichnungen des »Büro Bonn«, des Flick-Konzerns und Vermerken, Korrespondenz und Telefonnotizen unter dem Stichwort »Parteien«, »Spenden« und »Politiker« sowie 9 Leitz-Ordner mit »Vertraulichen Tageskopien« und 58 Leitz-Ordner sonstiger Tageskopien hätten einer genauen Durchsicht unterzogen werden müssen.
Der Untersuchungsausschuß durfte sich nicht darauf verlassen, daß die Auswahl der Unterlagen, die die Staatsanwaltschaft in den Beweismittelordnern zusammengestellt hatte, für die Zwekke des Untersuchungsausschusses ausreichend ist, da sich die Staatsanwaltschaft selbstverständlich bei der Auswahl von beweiserheblichen Urkunden auf solche beschränkt hat, die für die *strafrechtliche* Beurteilung der Vorgänge von Bedeutung sind. Da sich der Auftrag des Untersuchungsausschusses aber nicht auf die Untersuchung strafrechtlicher Gesichtspunkte bezog und verengte, bedurfte es einer sehr viel weiterreichenden Auswertung der von der Staatsanwaltschaft sichergestellten Papiere. Mit Schreiben vom 29. November 1984 hat es der Ausschußvorsitzende gleichwohl abgelehnt, den Beschluß des Untersuchungsausschusses vom 18. Januar 1984 auszuführen.
In den nichtöffentlichen Sitzungen des Ausschusses am 13. Dezember 1984 und 16. Januar 1985 wurde die Frage der Aktenbeiziehung auf der Grundlage der bereits gefaßten Beschlüsse ausführlich erörtert, ohne daß sich die Ausschußmitglieder mit Ausnahme von mir bereitfanden, den Beschluß vom 18. Januar 1984 auf Beiziehung der oben aufgeführten Unterlagen zu verwirklichen. Statt dessen beschloß der Untersuchungsausschuß auf Antrag der SPD-Mitglieder bei der 7. Großen Strafkammer eine Auskunft einzuholen, ob die in dem Verzeichnis der Staatsanwaltschaft aufgeführten Aktenordner Urkunden enthalten, die zum Untersuchungsgegenstand in bezug stehen und ihm noch nicht zur Verfügung gestellt worden sind.
Den Inhalt dieses Beschlusses teilte der Ausschußvorsitzende dem Strafkammervorsitzenden mit Schreiben vom 18. Januar 1985 mit, von dem er daraufhin mit Schreiben vom 21. Januar 1985 die Auskunft erhielt, daß die in dem Aktenverzeichnis der Staatsanwaltschaft aufgeführten Urkunden »zumindest zu Tei-

len des Untersuchungsgegenstandes in Bezug stehen«. Ferner hieß es in dem Schreiben, es könne nicht völlig ausgeschlossen werden, daß *»sich in den Ordnern noch einzelne Unterlagen finden, die zwar für das Strafverfahren unerheblich erscheinen, gleichwohl aber aus der Sicht des Ausschusses relevant sein könnten«*.

Aufgrund der Mitteilung des Strafkammervorsitzenden im Schreiben vom 21. Januar 1985 beantragte die SPD-Fraktion am 23. Januar 1985

— die in dem Strafverfahren 27 F 7/83 neu angelegten Bände der Hauptakten XXXIV bis XXXVI beizuziehen sowie

— je ein Mitglied der im 1. Untersuchungsausschuß vertretenen Fraktionen zu beauftragen, die in dem Sicherstellungsverzeichnis der Staatsanwaltschaft aufgeführten 150 Leitz-Ordner daraufhin durchzusehen, ob und welche Urkunden daraus für die Erfüllung des Untersuchungsauftrages relevant sind, und dem Ausschuß darüber in geeigneter Weise Bericht zu erstatten.

In der Sitzung vom 12. Februar 1985 wurde über diesen Antrag beraten. Der Ausschuß-Vorsitzende machte angebliche rechtliche Bedenken gegen die Zulässigkeit einer Einsichtnahme bei einem Teil der Unterlagen unter dem Gesichtspunkt des Grundrechtschutzes geltend. Im übrigen regte er an, die relevanten Unterlagen in der Geheimschutzstelle des Deutschen Bundestages auszusondern und dann den Ausschuß über die Beiziehung und eine eventuelle Einstufung entscheiden zu lassen. Ein weiterer Abgeordneter der CDU hielt die Durchsicht der Unterlagen für »unzulässig, zumindest aber unzweckmäßig«. Ich vertrat dagegen die Auffassung, daß sämtliche in dem SPD-Antrag genannten Unterlagen eingesehen werden müßten.

Nach einer Unterbrechung der Sitzung schränkte der Abgeordnete Dr. Struck (SPD) seinen Antrag dahingehend ein, daß — unter Zurückstellung des Antrags im übrigen — zunächst nur folgende Unterlagen durchgesehen werden sollten: 15 Ordner »Politiker«, 10 Ordner »Spenden und Mitgliedschaften«, 14 Ordner »6b-Verfahren«, 2 Ordner »Grace«, 10 Ordner »Bonner Büro«, 6 Ordner »Arbeitskreis Wirtschaftspolitik« und 1 Ordner »Schaller/Schlieker«. Dieser Antrag wurde mit den

Stimmen von SPD und GRÜNEN gegen die Stimmen der CDU/CSU und FDP angenommen.
Zuvor hatten die Mitglieder der Fraktion der SPD im 1. Untersuchungsausschuß am 8. Januar 1985 beantragt, die Nachtragsanklageschriften wegen Steuerhinterziehung bzw. Beihilfe zur Steuerhinterziehung gegen die Angeklagten Eberhard von Brauchitsch und Dr. Otto Graf Lambsdorff, die in das vor dem Landgericht Bonn anhängige Strafverfahren einbezogen worden waren, beizuziehen. Diesem Antrag schlossen wir uns am 16. Januar 1985 an und beantragten ergänzend, sämtliche von der Staatsanwaltschaft Bonn in dem Strafverfahren gegen von Brauchitsch und Graf Lambsdorff mit den Nachtragsanklagen vorgelegten Hauptakten, Beweismittelordner und Beiakten in Fotokopie beizuziehen, soweit diese nicht dem Ausschuß bereits in Fotokopie vorlagen. Der Antrag der SPD auf Beiziehung der Anklageschriften wurde in der Sitzung des Untersuchungsausschusses vom 6. Februar 1985 angenommen, während unser ergänzender Antrag mit 10:1 Stimmen erneut abgelehnt wurde.
Mit Schreiben vom 26. Februar 1985 lehnte der Vorsitzende der 7. Strafkammer des Landgerichts Bonn die Einsichtnahme in die Unterlagen ab, die nach dem Beschluß vom 23. Januar 1985 einer Vorprüfung durch vier Ausschußmitglieder unterzogen werden sollten.
In der Sitzung vom 1. März 1985 sperrte sich die Ausschußmehrheit von CDU/CSU und FDP, gegen die Entscheidung des Strafkammervorsitzenden Beschwerde einzulegen. Die daraufhin ohne Mitwirkung der Ausschußmehrheit seitens der SPD und der GRÜNEN eingelegten Beschwerden verwarf das Oberlandesgericht Köln mit Beschluß vom 13. September 1985, weil nach seiner Ansicht nur der Ausschuß in seiner Gesamtheit beschwerdebefugt sei. Auch nach dieser Entscheidung war die Ausschußmehrheit nicht zu bewegen, ihre starre Haltung zu überprüfen und gemeinsam gegen die Verweigerung der Aktenherausgabe seitens des Strafkammervorsitzenden im Beschwerdewege vorzugehen. Die Anrufung des Bundesverfassungsgerichts durch die Fraktion der GRÜNEN blieb ergebnislos.
Die Ausschußmehrheit von CDU/CSU und FDP hat mit ihrer

Handlungsweise das Minderheitenrecht auf Durchführung einer Beweisaufnahme unterlaufen. Das Beweiserhebungsrecht der Minderheit ist nur dann gewährleistet, wenn gleichzeitig sichergestellt ist, daß notfalls die Durchführung der beschlossenen Beweiserhebung mit Rechts- und Zwangsmitteln durchgesetzt wird. Ebenso, wie die Ausschußmehrheit die zwangsweise Vorführung eines Zeugen nicht verweigern darf, wenn dieser einer auf Antrag der Minderheit beschlossenen Ladung ohne genügende Entschuldigung nicht folgt, ist es eine Mißachtung der Minderheitenrechte und ein Verstoß gegen Artikel 44 Grundgesetz, wenn die Ausschußmehrheit die Durchsetzung des Akteneinsichtsrechts gegenüber einem Gericht dadurch vereitelt, daß sie das Beschwerdeverfahren aus formalen Gründen zum Scheitern bringt. Die Ausschußminderheit wäre sonst von der Willkür der Ausschußmehrheit abhängig, ob eine beschlossene Beweiserhebung zum Zuge kommt oder nicht.
Im übrigen beweist die Tatsache, daß sich die Mehrheit von CDU/CSU und auch FDP einer vollständigen Prüfung sämtlicher beim Flick-Konzern sichergestellten Unterlagen in den Weg gestellt hat, daß sie an einer rückhaltlosen Aufklärung des Sachverhalts im Sinne des Untersuchungsauftrages nicht interessiert war.
Ihrerseits hat es die 7. Strafkammer des Landgerichts Bonn, die die Akten unter dem sehr viel engeren Blickwinkel strafrechtlicher Vorwürfe zu prüfen hat, *nicht* unterlassen, die 150 Leitz-Ordner, die zuvor bereits mehrmals von der Staatsanwaltschaft durchforstet worden waren, zur Vorbereitung der Hauptverhandlung noch einmal durchzukämmen. Bei dieser erneuten Durchsicht hat die Strafkammer eine Vielzahl weiterer Urkunden entdeckt, die sie in Fotokopie in die Hauptakten des Strafverfahrens übernommen hat. Diese Aktenbände hat die Strafkammer dem Untersuchungsausschuß im Februar 1985 (!) zur Verfügung gestellt, d. h. also nach Vernehmung der Mehrzahl der wichtigsten Zeugen, darunter der Zeugen Kohl, Genscher, Strauß, Apel, Diehl, Lambsdorff, von Brauchitsch, Friderichs, Kiep, Halstenberg und Spilker.
Auf diese Weise konnten eine Reihe von Urkunden, die dem

Ausschuß erst mit den Nachlieferungen des Landgerichts Bonn überlassen worden sind, den Zeugen nicht vorgehalten werden. In seinen Akten hat das Landgericht Bonn im übrigen kenntlich gemacht, daß es sich um »beschlagnahmte bzw. sichergestellte Unterlagen« handelt. Solche Unterlagen können ebenso wie für das Strafverfahren auch für die Beweisaufnahme eines parlamentarischen Untersuchungsausschusses herangezogen werden. Ob die Unterlagen sich aufgrund eines förmlichen Beschlagnahmebeschlusses oder lediglich einer Sicherstellungsverfügung der Staatsanwaltschaft mit Zustimmung der Beschuldigten im Gewahrsam des Gerichts befinden, macht dabei keinen Unterschied.

Beachtung verdient im übrigen insbesondere die Tatsache, daß sich in den vom Landgericht Bonn nachgelieferten Beweisunterlagen nicht wenige für die Aufklärung des Sachverhalts im Rahmen des Untersuchungsauftrages aufschlußreiche Dokumente befinden. So z. B.

— der in den Tageskopien aufgefundene Vermerk vom 28. Januar 1975

»Sonderthema:
Markscheffel 1
KO 1/2
F 1/2
WS 1
R 1/2«

Dieses Dokument hat eine nicht unerhebliche Beweisbedeutung im Zusammenhang mit Zahlungen, die in der Diehl-Liste unter dem 4. Februar 1975 u. a. »wg. Dr. Friderichs 50000 DM, wg. Scheel 100000 DM, wg. Kohl 50000 DM und wg. Brandt 100000 DM« eingetragen sind.

— Ein anderes Beispiel ist ein Notizzettel für den Zeugen von Brauchitsch vom 5. Dezember 1977, in dem ihm ein kurzer Besuch von Frau Weber aus dem Sekretariat Dr. Kohl für den 6. Dezember 1977 angekündigt wird. Dieser Vermerk hat erhebliche Beweisbedeutung im Zusammenhang einer von dem Zeugen Dr. Kohl bestrittenen Zahlung in Höhe von 30000 DM, die er laut Diehl-Liste am 6. Dezember 1977 erhalten haben soll.

— Ein weiteres Beispiel ist der Brief des Zeugen Dr. Kreile vom 20. November 1975, von dem der Ausschuß erstmals mit den vom Landgericht Bonn nachgelieferten Unterlagen und somit nach Ende der Befragung dieses Zeugen Kenntnis erhielt. Der Inhalt dieses Briefes läßt sich nicht in Einklang mit der Sachverhaltsschilderung des Zeugen Dr. Kreile bringen und hätte ihm vorgehalten werden müssen.
Die nachgelieferte Urkundenauswahl des Landgerichts Bonn enthält außerdem weitere Urkunden aus den Leitz-Ordnern »Tageskopien«, »Spenden«, »Politiker« und »Büro Bonn«, die für die Beurteilung anderer Unterlagen und der Angaben der Zeugen geeignet sind. Eine Durchsicht sämtlicher Leitz-Ordner, vor allem auch der Tageskopien und der »Vertraulichen Tageskopien«, war um so mehr geboten, als in den bisher dem Ausschuß vorliegenden Unterlagen häufig Bezugsschreiben oder Anlagen zu Vermerken und Briefen fehlen.
Da schon das Landgericht Bonn in den 150 Leitz-Ordnern eine nicht unbeträchtliche Zahl von Dokumenten entdeckt hat, die für das Strafverfahren beweiserheblich sein können, ist mit Sicherheit anzunehmen, daß die sorgfältige Durchsicht der beim Landgericht lagernden Urkundensammlungen bedeutsames Erkenntnismaterial über Einflußnahmen des Flick-Konzerns auf Politiker und Amtsträger zutage gefördert hätte. Die Ausschußmehrheit mußte diese Aufklärung offenkundig fürchten. Die von der Ausschußmehrheit von CDU/CSU und FDP verhinderte Ausschöpfung sämtlicher Aufklärungsmöglichkeiten stellt sich als *zielbewußte Obstruktion* gegenüber dem Untersuchungsauftrag dar, den der Deutsche Bundestag den Ausschußmitgliedern erteilt hat.

Wie willkürlich die Ausschußmehrheit hinsichtlich Aktenbeiziehungen vorgegangen ist, wird an dem Umstand deutlich, daß sie sich einerseits mit allen Kräften dagegen gesträubt hat, die bei der Firma Flick sichergestellten Unterlagen durchzusehen, andererseits nicht darauf verzichten wollte, die Akten der Staatsanwaltschaft München aus dem Ermittlungsverfahren gegen Erwin Essl beizuziehen, weil sie darauf spekulierte, aus diesen Akten könnten sich Anhaltspunkte dafür ergeben, daß der heutige

Vorsitzende der SPD-Fraktion, Dr. Hans-Jochen Vogel, während seiner Amtszeit als Bundesminister der Justiz eine Spende eines Flickunternehmens erhalten habe.
Neben der Auswertung der Akten waren Zeugenbefragungen das wichtigste Erkenntnismittel für die Aufklärung des Sachverhalts im Sinne der Fragestellung des Untersuchungsauftrages. Ursprünglich hatte der Ausschuß die Vernehmung von insgesamt 104 Zeugen beschlossen. Davon wurden jedoch lediglich 36 Zeugen vernommen. Mit der Vernehmung von weiteren 13 Zeugen wurde begonnen, ohne daß deren Vernehmung nach Unterbrechung der Befragung zu Ende geführt werden konnte. Einer korrekten Durchführung der Zeugenvernehmung hat die Ausschußmehrheit von CDU/CSU und FDP zahlreiche Hindernisse in den Weg gelegt, bis schließlich die Zeugenvernehmungen abrupt und panikartig unter Mitwirkung der SPD-Vertreter im Ausschuß abgebrochen wurden. Zugleich wurden sämtliche Beweisanträge der GRÜNEN auf Einvernahme zusätzlicher Zeugen von den CDU/CSU-, FDP- und SPD-Ausschußmitgliedern pauschal abgelehnt.

Anfangs war innerhalb und außerhalb des Untersuchungsausschusses das uneingeschränkte Interesse an der vollständigen Aufklärung der Flick-Affäre herausgestellt worden. So verlangte das SPD-Präsidium in einer am 23. Oktober 1984 herausgegebenen Erklärung »eine rückhaltlose Aufklärung der Flick-Affäre und aller damit verbundenen Vorgänge einschließlich des Falles Barzel«[16].
In der Bundestagsdebatte vom 16. November 1984 forderte der Fraktionsvorsitzende der SPD, Dr. Hans-Jochen Vogel, ebenfalls eine »rückhaltlose Aufklärung aller Verstöße und Verstrikkungen durch den Untersuchungsausschuß«, und der neugewählte Bundestagspräsident, Dr. Jenninger, erklärte am 5. November 1984 vor dem Deutschen Bundestag, daß »nichts unter den Teppich gekehrt werden« dürfe. Auch der frühere FDP-Vorsitzende Genscher gab bei seiner Zeugenbefragung am 8. November 1984 vor dem Untersuchungsausschuß zu Protokoll, er sei der Meinung, »daß man sich bemühen sollte, so viel

darüber aufzuklären«, deshalb habe er sich auch dafür eingesetzt, »daß auch dieser Untersuchungsausschuß stattfindet«. Bereits Ende November 1984 zeichnete sich jedoch ab, daß die Ausschußmitglieder der CDU/CSU, FDP und SPD den Rückzug antreten und sich darauf verständigen wollten, die Zeugenvernehmungen abzubrechen. Die Öffentlichkeit wurde auf den Abbruch der Beweisaufnahme in einem Interview des Vorsitzenden der CSU-Landesgruppe im Bundestag, Theo Waigel, eingestimmt:

»Im Süddeutschen Rundfunk sagte Waigel: ›Ich habe den Eindruck, daß alle politischen Parteien langsam einsehen, daß man wieder zu einer sachlichen und vernünftigen Arbeit zurückkehren muß.‹ Seit der Vernehmung des CSU-Landesvorsitzenden Franz Josef Strauß sei klar, daß der Flick-Untersuchungsausschuß ›nicht ein Ausforschungsausschuß zur Durchleuchtung sämtlicher Lebensvorgänge in der Bundesrepublik Deutschland‹ sein dürfe und auch ›kein Instrument des Herrn Schily sein kann, um inquisitorisch die Bundesrepublik als Ganzes und alle demokratischen Parteien diskriminieren zu können‹.«[17]

In der Sitzung vom 16. Januar 1985 erklärte der Obmann der SPD-Fraktion, Dr. Struck, seine Fraktion sei nicht mehr bereit, im Augenblick neue Beweisbeschlüsse zu fassen, die neue Zeugen erfordern. Schließlich erklärte der SPD-Abgeordnete Dr. Struck in der Sitzung vom 1. März 1985, nachdem ein Tag zuvor der Ausschußvorsitzende einen Sachstandsbericht über das bisherige Beweisergebnis aus seiner Sicht gegeben hatte, er sei der Auffassung, daß erstens keine neuen, noch nicht benannten Zeugen zu hören seien und zweitens auch die Fortsetzung von formal unterbrochenen Zeugenvernehmungen nicht mehr erforderlich sei. Das gelte bis auf zwei Ausnahmen. Die beiden Ausnahmen seien Herr Flick und Herr Paefgen... Die Vernehmung weiterer Zeugen, vor allen Dingen die Fortsetzung von Zeugenvernehmungen werde auch von der SPD nicht beantragt werden.
Übereinstimmend äußerten sich die Vertreter der CDU/CSU- und der FDP-Fraktion. Entsprechend der Übereinkunft zwischen den CDU/CSU-, FDP- und SPD-Mitgliedern wurden dann am 27. und 28. März 1985 nur noch die Zeugen Paefgen

und Dr. Flick vernommen. Am Schluß der Sitzung vom 28. März 1985 wurde die Beweisaufnahme — gegen unseren Widerspruch — mit dem Vorbehalt einer eventuellen Einsicht in weitere Unterlagen des Flick-Konzerns, die damals Gegenstand eines Beschwerdeverfahrens waren, geschlossen.

Die abrupte Beendigung der Beweisaufnahme, die zwischen den CDU/CSU-, FDP- und SPD-Ausschußmitgliedern außerhalb der Ausschußsitzungen ausgehandelt worden ist, war vor allem eine drastische Kehrtwende auf seiten der SPD-Fraktion.
Unverkennbar gab es einen Zusammenhang zwischen dem vorzeitigen Abbruch der Beweisaufnahme und der seinerzeit bevorstehenden Landtagswahl in Nordrhein-Westfalen am 12. Mai 1985. Die Ausschußmehrheit, die aufgrund der Stimmenverhältnisse letztlich die Entscheidung an sich ziehen konnte, in welcher Reihenfolge die Zeugen vernommen werden, soll der SPD damit gedroht haben, bis zum 12. Mai 1985 nur noch Zeugen aus den Reihen der SPD einschließlich des nordrhein-westfälischen Ministerpräsidenten Johannes Rau und des nordrhein-westfälischen Finanzministers Posser zu laden, falls die SPD auf einer Fortsetzung der Beweiserhebung, insbesondere einer Fortsetzung der unterbrochenen Befragung der Zeugen Bundeskanzler Dr. Kohl und Ministerpräsident Dr. h. c. Strauß bestehe.
Die Ausschußmehrheit einschließlich der SPD-Vertreter hat es zu verantworten, daß viele aufklärungsbedürftige Sachverhalte im dunkeln und die Untersuchungsarbeit ein Torso geblieben sind. Vor allem die Tatsache, daß begonnene Zeugenvernehmungen nicht zu Ende geführt worden sind, läßt sich in keiner Weise rechtfertigen.
Als die Vernehmung des Zeugen Bundeskanzler Dr. Kohl unterbrochen wurde, erklärte der Abgeordnete Dr. Struck unter anderem:

»Es sind in der Tat noch einige Komplexe zu klären, die überhaupt noch nicht angesprochen worden sind. Ich nenne als Beispiel nur das Thema ›Staatsbürgerliche Vereinigung‹. Es ist ja wohl nicht zu bestreiten, daß die ›Staatsbürgerliche Vereinigung‹ hier eine große Rolle spielt, auch im Einleitungsvermerk der Staatsanwaltschaft. Der Zeuge ist hier in seiner Eigenschaft als Parteivorsitzender der CDU zu diesem Punkt ausführlich zu befragen. Er ist in seiner Eigenschaft als früherer Ministerpräsident des Landes Rheinland-Pfalz auch in seinem Verhältnis zu dem Landesgeschäftsführer der CDU Rheinland-Pfalz, Herr Terlinden, und dessen Verhältnis zur ›Staatsbürgerlichen Vereinigung‹ zu befragen. Der Zeuge ist außerdem noch ausführlich zu dem Komplex Barzel zu befragen. Ich habe nichts dagegen, wenn die Sitzung jetzt unterbrochen wird. Ich weigere mich aber, ...in nichtöffentlicher Sitzung darüber zu beraten, ob wir den Zeugen noch weiter befragen. Ich stelle hier ausdrücklich fest, daß, wenn diese Sitzung heute hier abgebrochen wird, dies eine Unterbrechung und niemals eine Beendigung ist. Wenn Sie auf Ihrem Verfahren bestehen sollen, Herr Kollege Hüsch, werden wir uns auch öffentlich über das Spielchen, das Sie treiben, auseinandersetzen."

Bei der Unterbrechung der Vernehmung des Zeugen Außenminister Genscher erklärte der Vorsitzende Dr. Langner (CDU), nachdem ich weitere Fragen angekündigt hatte: »Wenn ein Mitglied des Ausschusses erklärt hat, daß er noch einen weiteren Fragebedarf hat, und keine anderweitigen Anträge gestellt werden, dann unterbreche ich die Vernehmung des Zeugen Außenminister Genscher.«
Bei Unterbrechung der Aussage des Zeugen Ministerpräsident Dr. h. c. Strauß erklärte der Stellvertretende Vorsitzende, Dr. Penner (SPD): »Ich breche die Vernehmung von Herrn Dr. Strauß ab. Wir sehen uns dann nach Vereinbarung über einen neuen Termin wieder.«
Am Ende der Sitzung vom 28. Juni 1984 sagte der Ausschußvorsitzende Dr. Langner (CDU), er »unterbreche die Vernehmung des Zeugen Diehl für heute und beende die heutige Sitzung und berufe den Ausschuß wieder auf Mittwoch, den 12. September, um 14.30 Uhr, zur Fortsetzung der Vernehmung des Zeugen Diehl ein«. Die Vernehmung des Zeugen Diehl wurde jedoch weder am 12. September 1984 noch zu einem anderen Zeitpunkt fortgesetzt, obwohl mir während der Vernehmung des Zeugen Diehl am 28. Juni 1984 überhaupt noch keine Gelegenheit zur Befragung gegeben worden war. Daß Fragen an den Zeugen Diehl mit Rücksicht auf die von ihm geführte Spendenbuchhaltung von besonderer Wichtigkeit waren, ist unbestreitbar. Die Ausschußmehrheit hat uns gleichwohl unter Mitwirkung der

SPD-Mitglieder die Befragung des Zeugen Diehl verwehrt. Ähnliches gilt für den Zeugen Dr. Biedenkopf. Der Zeuge Biedenkopf wurde vor dem Ausschuß lediglich zu dem Komplex Barzel vernommen. Als ich ihm die Frage stellte, ob er während seiner Tätigkeit als Generalsekretär der CDU auch etwas mit Spendenangelegenheiten zu tun gehabt habe, unterbrach mich der Vorsitzende Dr. Langner mit dem Hinweise, daß die Befragung zu dem allgemeinen Thema des Untersuchungsausschusses zu einem späteren Zeitpunkt stattfinden solle und veranlaßte mich, meine Frage bis dahin zurückzustellen. Eine spätere Befragung des Zeugen Biedenkopf war ebenfalls wegen des vorzeitigen Abbruchs der Beweisaufnahme nicht möglich. Auch die Fortsetzung der unterbrochenen Befragung der Zeugen Kiep und Barzel wurde auf diese Weise unterbunden. Das hat sich vor allem hinsichtlich der Befragung des Zeugen Kiep nachteilig ausgewirkt, weil mit dessen Vernehmung zu einem Zeitpunkt begonnen wurde, als ein wesentlicher Teil der später beigezogenen Akten noch nicht vorlag.
Mit ihrer Weigerung, wenigstens die begonnenen Zeugenvernehmungen zu Ende zu führen, hat die Ausschußmehrheit unter Mitwirkung der SPD mir als Vertreter der GRÜNEN bei einigen Zeugen das *Fragerecht* ganz, bei anderen teilweise unter Verstoß gegen Artikel 44 GG und die Verfahrensregeln *entzogen.*
— Lediglich im Fall der Zeugen von Brauchitsch, Graf Lambsdorff und Friderichs war eine Fortsetzung der unterbrochenen Zeugenvernehmungen deshalb nicht möglich, weil sich die Zeugen mit Rücksicht auf das gegen sie laufende Strafverfahren auf ihr Aussageverweigerungsrecht beriefen.
— Auffällig ist, daß sich die SPD-Vertreter im Ausschuß dem Ansinnen von CDU/CSU und FDP gebeugt haben, die Vernehmungen des CSU-Vorsitzenden Strauß und des CDU-Vorsitzenden Dr. Kohl nicht zu Ende zu führen, während der SPD-Vorsitzende Willy Brandt nach Unterbrechung seiner Vernehmung am 26. Oktober 1984 zur Fortsetzung seiner Vernehmung am 29. November 1984 vor dem Untersuchungsausschuß ein zweites Mal erscheinen mußte.

— Auffällig ist ferner, daß die Vorsitzenden der CDU/CSU und FDP, Dr. Kohl, Dr. h. c. Strauß und Genscher — gegen meinen Widerspruch — jeweils nur für die Nachmittagsstunden geladen wurden, wodurch sich die Vernehmungszeit jeweils zunächst auf einen halben Tag reduzierte und ich — abgesehen von Zwischenfragen — mit der regulären Befragung der Zeugen erst in den Abend- bzw. den späten Nachmittagsstunden beginnen konnte.

— Falsch ist der Einwand, der Ausschuß sei aus zeitlichen Gründen nicht in der Lage gewesen, das Beweisprogramm entsprechend der Beschlußlage abzuwickeln und die begonnenen Zeugenvernehmungen zu Ende zu führen. Der Ausschuß fand immerhin Zeit, den Zeugen Halstenberg an vier, den Zeugen Staatssekretär Otto Schlecht an drei, den Zeugen Wacker ebenfalls an drei Sitzungstagen zu vernehmen. Der Vernehmung der relativ unbedeutenden Zeugen Schaller und Refflinghaus widmete sich der Ausschuß ebenfalls jeweils an zwei Sitzungstagen. Hinzu kommt, daß im Januar 1985 für die ersten zwei Wochen keine und für den Monat März 1985 nur an zwei Tagen (28. und 29. März 1985) Termine für Zeugenvernehmungen angesetzt wurden. Es hätten daher ohne große zeitliche Bedrängnis wenigstens die begonnenen Zeugenvernehmungen fortgesetzt und abgeschlossen werden können.

— Mit dem hastigen Abbruch der Beweisaufnahme wurde im übrigen verhindert, daß eine Vielzahl wichtiger Zeugen, deren Vernehmung der Ausschuß zunächst einstimmig beschlossen hatte, nicht vor dem Ausschuß gehört werden konnten. So wurde die Befragung des Vorsitzenden der CDU/CSU-Fraktion Dr. Dregger, des Bundesministers a. D. Josef Ertl, des Bundestagsvizepräsidenten Dieter Cronenberg (FDP), des Bundestagsabgeordneten Gattermann (FDP), des Bundesministers der Finanzen Stoltenberg (CDU), des FDP-Fraktionsvorsitzenden Mischnick, des SPD-Abgeordneten Porzner, des Bundestagsvizepräsidenten Richard Stücklen (CSU) und anderer Politiker, deren Namen in den Spendenlisten des ehemaligen Flick-Buchhalters Diehl notiert sind, verhindert. Es unterblieb auch die Vernehmung des Leiters des sogenannten Büro Bonn des Flick-

Konzerns Dr. Schmitz und seines Mitarbeiters Adolf Kanter, von denen wichtige Aufschlüsse über Einflußnahmen des Flick-Konzerns auf Politiker und Amtsträger anhand der von ihnen der Geschäftsführung des Flick-Konzerns erstatteten Berichte zu erwarten waren.
Die Vernehmung des früheren Bundespräsidenten Prof. Dr. Carstens und anderer Zeugen wäre notwendig gewesen, um die Verbindungen zwischen Bundeskanzler Dr. Kohl und dem Flick-Konzern aufzuhellen. Auch das hat die Ausschußmehrheit unter Mitwirkung der SPD unmöglich gemacht. Unverzichtbar war auch die von uns beantragte Vernehmung weiterer Zeugen, deren Ladung sich jedoch die CDU/CSU-, FDP- und SPD-Ausschußmitglieder einträchtig entgegengestellt haben. Es handelt sich in der Mehrzahl um Zeugen, von denen Auskünfte über Spenden des Flick-Konzerns an Politiker zu erwarten waren, unter ihnen der SPD-Abgeordnete Dr. Ehrenberg, die CDU-Abgeordnete Verhülsdonk, der bayrische Landtagspräsident Dr. Heubl, der Generalbevollmächtigte der CDU, Dr. Uwe Lüthje, und der frühere FDP-Vorsitzende und Schatzmeister Bundespräsident a. D. Walter Scheel. Insbesondere konnte der Zeuge Walter Scheel nicht nach der Summe von 100000 DM befragt werden, die er laut Diehl-Liste am 4. Februar 1975 aus der »schwarzen Kasse« des Flick-Konzerns erhalten haben soll. Ebenso konnte auf diese Weise nicht aufgeklärt werden, ob es sich bei Zahlungen in Höhe von 3,3 Millionen DM in der Zeit von 1974 bis 1981, die in der Buchhaltung des Flick-Konzerns als »Honorar Liesenfeld« ausgewiesen sein sollen, um verdeckte Spenden handelt oder nicht.
Da sich die Ausschußmehrheit unter Mitwirkung der SPD gegen einen Großteil von Zeugenbefragungen abgeschottet hat, sind die Untersuchungen des Ausschusses zwangsläufig in manchen Bereichen in Vermutungen und Unklarheiten steckengeblieben.

Der Ausschuß hat bedauerlicherweise einige Zeugen nicht mit der notwendigen Entschiedenheit zur strikten Befolgung ihrer Zeugenpflichten angehalten und ist provokatorischen Äußerungen innerhalb und außerhalb des Ausschusses nicht angemessen

entgegengetreten. So hat der Ausschuß den Zeugen Ministerpräsident Dr. h. c. Strauß nicht zurechtgewiesen, als er auf zulässige Fragen eines Ausschußmitgliedes antwortete, das »gehe ihn nichts an«, »das seien Ausforschungsfragen, auf die er keine Antwort gebe«, »Sie kriegen von mir keine andere Antwort«, er könne sich nicht in Einzelheiten »verstricken«, der Ausschuß »packe die Klärung dieser Vorgänge falsch an«, der Fragesteller sei »nicht der Revisor der CSU« und ähnliches mehr.
Derselbe Zeuge tat sich später mit außergewöhnlich rabiaten Beschimpfungen des Ausschusses hervor, den er als »Wohlfahrtsausschuß« bezeichnete, den man in eine Jauchegrube versenken und »zuscheißen« sollte[18], ohne daß der Ausschuß darauf in deutlicher Form reagiert und den Zeugen zurechtgewiesen hätte. Statt dessen belohnte ihn die Ausschußmehrheit mit Unterstützung der SPD für seine Widersetzlichkeit und dispensierte den Zeugen von einer Fortsetzung der für ihn offenbar höchst risikoreichen Befragung.

Allgemein muß festgestellt werden, daß es einige Zeugen an der Bereitschaft fehlen ließen, in angemessener Weise zur Aufklärung der Geschehnisse beizutragen. Einen besonders negativen Eindruck hat der Zeuge Dr. Flick hinterlassen, dessen nahezu totaler Gedächtnisausfall mit dem Inhalt der Urkunden, die dem Ausschuß vorliegen, nicht in Einklang zu bringen ist. Um so mehr wäre eine genaue Überprüfung der Aussage von Dr. Flick durch Hinzuziehung des gesamten beim Landgericht Bonn vorhandenen Aktenmaterials geboten gewesen.

Der in der Öffentlichkeit erhobenen Forderung, ohne Ansehen der Person, ohne Retuschen und Schönfärberei die Flick- und Spendenaffäre zu untersuchen, ist die Ausschußmehrheit nicht nachgekommen.
In einem am 18. Dezember 1981 unter der Überschrift »Große Koalition ertappter Steuersünder« erschienenen Artikel schrieb »Der Tagesspiegel«: »Man wird diesen Fall, der von großer Brisanz ist, nur mit schonungsloser Offenheit und mit Konsequenz bezüglich der steuerrechtlichen Ahndung sowie der poli-

tischen Verantwortung bewältigen können.« Ähnlich äußerte sich Robert Leicht in der »Süddeutschen Zeitung« am 26. Oktober 1984: »Aber wo bleibt der Untersuchungsausschuß, der die gesamte illegale Praxis der Parteienfinanzierung in allen Dimensionen ausleuchtet? Dieses peinliche Geschäft überläßt man der durch Verjährungfristen angenehm behinderten Justiz. Und zugleich versucht man, der Justiz auf vielfältige Weise in den Arm zu fallen — brutal und subtil zugleich, z. B. mit der verlogenen Parole von angeblichen Gesetzeslücken.« Auch Karl-Heinz Krumm meinte in einem Leitartikel in der »Frankfurter Rundschau« vom 26. Oktober: »Wenn es den Politikern aller Parteien tatsächlich um die Stabilität der zweiten deutschen Demokratie und ihrer Zukunft geht, bleibt nur eines: sie müssen endlich selbst, auch wenn dies für einzelne Schmerzen und Verzicht bedeutet, alle Unterlagen über die Spenden- und Flick-Affäre offen auf den Tisch legen.«

Die Appelle stießen bei der Mehrheit des Ausschusses, wie der Verfahrensablauf lehrt, auf taube Ohren.

2. Politik in bar. Die ermittelten Tatsachen

Das Spendensystem des Flick-Konzerns

• *Spendenkanäle*

Der Flick-Konzern verfügt über weit verzweigte Spendenkanäle, über die er in verdeckter Form vornehmlich CDU, CSU und FDP sowie — nach Übernahme der Regierung im Jahr 1969 — zeitweise auch der SPD Spenden zugewendet hat. Der Untersuchungsauschuß hat nur einen Teil der Geldkanäle und Spendenzuflüsse aufdecken können.

Neben Spenden der Konzern-Obergesellschaft, für die tabellarische Aufstellungen für den Zeitraum von 1969 bis 1980 (Diehl-Liste) vorliegen, haben auch die Konzern-Untergesellschaften Krauss-Maffei, Feldmühle, Maxhütte sowie Dynamit-Nobel Zahlungen erheblichen Umfanges an Politiker und Parteien geleistet.
Die genaue Größenordnung der Spenden im Bereich der Untergesellschaften konnte der Untersuchungsausschuß mangels ausreichenden Aktenmaterials nicht ermitteln. Anhand einzelner Dokumente ist jedoch der Schluß gerechtfertigt, daß auch die Untergesellschaften unmittelbar erhebliche Dotationen an die betroffenen Parteien, insbesondere an CDU, CSU und FDP, verteilt haben. Jedenfalls handelte es sich um Spendensummen einer Größenordnung, die in den Rechenschaftsberichten der bedachten Parteien hätten veröffentlicht werden müssen.

Die Konzern-Obergesellschaft hat über zwei Spendenkanäle Gelder in die Parteikassen eingezahlt. Das größere Spendenaufkommen wurde unter mindestens teilweise illegaler Inanspruchnahme von Steuervergünstigungen auf indirektem Wege über Organisationen mit Gemeinnützigkeitsstatus abgewickelt.

Dazu gehörten unter anderen:

- Internationaler Wirtschaftsclub e.V.
- Internationale Wirtschaftspolitische Vereinigung e.V.
- Vereinigung für europäische Wirtschaftspolitik e.V.
- Club für europäische Wirtschaftspolitik e.V.
- Gesellschaft zur Förderung der freien Marktwirtschaft in Europa e.V.
- Wirtschaftspolitische Vereinigung e.V.
- Deutsche Gruppe der liberalen Internationalen und der liberalen Bewegung für ein vereintes Europa e.V.
- Staatsbürgerliche Vereinigung 1954 e.V.
- Gemeinschaft zur Erschließung unterentwickelter Märkte e.V.
- Arbeitskreis für kommunalpolitische Bildung e.V.
- Neuer Vorwärts-Verlag
- Seminar für sozial- und staatspolitische Bildungsarbeit der christlichen Arbeitnehmerschaft in NRW e.V.

Die Spenden wurden in der Flick-Buchhaltung als *»offizielle Zahlungen«* an die vorgenannten Organisationen deklariert, die auch entsprechende steuerabzugsfähige Quittungen ausstellten. Insgeheim jedoch wurden die Spendensummen (Durchlaufspenden) zum Teil unter Einbehalt eines 10%igen Verwaltungskostenanteiles an die Parteien weitergeleitet. Dementsprechend wurden die in der Flick-Buchhaltung ausgewiesenen »offiziellen« Zahlungen an angeblich gemeinnützige Organisationen als Spenden den jeweils begünstigten Parteien zugeordnet. Als »offizielle« Zahlungen sind in der Diehl-Liste auch indirekte Spenden an die parteinahen Stiftungen verbucht. Die Spenden an die Stiftungen hat der Flick-Konzern in seinen internen Aufstellungen ebenfalls der jeweiligen Partei zugeordnet.

Neben den »offiziellen« wurden auch *»inoffizielle«* Zahlungen an Parteien und Politiker geleistet.
Bei den »inoffiziellen« Zahlungen handelte es sich durchweg um Barzuwendungen, die aus einer »Dispositionskasse« erhoben wurden. Die Auszahlungen aus der »Dispositionskasse« wurden auf einem besonderen Konto außerhalb der normalen Buchführung verbucht. Aus dieser Kasse wurden zumeist in großen Briefcouverts Bargeldsummen — bis zu 250000 DM — den jeweiligen »Destinatären« über Dr. F. K. Flick, Kaletsch, von

Brauchitsch sowie in einigen Fällen auch über die Mitarbeiter des »Bonner Büro« Dr. Schmitz und Kanter zugeleitet. Bei Bargeldentnahmen aus der »Dispositionskasse« ließ sich Buchhalter Diehl Empfangsquittungen unterschreiben und vermerkte auf der Rückseite der Quittungen die Namen (oder Namensabkürzungen) der ihm jeweils als Empfänger benannten Politiker.
Ferner führte Diehl über »inoffizielle« Zahlungen aus der »Dispositionskasse« fortlaufende Kassenbücher mit den Namen der Überbringer sowie den ihm jeweils genannten Politikern. Darüber hinaus vermerkte Diehl in den Spendenlisten für die Parteien CDU, CSU, FDP und SPD auf Grundlage der Kassenbücher und Quittungsbelege das Datum der Aushändigung der erhobenen Beträge, die Namen der ihm genannten Empfänger sowie die Namen der Personen aus der Geschäftsleitung des Flick-Konzerns, die für die Auszahlungen verantwortlich waren. Von den Politikern, die die Bargeldbeträge erhielten, wurden ausnahmslos Quittungen *nicht* erteilt.
Neben der »inoffiziellen Dispositionskasse« bestand eine *»schwarze Kasse«*. Eine Reihe der »inoffiziellen« Zahlungen an bestimmte Politiker sind nach den vorhandenen Unterlagen der »schwarzen Kasse« entnommen worden. Über Ein- und Ausgänge der »schwarzen Kasse« und ihren jeweiligen Bestand liegen dem Untersuchungsausschuß nur sehr lückenhafte Unterlagen vor. Diehl hat zwar in den für die Geschäftsleitung angefertigten Zwischenbilanzen über »inoffizielle« Zahlungen einzelne Beträge mit der Kennzeichnung »Zahlungen aus der schwarzen Kasse« oder »Politische Zahlungen über Sonderkasse« versehen. Kassenbücher oder Quittungen über Auszahlungen aus der »schwarzen Kasse« hat die Staatsanwaltschaft jedoch bei den Durchsuchungen nicht sicherstellen können.
Auffälligerweise hat allerdings der Zeuge von Brauchitsch mit der Schutzschrift seines Verteidigers vom 7. Dezember 1982 die Quittung über eine Entnahme aus der »schwarzen Kasse« in Höhe von 500000 DM vorgelegt.
Die »schwarze Kasse« wurde u. a. durch Rückflüsse aus Provisionszahlungen im Fall »Ratjen« und aus fingierten Spenden des Flick-Konzerns an die »Soverdia-Gesellschaft für Gemeinwohl

mbH« gefüllt. Im Fall »Ratjen« hatte der Flick-Konzern dem Bankier Adolf Ratjen aus Vaduz/Liechtenstein am 5. November 1977 einen Betrag von 2,67 Millionen DM auf ein Konto bei der Bank Cantrade AG in Zürich überwiesen. Dieser Betrag sollte angeblich die Provision für die Kaufvertragsvermittlung Ratjens anläßlich der Veräußerung der Konzern-Untergesellschaft Maxhütte sein und ist vermutlich auch ertragsmindernd als Betriebsausgabe verbucht worden.

Von dieser Summe ließ sich der Flick-Konzern den Betrag von 1,29 Millionen DM in bar außerhalb der Bücher zurückvergüten. Der Zeuge Diehl hat bestätigt, daß dieser Betrag der beim Flick-Konzern eingerichteten »schwarzen Kasse« zugeführt worden ist. Er sei eines Tages von Eberhard von Brauchitsch gebeten worden, nach Zürich zu fliegen, um sich bei der Bank Cantrade mit Herrn Ratjen zu treffen, um dort den Barbetrag in Empfang zu nehmen. Auftragsgemäß habe er den Betrag in der Schweiz abgeholt und in Düsseldorf in einem Panzerschrank hinterlegt.

Im Fall »Soverdia« hatte im Jahre 1967 der Abgeordnete und Landesschatzmeister der hessischen CDU, Walter Löhr, im Einvernehmen mit Pater Josef Schröder von der Steyler Mission in St. Augustin sich folgendes Modell ausgedacht: 80% der Spenden, die von der »Soverdia« vereinnahmt wurden und für die sie steuerabzugsfähige Quittungen erteilte, sollten die Spender auf Umwegen zurückerhalten. Von den restlichen 20% sollten 10% der »Soverdia« verbleiben und 10% als »Provision« Löhr zustehen. Nach diesem Modell hat der Flick-Konzern in den Jahren 1968 bis 1977 insgesamt 12,3 Millionen DM an die »Soverdia« gespendet. Einen Großteil der Spendensumme konnte der Flick-Konzern aufgrund der erteilten steuerabzugsfähigen Spendenquittungen aus ersparten Steuern (Steuerersparnis schätzungsweise mindestens 5 Millionen DM) finanzieren. 9,8 Millionen DM wurden »schwarz« von der »Soverdia« an den Flick-Konzern zurückgezahlt. Aus den Spendenaktionen erhielt der Flick-Konzern demnach einen Nettogewinn von 2,8 Millionen DM. Aus den Rückflüssen in den Fällen »Ratjen« und »Soverdia« hat der Flick-Konzern in der »schwarzen Kasse«

innerhalb von zehn Jahren rund 11,3 Millionen DM angesammelt und daraus Barzahlungen an eine Reihe von Politikern vorgenommen.

• *Spendenempfänger*

Insgesamt hat der Flick-Konzern in den Jahren 1969 bis 1980 ausweislich der dem Untersuchungsausschuß zugänglichen Unterlagen Spenden an CDU, CSU, FDP und SPD sowie an Politiker aus diesen Parteien in Höhe von 26 Millionen DM geleistet. Davon entfielen auf die CDU/CSU 15 Millionen DM, auf die FDP 6,5 Millionen DM und auf die SPD 4,5 Millionen DM. Die Gesamthöhe der »offiziellen« Zahlungen in den genannten Jahren betrug rund 18 Millionen DM. Davon entfielen rund 8 Millionen DM auf die CDU, 4 Millionen DM auf die FDP, 3 Millionen DM auf die CSU sowie 2,8 Millionen DM auf die SPD. Die »inoffiziellen« Zahlungen sind nach den Büchern des Flick-Konzerns für den genannten Zeitraum auf insgesamt 8,5 Millionen zu beziffern. Davon entfallen rund 2,5 Millionen DM auf die FDP, 2,4 Millionen DM auf die CDU, 2 Millionen DM auf die CSU und rund 1,7 Millionen DM auf die SPD. In den »inoffiziellen« Zahlungen sind Beträge aus der »schwarzen Kasse« in einer Gesamthöhe von rund 2,2 Millionen DM enthalten. Davon entfallen ca. 930000 DM auf die CDU, 715 000 DM auf die CSU, 370000 DM auf die FDP und 130000 auf die SPD. Wegen der Unvollständigkeit der Akten kann nicht ausgeschlossen werden, daß die genannten Parteien weitergehende Spenden in erheblichem Umfang erhalten haben, auch in Form von direkten Zahlungen der Untergesellschaften. Ferner konnte das Volumen von »Sonderzahlungen für die Bereiche F, S und FJ« nicht aufgeklärt werden. Spitzenreiter sind

— der bayerische Ministerpräsident und CSU-Vorsitzende Franz Josef Strauß, dem — abgesehen von »Sonderzahlungen« in unbekannter Höhe — »inoffizielle« Spenden in Höhe von 1,160 Millionen DM, davon möglicherweise 500000 DM aus der »schwarzen Kasse« (weil Belege über Entnahmen aus der »Dispositionskasse« fehlen) in bar ausgehändigt wurden.

Außerdem wird Strauß in den Büchern des Flick-Konzerns als Adressat von »offiziellen« Spenden in Höhe von insgesamt 1,45 Millionen DM aufgeführt;
— der ehemalige Minister für Wirtschaft des Landes Nordrhein-Westfalen Horst-Ludwig Riemer (FDP), dem — abgesehen von »Sonderzahlungen« in unbekannter Höhe – »inoffizielle« Spenden in Höhe von rund 190000 DM in bar ausgehändigt wurden. Zusätzlich ist Riemer bei den »offiziellen« Zahlungen mit ca. 1,45 Millionen DM notiert;
— Bundesaußenminister Genscher, an den — auch hier ungeachtet der »Sonderzahlungen« in unbekannter Höhe – der »inoffizielle« Betrag von 50000 DM ging. An »offiziellen« Zahlungen wurden für Genscher in den Spendenunterlagen 1,1 Millionen DM vermerkt;
— Graf Lambsdorff, für den — ebenfalls abgesehen von »Sonderzahlungen« in unbekannter Höhe — 300000 DM als »inoffizielle« Zahlungen, davon möglicherweise 65 000 DM aus der »schwarzen Kasse«, notiert sind. 800000 DM sind als »offizielle« Zahlungen für Graf Lambsdorff ausgewiesen;
— Dr. Friderichs. Er wird bei den »inoffiziellen« Zahlungen – abgesehen von »Sonderzahlungen« in unbekannter Höhe — mit 640000 DM geführt, wovon 190000 DM ausweislich der Unterlagen aus der »schwarzen Kasse« erhoben wurden. »Offizielle« Zahlungen für Dr. Friderichs belaufen sich auf 130000 DM;
— der ehemalige SPD-Schatzmeister Nau. Allein unter seinem Namen sind »inoffizielle« Zahlungen in Höhe von 250000 DM aufgeführt. Allerdings ist anzunehmen, daß weitere »inoffizielle« Beträge, die in den Unterlagen anderen SPD-Politikern zugeordnet sind, ebenso an Nau ausgehändigt wurden. »Sonderzahlungen« an Nau sind, wie in den oben genannten Fällen, nicht auszuschließen. Weiterhin wird Nau in den Spendenunterlagen als Adressat von »offiziellen« Spenden in Höhe von insgesamt rund 450000 DM aufgeführt;
— Dr. Kohl, dem – abgesehen von »Sonderzahlungen« in nicht bekannter Höhe – »inoffizielle« Spenden in Höhe von 665 000 DM, davon möglicherweise 150000 DM aus der »schwarzen Kasse« (fehlende Quittungsbelege) in bar ausgehändigt wurden.

Die Höhe der Zahlungen an Parteien zeigt in den zurückliegenden Jahren ein unterschiedliches Bild. Die Zahlungen an die CDU/CSU stiegen im Wahljahr 1972 erheblich an auf insgesamt rund 3,2 Millionen DM, wovon allein 900000 DM aus der »schwarzen Kasse« gezahlt wurden. 500000 DM des Betrages aus der »schwarzen Kasse« wurden für »Wahlanzeigen« notiert. Eine ähnliche Steigerung ist mit dem Beginn der Bescheinigungsverfahren im Jahre 1975 festzustellen. Zusammen erhielten CDU/CSU in diesem Jahr an »inoffiziellen« und »offiziellen« Spenden rund 2,15 Millionen DM. In welchem Ausmaß der Flick-Konzern am Spendenaufkommen zugunsten von CDU/CSU in den Jahren ab 1982 im Zusammenhang mit der Bildung der neuen Koalitionsregierung Kohl/Genscher beteiligt war, konnte der Ausschuß mangels Unterlagen nicht klären. Deshalb kann auch keine Aussage darüber gemacht werden, ob im Vorwahljahr 1982 und im Wahljahr 1983 die Spenden aus dem Flick-Konzern zugunsten der CDU/CSU einen neuen Höchststand erreicht haben.
Der CDU und vermutlich auch der CSU sind seitens des Flick-Konzerns auch im voraus bestimmte Spendenzusagen gemacht worden. Ob und inwieweit der Flick-Konzern an Entschuldungsaktionen der CDU/CSU beteiligt war, ließ sich bisher nicht ermitteln. Offen blieb auch die Frage, ob und inwieweit der Flick-Konzern der CDU/CSU bei der Inanspruchnahme von Bankkrediten behilflich war. Für die CSU findet sich beispielsweise in den Spendenunterlagen für das Jahr 1979 u. a. die Eintragung »Treuhandgebühr – Finter Bank 7402,80 DM«. Die Zahlungen an die CSU haben bereits im Jahre 1949, zu einem Zeitpunkt, als sich Friedrich Flick sen. noch im Kriegsverbrechergefängnis in Landsberg befand, »aus einem gewissen Grund« (Franz Josef Strauß vor dem Untersuchungsausschuß) begonnen. Über die Höhe der Zahlungen von 1949 bis 1968 konnte der Untersuchungsausschuß mangels Unterlagen keine Erkenntnisse gewinnen.
Auch die Zahlungen an die CDU haben bereits vor 1969 eingesetzt. In welchen Jahren die CDU erstmalig Spenden vom Flick-Konzern erhalten hat, konnte jedoch definitiv nicht festge-

stellt werden. Inwieweit einzelne Zuwendungen mit bestimmten politischen Zielsetzungen des Flick-Konzerns unmittelbar in Verbindung zu bringen sind, blieb ebenso offen.
Bemerkenswert ist immerhin, daß der CSU-Vorsitzende Strauß bereits im Jahre 1969 vom Flick-Konzern einen Bargeldbetrag in Höhe von 200000 DM erhalten hat. Im selben Jahr ist auf maßgebliches Betreiben des damaligen Bundesfinanzministers Strauß die Steuerbegünstigungsvorschrift § 4 Auslandsinvestitionsgesetz eingeführt worden, über die später der Flick-Konzern nahezu die Hälfte des Daimler-Verkaufserlöses in den USA anlegen konnte. Auch bei dieser Transaktion hat Ministerpräsident Strauß dem Flick-Konzern Hilfestellung geleistet.

Auch für die FDP ist im Bundestagswahljahr 1972 ein deutlicher Anstieg der Spendeneingänge vom Flick-Konzern zu verzeichnen. Mit Beginn der Bescheinigungsverfahren im Jahre 1975 zeigt sich ebenfalls eine nochmalige erhebliche Steigerung des Spendenvolumens auf etwa 1,8 Millionen DM. Der Flick-Konzern hatte sich im Jahre 1975 bei einer Stützungsaktion mit einer Spendensumme von 3 Millionen DM für die Umschuldung der FDP von der Bank für Gemeinwirtschaft zur Dresdner Bank engagiert. Im Bundestagswahljahr 1976 wurde die FDP wiederum mit der beachtlichen Spendensumme in Höhe von fast 1,3 Millionen DM bedacht.
Bei der im Jahre 1969 an den FDP-Parteivorsitzenden Scheel geleisteten Spende ist davon auszugehen, daß es sich um eine gezielte Unterstützung für den Bundestagswahlkampf handelte. Dem Flick-Konzern war offensichtlich an einem Stimmenzuwachs der FDP bei der Bundestagswahl nicht zuletzt deshalb gelegen, weil sich die FDP durch ihren parlamentarischen Vorstoß vom Dezember 1968, als sie eine über den seinerzeit vorliegenden Regierungsvorschlag hinausgehende parlamentarische Initiative zur steuerlichen Förderung von Auslandsinvestitionen ergriffen hatte, den hieran interessierten deutschen Wirtschaftsunternehmen einschließlich des Flick-Konzerns besonders empfohlen hatte. Der Flick-Konzern war schon damals an der Einführung einer steuerlichen Privilegierung von Auslands-

investitionen in hohem Maße interessiert. So schrieb der persönlich haftende Gesellschafter des Flick-Konzerns, Eberhard von Brauchitsch, bereits zwei Monate nach dem FDP-Entwurf an den Bundesminister für Wirtschaft und unterbreitete diesem Vorschläge zur »steuerneutralen Mobilisierung stiller Reserven für die Durchführung von Auslandsinvestitionen«.

Auch der CSU-Bundestagsabgeordnete Dr. Wolfgang Pohle, zugleich Kommanditist und Interessenvertreter der Firma Flick, wandte sich mit Schreiben vom 17. März 1969 an das Bundeswirtschaftsministerium und überreichte diesem eine Studie, die im Hause Flick »über die Direktinvestitionen der deutschen Privatindustrie in das Ausland als Mittel zum nachhaltigen Ausgleich der Zahlungsbilanz der Bundesrepublik erstellt worden« war.

Zuwendungen des Hauses Flick über den FDP-Parteivorsitzenden Scheel konnten schon 1969 auf Tradition verweisen. Dies läßt sich einem Vermerk des Vorstandsvorsitzenden der Untergesellschaft Feldmühle AG, Helmfried Krug, vom 14. Januar 1965 an Dr. Pohle entnehmen. Krug hielt in seinem Schreiben fest:

»Betr.: Gespräch mit Herrn Min. Kienbaum, Herrn Min. Scheel und Herrn Zoglmann am 14. 1. 1965.
Den Herren wurde vermittelt, daß die Gruppe bereit ist, für den Wahlkampf 1965 DM 100000 zur Verfügung zu stellen, und zwar zweckgebunden für Bemühungen in Nordrhein-Westfalen, wobei ausdrücklich erklärt wurde, daß die Herren der Bundesparteileitung gegenüber vermerken, daß die Gruppe dann nicht mehr wegen Wahlkampfzuwendungen anzusprechen sei, und wir auch — falls wir trotzdem angesprochen werden — erklären werden, daß wir unseren Beitrag geleistet haben. Bei dieser Gelegenheit brachten die Herren Scheel und Zoglmann zum Ausdruck, daß sie noch für ihre Landeskasse Zuwendungen erwarten. Herr Dr. Pohle wollte diese Frage mit Kaletsch aufnehmen. Über das weitere Vorgehen ist vereinbart worden, daß innerhalb der FDP morgen in einer Sitzung die Möglichkeit einer Public-Relation-Arbeit besprochen werde, um dann gemeinsam mit uns, d. h. voraussichtlich mit Herrn Dr. Pohle und mir sowie im Beisein der Herren Schmidt, Paefgen und Dr. Geginat, ein Aktionsprogramm festzulegen. Herr Zoglmann läßt von sich hören.«

Ebenso beweist ein Schreiben des FDP-Politikers Rieger an den damaligen Bundesminister Walter Scheel vom 29. September

1966, daß Scheel vor 1969 — auch während seiner Amtszeit als Minister — Spenden bei verschiedenen Firmen akquiriert hat. In dem Schreiben heißt es:

»Lieber Walter!
Anbei übersende ich Dir mit der Bitte um Kenntnisnahme und Rücksendung nach Unterzeichnung das Protokoll über die letzte Sitzung unseres Finanzausschusses.
Bei den noch von Dir nachzuarbeitenden Häusern handelt es sich nach unserer Absprache um
Bankhaus Trinkhaus
Thyssenhütte
Flick-Gruppe
GHH Horten
Im Laufe des Oktober werden wir uns wohl erstmalig über einen Haushaltsvorschlag für 1967 zu unterhalten haben. Es wäre gut, wenn wir bis dahin wüßten, wie wir die bisher offen gebliebenen Fälle einzuordnen haben, unabhängig vom tatsächlichen Zahlungseingang.
An die übrigen Kollegen Rubin und Zoglmann werde ich mit der gleichen Bitte herantreten.«

Zu nennenswerten Spenden an die SPD sah sich der Flick-Konzern erst im Jahre 1969 mit Beginn der Regierungszeit der sozial-liberalen Koalition veranlaßt. Die Spendenzahlungen an die SPD erreichten in den Jahren 1969 bis 1974 eine vergleichsweise bescheidene Höhe von durchschnittlich jährlich 150000 DM. Das Spendenvolumen zugunsten der SPD stieg zunächst im Jahre 1972 mit Bestätigung der sozial-liberalen Regierung deutlich an auf rund 260000 DM. Ein weiterer, überproportionaler Anstieg der Spenden an die SPD bzw. an die SPD-nahe Friedrich-Ebert-Stiftung ist für die Jahre ab 1975 — parallel zu den Bescheinigungsverfahren — zu verzeichnen. Die Friedrich-Ebert-Stiftung erhielt in den Jahren von 1975 bis 1980 insgesamt rund 2,8 Millionen DM.

Im einzelnen sind laut Diehl-Liste folgende Spenden an CDU/CSU, FDP und SPD vom Flick-Konzern vergeben worden.

a) »Inoffizielle Zahlungen an die CDU« 1969 bis 1980

	DM
1969:	50000
1970:	55000
1971:	60000
1972:	
Schröder	50000
Köppler	50000
v. Hassel	30000
Lutzke[1]	380000
Müller, Hbg. für Wahl-Anzeigen[1]	500000
und andere	5000
	1015000

[1] Zahlungen aus der »schwarzen Kasse«

1973:	
Kohl	100000
und andere	80000
	180000
1974:	
Ka wg. Kohl	50000
Ka wg. Dregger	50000
Ka wg. v. Hassel	30000
und andere	50000
	180000
1975:	
Ka wg. Kohl ü v. B.[1]	50000
Ka wg. Tamm (Springer)	50000
Dr. Schmitz wg. Dregger	20000
Ka wg. Kohl	100000
und andere	160000
	380000

[1] Zahlung aus der »schwarzen Kasse«

1976:	
Ka. v. B. wg. Kohl	50000
v. B. wg. Kohl	50000
v. B. wg. Kohl	50000
v. B. wg. Kohl	30000
und andere	25000
	205000
1977:	
v. B. wg. Kohl	50000
v. B. wg. Kohl[1]	30000
	80000

[1] Zahlung bestritten

1978:	
v. B. wg. Kohl[1]	25000
v. B. wg. Eberle	35000
	60000

[1] Zahlung bestritten

1979:	
v. B. wg. Biedenkopf[1]	30000
v. B. wg. Kohl	30000
	60000

[1] Laut von Brauchitsch 25000 an Kohl und 5000 an Köppler

1980:	
v. B. wg. Kohl	50000
v. B. wg. Biedenkopf[1]	25000
und andere	3000
	78000

[1] Laut von Brauchitsch an Köppler

b) »Offizielle Zahlungen an die CDU« 1972 bis 1980

1972:	
Staatsbürgerliche Vereinigung Leisler Kiep	750000
Gemeinschaft zur Erschließung unterentwickelter Märkte Stoltenberg	200000
und andere	530000
	1480000
1973:	
L-K über Stbgl. Vg.	500000
Köhler	150000
und andere	20000
	670000

1974:
Staatsbürgerliche Vereinigung, Köln
wg. Leisler Kiep 500000
wg. Dr. Köhler/CDU-Rheinland 100000
Dr. Dr. A. Paul
wg. Dr. R. Barzel 250000
Ludwig-Erhard-Stiftung 100000
und andere 191140
1141140

1975:
Staatsbürgerliche Vereinigung
wg. Leisler Kiep 600000
wg. Dr. Köhler/CDU-Rheinland 130000
wg. Windelen/Dr. Rinsche/Dr. Schwefer/CDU-Westfalen 100000
Dr. Dr. A. Paul, Frankfurt/M.
wg. R. Barzel 250000
und andere 261980
1341980

1976:
Staatsbürgerliche Vereinigung
wg. Leisler Kiep 600000
wg. Dr. Dregger, Fulda 20000
Dr. Dr. A. Paul, Frankfurt/M.
wg. R. Barzel 250000
Studiengesellschaft für Information und Fortbildung, Stuttgart
wg. Todenhöfer 10000
und andere 195923,61
1075923,61

1977:
Staatsbürgerliche Vereinigung, Köln
wg. Leisler Kiep 600000
Dr. Dr. A. Paul, Frankfurt/M.
wg. Barzel 250000
und andere 140700,05
990700,05

1978:
Staatsbürgerliche Vereinigung, Köln
wg. Leisler Kiep 500000
wg. Albrecht 60000
wg. Kanther 5000
Dr. Dr. A. Paul, Frankfurt/M.
wg. Barzel 250000
und andere 88560
903560

1979:
Staatsbürgerliche Vereinigung, Köln
wg. Vogel[1] 20000
Dr. Dr. A. Paul, Frankfurt/M.
wg. Barzel 250000
und andere 167544,48
437544,48

[1] Gemeint ist Bernhard Vogel (CDU)

1980:
Dr. Dr. A. Paul, Frankfurt/M.
wg. Barzel 62500
und andere 125792,95
188292,95

c) »Inoffizielle Zahlungen an die CSU« 1969 bis 1980

1969:
Strauß 200000
Heubl 20000
220000

1971:
Strauß 100000
und andere 50000
150000

1972:
Heubl 50000
Höcherl[1] 15000
und andere 50000
115000

[1] Zahlung aus der »schwarzen Kasse«

1973: 45000

1974:
Ka wg. Heubl 50000
Ka wg. Jaumann 20000
und andere 25000
95000

1975:
Ka/vB wg. FJS 200000
und andere 180000
380000

1976:
Ka wg. Ziesel[1] 100000
Ka wg. CSU-3.10[2] 100000
Dr. FKF wg. FJS 250000
Ka wg. FJS ü Srbik 10000
und andere 10000
470000

[1] Zahlung aus der »schwarzen Kasse«

[2] Zahlung aus der »schwarzen Kasse«, ohne Angabe des Empfängers

1978:
Dr. FKF wg. FJS 250000
Kanter wg. Dr. Voß 5000
255000

1979:
Dr. FKF wg. FJS 250000

1980:
v. B. wg. Voß ü Kanter 5000

d) »Offizielle Zahlungen an die CSU« 1969 bis 1980

Für die Jahre 1969 bis 1971 liegen dem Ausschuß keine Unterlagen vor.

Für 1972 findet sich folgende Eintragung:

In 1972 zugesagt 1000000
In 1972 tatsächlich gezahlt 500000
500000
Staatsbürgerl. Verein. (Oktober 1972) 75000
575000

1973:
Staatsbürgerl. Verein. (Januar 1973) 75000

1974:
1974 zugesagt 250000
Restzahl. aus Zusage 1972 500000
750000
und andere 34508
784508

1975: 56844

1976:
Bayern-Kurier, München 18000
MTM-Aviation, München wg. Charterflug-Rechnung F. J. S. 10577,72
und andere 63744
92321,72

1977:
Hanns-Seidel-Stiftung, München wg. F. J. S. 100000
Bayern-Kurier, München 40951,68
Air-Traffic, Düsseldorf wg. Charterflug-Rechnung und andere F. J. S. (anteilig) 2735,08
und andere 88300
231986,76

1978:
Staatsbürgerliche Vereinigung, Köln wg. F. J. S. 500000
Hanns-Seidel-Stiftung, München wg. F. J. S. 60000
Kolping Familie wg. Streibl 25000
Bayern-Kurier, München 23482,56
Staatsbürgerliche Vereinigung, Köln wg. Heubl 20000
und andere 19302,56
647785,12

1979:	
Hanns-Seidel-Stiftung, München	
wg. F. J. S.	60000
Staatsbürgerliche Vereinigung, Köln	
wg. F. J. S.	500000
wg. Bössle	30000
Air-Traffic, Düsseldorf	
wg. F. J. S.	3997,63
und andere	104026,80
	697024,43
1980:	
Hanns-Seidel-Stiftung, München	
wg. F. J. S.	60000
und andere	52330,50
	112330,50

e) *»Inoffizielle Zahlungen an die FDP« 1969 bis 1980*

1969:	50000
1971:	60000
1972:	
Genscher	50000
Lambsdorff	25000
Scheel	15000
und andere	150000
	240000
1973:	95000
1974:	
Ka wg. Scheel	5000
Ka wg. Friderichs[1]	75000
Ka wg. Graf Lambsdorff	10000
Ka wg. Ertl	50000
und andere	127700
	267700

[1] Zahlung bestritten

1975:	
Ka wg. Dr. Friderichs[1]	50000
Ka wg. Scheel[1]	100000
Ka wg. Graf Lambsdorff	25000
Ka wg. Ertl	25000
Ka ohne Angabe ü Nemitz[2]	200000
und andere	220320
	620320

[1] Zahlung aus der »schwarzen Kasse«, bestritten

[2] Auf Rückseite des Quittungsbelegs: »Frdr«

1976:	
vB wg. Graf Lambsdorff	25000
Ka wg. Dr. Friderichs[1]	75000
Ka wg. Ertl ü Nemitz	10000
vB wg. Dr. Friderichs[2]	70000
vB wg. Dr. Friderichs[1]	60000
und andere	107500
	347500

[1] Zahlung aus der »schwarzen Kasse«, bestritten

[2] Zahlung bestritten

1977:	
v. B. wg. Graf Lambsdorff	25000
v. B. wg. Dr. Friderichs[1]	70000
v. B. wg. Dr. Friderichs	40000
v. B. wg. Graf Lambsdorff[1]	25000
v. B. wg. Graf Lambsdorff[2]	30000
und andere	25000
	215000

[1] Zahlung aus der »schwarzen Kasse«, bestritten

[2] Zahlung bestritten

1978:	
v. B. wg. Karry	35000
und andere	61200
	96200
1979:	
v. B. wg. Graf Lambsdorff[1]	30000
und andere	15000
	45000

[1] Zahlung bestritten

1980:
v. B. wg. Graf Lambsdorff[1] 40 000
v. B. wg. Graf Lambsdorff[1] 40 000
v. B. wg. Graf Lambsdorff[1] 25 000
v. B. wg. Funcke 40 000
145 000

[1] Zahlung bestritten

f) »Offizielle Zahlungen an die FDP« 1969 bis 1980

1969:
Gesellschaft für europäische Wirtschaftspolitik/H. Kaletsch H. v. B. 100 000
davon: Scheel 50 000

1970:
Gesellschaft für europäische Wirtschaftspolitik 100 000

1972:
Internationaler Wirtschaftsclub Düsseldorf
Weyer 200 000
Scheel 30 000
Zoglmann 10 000
240 000
FDP/Bayern 30 000

1973:
FDP/Bayern 50 000

1974:
FDP/Bayern 60 000
Gesellschaft für europäische Wirtschaftspolitik wg. Riemer/Graf Lambsdorff 75 000
135 000

1975:
Friedrich-Naumann-Stiftung 65 000
Rechnung der Werbeagentur Träger & Lauenstein wg. Ertl 25 000
Rechnung der Wirtschafts-Informationsdienst-Verlagsgesellschaft wg. Maihofer 25 000
Rechnungen der Troost Kg. Werbeagentur wg. Riemer 620 400
Gesellschaft für europäische Wirtschaftspolitik wg. Riemer/Graf Lambsdorff 125 000
und andere 6 000
866 400

1976:
Gesellschaft zur Förderung der freien Marktwirtschaft in Europa wg. Graf Lambsdorff 200 000
Friedrich-Naumann-Stiftung wg. Genscher 100 000
Rechnungen der Troost Kg. Werbeagentur, Düsseldorf wg. Riemer 618 045,05
918 045,05

1977:
Friedrich-Naumann-Stiftung wg. Genscher 500 000
Gesellschaft zur Förderung der freien Marktwirtschaft in Europa wg. Graf Lambsdorff 100 000
Rechnung der Air-Traffic, Düsseldorf wg. Friderichs 13 141,06
Internationale wirtschaftspolitische Vereinigung wg. Hoesch/Funcke 5 000
618 141,06

1978:
Friedrich-Naumann-Stiftung wg. Genscher 500 000
Gesellschaft zur Förderung der freien Marktwirtschaft in Europa wg. Graf Lambsdorff 100 000
Forschungsinstitut für Wirtschaftspolitik an der

Universität Mainz	
wg. Friderichs	40000
Diverse Druck- und Anzeigenrechnungen	
wg. Solms/Funcke	4018,19
	644018,19

1979:

Friedrich-Naumann-Stiftung	
wg. Bangemann	7500
wg. Friderichs	50000
Gesellschaft zur Förderung der freien Marktwirtschaft in Europa	
wg. Graf Lambsdorff	100000
Stadtkasse Mainz-Brunnen Lerchenberg	
wg. Friderichs	50000
Deutsche Gesellschaft für Fotografie, Köln	
wg. Friderichs	10000
und andere	143923,93
	360423,93

1980:

Gesellschaft zur Förderung der freien Marktwirtschaft in Europa	
wg. Graf Lambsdorff	100000
Studentenschaft in einer demokratischen Gesellschaft e. V.	
wg. Dr. Friderichs	10000
Deutsche Gesellschaft für Fotografie, Köln	
wg. Dr. Friderichs	10000
und andere	16955,59
	136955,59

g) »Inoffizielle Zahlungen an die SPD« 1969 bis 1980

1969:	60000
1970:	70000
1971:	30000
1972:	180000
1973:	150000
1974:	121000

1975:

Ka wg. Brandt[1]	100000
Ka wg. Nau	100000
und andere	170000
	370000

[1] Zahlung aus der »schwarzen Kasse« an Nau, möglicherweise über Markscheffel

1976:	123000
1977:	5000
1978:	
vB wg. Bahr[1]	40000
vB wg. Eppler[1]	40000
vB wg. Böhm[1]	40000
	120000

[1] Zahlungen bestritten, möglicherweise an Nau

1979:

vB wg. Porzner[1]	25000
vB wg. Junghans[1]	25000
vB wg. Brandt[2]	40000
vB wg. Ehrenberg[1]	40000
	130000

[2] Zahlung an Nau

1980:

vB wg. Brandt[2]	50000
vB wg. Matthöfer[1]	40000
vB wg. Lahnstein[1]	35000
vB wg. Ehmke	10000
vB wg. Nau	150000
	285000

h) »Offizielle Zahlungen an die SPD« 1969 bis 1980

Für die Jahre 1969 bis 1971 liegen keine Unterlagen über »inoffizielle« Zahlungen vor.

1972:

Die demokratische Gemeinde	
wg. Nau/Petersen	63846,20
und andere	19100
	82946,20

1973:

Die demokratische Gemeinde wg. Nau/Petersen	23917
und andere	19100
	43017

1974:

Die demokratische Gemeinde wg. Nau/Petersen	24895,20
und andere	44592,90
	69487,10

1975:

Friedrich-Ebert-Stiftung	250000
und andere	67513,20
	317513,20

1976:

Friedrich-Ebert-Stiftung	1000000
und andere	59507,40
	1059507,40

1977:

Friedrich-Ebert-Stiftung	250000
und andere	51400,14
	301400,14

1978:

Friedrich-Ebert-Stiftung	260000
und andere	49974,39
	309974,39

1979:

Friedrich-Ebert-Stiftung	250000
Verein der Freunde und Förderer des deutschen Kollegs am Campo Santo in Rom wg. Leber	20000
und andere	49974,39
	319974,39

1980:

Friedrich-Ebert-Stiftung	250000
und andere	35000
	285000

Auf Anforderung des Konzerneigners Dr. Flick hatte von Brauchitsch diesem im Mai 1981 eine Liste über »Spenden- und Beitragsleistungen« der Konzernobergesellschaft für die Jahre 1976 bis 1980 zugesandt. In einer Begleitnotiz hierzu vermerkte von Brauchitsch für Dr. Flick, »Sonderzahlungen für die Bereiche F, S und FJ« seien in dieser Aufstellung nicht enthalten. Hierüber wolle er sich mit Dr. Flick persönlich unterhalten. Der Ausschuß hat zu diesen Zahlungen keine Feststellungen treffen können. Von Brauchitsch hat hierzu vor kurzem in dem u. a. gegen ihn anhängigen Strafverfahren vor der 7. Strafkammer des Landgerichts Bonn laut Presseberichten ausgesagt, das von ihm in der Notiz benutzte Kürzel »F« stehe für Zahlungen an die FDP, »S« für solche an die SPD und »FJ« für Zahlungen an den bayerischen Ministerpräsidenten Dr. Strauß. Über die Höhe dieser Zahlungen wollte von Brauchitsch keine Angaben machen.

Dem Ausschuß liegt eine von Dr. Flick unter dem Datum vom 16. Oktober 1978 abgezeichnete Notiz von Brauchitschs vor, in der dieser folgendes festhielt:

»Von Juli—September 1978
Sonderzahlungen in einer speziellen Sache 220000 DM«

Des weiteren befinden sich auf der Notiz folgende handschriftliche Eintragungen:

»Bahr	40	SPD
Eberle	35	CDU
Eppler	40	SPD
Bohm	40	SPD
Rie	30	FDP
Karry	35	
	220«	

Hiermit korrespondieren unter dem Datum vom 24. Oktober 1978 in den Aufstellungen Diehls vermerkte »Inoffizielle Zahlungen« an Politiker der CDU, FDP und SPD. Den Verbleib der Zahlungen hat der Ausschuß nicht aufgeklärt. Die in Betracht kommenden Zeugen wurden nicht vernommen, weil die Beweisaufnahme im Frühjahr 1985 abgebrochen wurde.

Die Feststellung im Mehrheitsbericht, der Flick-Konzern habe »erheblich« höhere Spenden für karitative, kulturelle und andere Zwecke vergeben als an Politiker und Parteien, ist falsch. Eine Auswertung des dem Ausschuß zur Verfügung stehenden Zahlenwerks zeigt ein völlig anderes Bild. Ein Zahlenvergleich ergibt sich aus einer Zusammenstellung der von der Konzernobergesellschaft in den Jahren 1976 bis 1980 »geleisteten Spenden und Beitragszahlungen«. Diese war dem Konzerneigner Dr. Flick auf dessen Verlangen im Jahre 1981 von Eberhard von Brauchitsch mit der Bemerkung übersandt worden, hierin seien die »Sonderzahlungen für die Bereiche F, S und FJ« nicht enthalten. Bei den in der vorgenannten Aufstellung aufgeführten »Allgemeinen Zahlungen« handelte es sich, wie aus den Aufzeichnungen Diehls ersichtlich ist, so gut wie ausnahmslos um Zuwendungen an Politiker und Parteien. So finden sich beispielsweise für das Jahr 1977 Zahlungen an die Adressaten

— »Dr. Dr. A. Paul, Frankfurt 250000«
— »Hanns-Seidel-Stiftung, München 100000«
— »Staatsbürgerliche Vereinigung, Köln 615000«,

welche in den Aufzeichnungen Diehls den Parteien CDU und CSU jeweils mit den Vermerken

— »wg. Barzel«
— wg. F. J. S.«
— »wg. Leisler Kiep«

zugeordnet sind. Die sich hieraus ergebende Summe, 5,3 Millionen DM, Zahlungen an Politiker und Parteien, erhöht sich um weitere 3 Millionen auf rund 8,3 Millionen DM, rechnet man die vermerkten »Inoffiziellen Zahlungen« an Politiker für die Jahre 1976 bis 1980 hinzu. Dieser Betrag erhöht sich um weitere Zahlungen aus der »schwarzen Kasse« sowie »Sonderzahlungen für die Bereiche F, S und FJ«, über deren Volumen der Untersuchungsausschuß nicht beziehungsweise keinen ausreichenden Beweis erhoben hat.

Die »Pflege der Bonner Landschaft« durch das »Bonner Büro« des Flick-Konzerns

Ein anschauliches Bild institutionalisierter Einflußnahme auf Politiker und Abgeordnete vermitteln die dem Ausschuß zur Verfügung stehenden Unterlagen über die Tätigkeit des »Bonner Büro« der Firma Flick. Die »politische Stabsstelle der Geschäftsführung« in Bonn fungierte als verlängerter Arm der Konzernzentrale, um unter regelmäßiger Rückkopplung mit dieser auf Gesetzgebung, politischen Meinungsbildungsprozeß, Wahlen und Kandidaturen mittels Geldzahlungen, Informationsbeschaffung und Ausstattung mit Informationsmaterial Einfluß zu nehmen.
Dr. Walter Schmitz war, nachdem er 1969 aus seiner Stellung als Beamter zur Firma Flick übergewechselt war, von 1974 bis 1981 — also in der Zeit der Antragsverfahren — Leiter des »Bonner Büro« der Firma Flick. Er war für die Anbahnung von Kontakten zu Abgeordneten und politischen Funktionsträgern, für Spendenvorschläge sowie Überbringung von Spenden an Abgeordnete, für die Beschaffung von — zum Teil vertraulichen —

Informationen aus Bonner Ministerien, Fraktionen und anderen politischen Gremien zuständig.
Adolf Kanter war, nachdem er fast zwei Jahre als Berater im »Bonner Büro« beschäftigt gewesen war, von 1974 bis 1981 als stellvertretender Leiter des »Bonner Büro« für die Firma Flick eingesetzt. Kanter sorgte, ebenso wie Dr. Schmitz, für die Anknüpfung von Kontakten zu Abgeordneten, Parteien, Parlament und anderen politischen Stellen. Er machte Vorschläge für Spenden an Abgeordnete und politische Funktionsträger und war ebenfalls mit der Überbringung von Spenden betraut.
Nach Abschluß der Steuerbegünstigungsverfahren wurde das Bonner Büro auf Weisung von Dr. Flick zum Ende des Jahres 1981 aufgelöst. Eine Vernehmung von Dr. Schmitz und Adolf Kanter als Zeugen vor dem 1. Untersuchungsausschuß wurde von der Mehrheit im Ausschuß abgelehnt. Folgende Beispiele illustrieren die weitreichenden Tätigkeiten des »Bonner Büro«.

• *»Thema Mitbestimmung«*

Mit Schreiben vom 26. April 1973 wandte sich Dr. Schmitz an von Brauchitsch, um diesem über ein Gespräch mit »Herrn Professor Biedenkopf« zu berichten. Für die Vermittlung des Gesprächs hatte von Brauchitsch im Wege eines Schreibens an Biedenkopf vom 9. April 1973 gesorgt, in dem er ausführte:

»Ich höre, daß Überlegungen angestellt werden, den Leitenden Angestellten, vertreten durch die ULA, eine eigene Position — möglicherweise eingetragener Verein — innerhalb oder am Rande der CDU zu verschaffen. Meines Erachtens ist das nicht zu Ende gedacht.
Bei uns ist Herr Dr. Walter Schmitz aus unserem Bonner Büro in dieser Spezialfrage sachkundig. Ich würde es dankbar begrüßen, wenn Sie Herrn Dr. Schmitz zu einem kurzen Besuch empfangen würden...«

Vier Tage später schrieb von Brauchitsch erneut an Professor Biedenkopf:

»Ich würde gern gelegentlich mit Ihnen über die Frage sprechen, ob es nicht zweckmäßig ist, den Kreis zusammenzurufen, der im vorigen Herbst im Haus von Herrn Dr. Henkel, in Hösel* über den Wahlkampf gesprochen hat.

Mir scheint es richtig, daß sich die Wirtschaft rechtzeitig und nicht erst wieder unter dem Zeitdruck einer neuen Wahl darüber klar wird, wie sie sich in Zukunft zu dem Themenkreis verhalten sollte.
Diese Zeilen sind nur als Denkansporn für uns beide...«

* Der »Höseler Kreis«, ein nach dem Wohnsitz von Dr. Konrad Henkel benannter Treffpunkt, diente der Beratung der Finanzierung von CDU und FDP durch namhafte Wirtschaftsunternehmen. Thema war in diesem Kreis u. a. die Bereitstellung von Geldmitteln für die Bundestagswahlen sowie die Spendenbeschaffung über die Staatsbürgerliche Vereinigung 1954 e. V. Ausweislich der durch die Staatsanwaltschaft Bonn beschlagnahmten Aufzeichnungen wurden in diesem Kreis, an dem für die CDU mehrfach deren Vorsitzender Dr. Kohl, der damalige Bundesgeschäftsführer Professor Kurt Biedenkopf, sowie der Bundesschatzmeister Walter Leisler Kiep, für die FDP deren früherer Vorsitzender Walter Scheel und sein Nachfolger Bundesaußenminister Hans-Dietrich Genscher teilnahmen, zuletzt auch im Herbst 1982 Überlegungen angestellt, wie durch finanzielle Unterstützung der FDP deren Verbleib im Bundestag sichergestellt werden könne.

Dr. Schmitz berichtete über das mit Professor Biedenkopf geführte Gespräch vom April 1973 an von Brauchitsch, Professor Biedenkopf habe »weder die VFLA noch deren Bestrebungen gekannt, sich am Rand der CDU auf gleicher Ebene wie Wirtschaftsrat und Mittelstandsvereinigung zu etablieren«. Grundsätzlich halte »Professor Biedenkopf es für verfehlt, daß neben der ULA noch eine weitere Vereinigung agiert, die letztlich keine andere Aufgabe haben kann, als den Leitenden Angestellten ein spezielles Gruppeninteresse zu predigen«. Professor Biedenkopf werde, so weiter Dr. Schmitz, »falls nötig, seinen Einfluß bei der CDU in diesem Sinne geltend machen«. Dr. Schmitz berichtete weiter, er habe

»diese Gelegenheit ferner wahrgenommen, Professor Biedenkopf meine Besorgnis über die Entwicklung der Mitbestimmungsdiskussion innerhalb der CDU vorzutragen, insbesondere im Hinblick auf das weitere Vordringen des Horn-Modells. Aufgrund meiner Darstellungen über die bevorstehende Veröffentlichung der neuesten Überlegungen von Herrn Horn in den gesellschaftspolitischen Kommentaren erwägt Professor Biedenkopf, ggf. selbst eine Entgegnung zu schreiben«.

In einem Schreiben vom 29. Mai 1973 an von Brauchitsch ließ Professor Biedenkopf — ausweislich seines Briefkopfes als »Geschäftsführer der Henkel-GmbH« — diesem sein vom selben Datum an »Dr. Heimo George, Wirtschaftsrat der CDU« gerichtetes Schreiben zukommen. In dem Schreiben führte Professor Biedenkopf unter anderem aus, ihm

»würde sehr daran liegen, möglichst bald nach dem 12. Juni Gelegenheit zu haben, in einem kleinen Kreis im Wirtschaftsrat unter Bedingung der absoluten Vertraulichkeit laut über eine Lösung der Mitbestimmungsfrage im Rahmen der CDU nachdenken zu können. Entscheidend scheint mir, daß wir möglichst bald jetzt eine Antwort auf das Mitbestimmungsproblem finden, die, ohne Modelle anzubieten, konkret genug ist, um dem Bedürfnis der Sozialausschüsse nach einer Alternative zu DGB und SPD zu entsprechen, und die als zweite Bedingung auch für die FDP akzeptabel sein könnte«.

Daß der Flick-Konzern zur rechten Zeit Abgeordnete mit Zahlungen bedachte, insbesondere wenn es galt, Mandatsträger, die durch Abstimmungsverhalten bei Entscheidungen zur betrieblichen Mitbestimmung »positiv« aufgefallen waren, zu belohnen, zeigt ein Vorgang aus dem Jahr 1969. Am 25. Juli 1969 schrieb der persönlich haftende Gesellschafter der Firma Flick, Dr. Wolfgang Pohle, zugleich CSU-Bundestagsabgeordneter, an den Vorsitzenden der Feldmühle-AG einen Brief mit folgendem Wortlaut:

»Mein Bundestagskollege Valentin Brück, der sich um die vernünftige Ausgestaltung des Leber-Plans großen Verdienst erworben hat, hat mich gefragt, ob wir ihm nicht DM 10000,— zur Verfügung stellen könnten. Ich würde Ihnen vorschlagen, daß Sie Herrn Brück diese DM 10000,— gewähren über einen noch zu vereinbarenden Weg, über den wir noch sprechen müßten.
Ich würde es begrüßen, wenn ich aber schon aufgrund Ihrer Zusage Herrn Brück die DM 10000,— in Aussicht stellen könnte.
Brück ist einer der Abgeordneten, die sich im Bundestag mir sehr stark angeschlossen haben und die auch überzeugte Gegner des Montan-Mitbestimmungsgesetzes sind. Brück gehört zu den Ordnungselementen des sog. Arbeitnehmerflügels.«

Die Behandlung des Themas »Mitbestimmung im Unternehmensrecht« in der CDU beschäftigte das Bonner Büro auch im Jahre 1974. In einer Notiz an von Brauchitsch teilte Dr. Schmitz am 23. März 1974 »Persönlich-Vertraulich« zur Gründung der CDU-Kommission »Neues Unternehmensrecht« folgendes mit:

»Wie Herr Kanter und ich Ihnen bereits vorgetragen haben, sind als politische Mitglieder folgende Persönlichkeiten benannt:
Vorsitz: Professor Biedenkopf, Katzer
Mitglieder: Dr. Barzel, Hasinger, Mikat, Pieroth, Schwarz-Schilling, Friedrich Vogel, Zink und ein von der Jungen Union zu benennendes Mitglied...
Ferner sollen noch Sachverständige aus der Wirtschaft beigezogen werden. Hier gibt es offenbar noch keine fixierten personellen Vorstellungen. Wir haben die Möglichkeit (auf neutralem Bogen) die Meinungsbildung in diesem Punkt durch eigene Vorschläge in den nächsten Tagen zu beeinflussen.«

Auch Dr. Reinhold Kreile teilte in einer Aktennotiz vom 25. März 1974 die Besetzung der »Unternehmensrechtsreformkommission der CDU« — in einem weiteren Vermerk auch mit »Mitbestimmungs-Kommission« bezeichnet — mit. Darüber hinaus hatte Dr. Kreile[1] zu berichten, daß er über die »von der CSU zu stellenden Mitglieder dieser Tage ein längeres Gespräch mit FJS« geführt habe. »Vornehmlich«, so Dr. Kreile, sei »dabei an Rodenstock gedacht worden, als Wissenschaftler an Prof. Schumann aus Regensburg (mit welchem ich einen engen und laufenden persönlichen juristischen Kontakt habe).«

[1] Professor Dr. Reinhold Kreile, MdB/CSU seit 1969, war von 1965 bis 1977 Mitglied des Beirats der Flick-Gruppe; seit 1977 Vorsitzender des Aufsichtsrates der Friedrich Flick KG aA. Dr. Kreile unterhielt einen jährlich mit 180000 DM dotierten Beratungsvertrag mit der Firma Flick. Hinzu kamen 204000 DM jährlich an Miete für ein Büro Dr. Kreiles in Bonn.

In einer Notiz vom 5. September 1974 an von Brauchitsch teilten Dr. Schmitz und Kanter aus dem »Büro Bonn« mit,

»daß das Ihnen mit Notiz vom 30. Juli 1974 vorgelegte vertrauliche Strategiekonzept der Planungsgruppe der CDU/CSU-Bundestagsfraktion erhebliche Mängel aufweist, und daher eine Intervention ihrerseits bei Prof. Biedenkopf empfohlen wird«.

Am selben Tag richtete von Brauchitsch ein Schreiben, mit Durchschrift an das »Büro Bonn«, an Prof. Dr. Biedenkopf mit folgendem Wortlaut:

»Soeben erhalte ich die Information, daß eine Planungsgruppe der CDU/CSU-Fraktion an einem grundsätzlichen Papier zur Fortschreibung des letzten Wahlprogramms arbeitet.

Darin soll u. a. das durch Inflation ruinierte Sozialleistungsgefüge durch eine ›Stabilitätspolitik mit sozialen Vorzeichen‹ in Ordnung gebracht werden. Im engen Zusammenhang mit dieser Stabilitätspolitik sollen vor allem berufliche Bildung, Mitbestimmung und Vermögenspolitik stehen.
Mir scheint dies nicht unbedingt mit den klaren Aussagen des Hamburger Parteitages in Einklang zu stehen.
Ich würde gerne dazu Stellung nehmen; das setzt allerdings voraus, daß ich dieses Papier von Ihnen erhalten würde.«

Diehl notierte für das Jahr 1974 folgende »inoffizielle Zahlungen an die CDU/CSU:

»Ka wg. Kohl	50000,—
Ka wg. Dregger	50000,—
Ka wg. v. Hassel	30000,—
Ka wg. CDU	30000,—
Ka wg. CDU-Bonn	20000,—
Ka wg. Heubl	50000,—
Ka wg. Jaumann	20000,—
Ka wg. CSU	25000,—«

Ebenso für 1974 notierte Diehl neben weiteren eine »offizielle Zahlung« an die »Staatsbürgerliche Vereinigung wg. Leisler Kiep 500000,—«.
Das Thema Mitbestimmung beschäftigte den Flick-Konzern auch in den weiteren Jahren. So findet sich für das Jahr 1978 in einem »Tagesordnungsvorschlag« des Bonner Büros »für Rücksprache bei Herrn von Brauchitsch am 19. Januar 1978« neben Besprechungspunkten wie

»— Allparteien-Affäre um 90 noble Spender
— Spendenliste 1978
— Wahlkämpfe (Einzelposition)«

auch der Tagungsordnungspunkt »Klage gegen Mitbestimmungsgesetz (Sprachregelung)« vermerkt.
Knapp sieben Monate später notierte Dr. Schmitz unter dem Datum vom 11. August 1978 für von Brauchitsch:

»Betr.: Ihr Gespräch mit Herrn Dr. Kohl am 15. August 1978
Sie hatten mich um einen »Fahrplan« gebeten.
Beigefügt lege ich ein Papier vor, in dem die folgenden Themen behandelt sind:

— Konjunkturprogramm der Bundesregierung
— Zur Struktur des Konrad-Adenauer-Hauses
— Verfassungsbeschwerde gegen das Mitbestimmungsgesetz
— 4. Partei
— Medienpolitik (WDR)
— CDU-Grundsatzprogramm
— Bürokratisierung (CDU-Kongreß)«

Am gleichen Tag notierte die Sekretärin von Brauchitschs für »Frau Dr. von Brauchitsch
am Dienstag, 15. 8., kommt um 18.00 Uhr Herr Dr. Kohl (alleine) nach Metzkausen.«

In den Aufzeichnungen über »inoffizielle Zahlungen an die CDU« findet sich für den 11. August 1978 die Zahlungseintragung: »vB wg. Kohl 25 000,—«.
Zwei Tage nach dem Gespräch mit Dr. Kohl notierte von Brauchitsch »für Herrn Dr. Walter Schmitz« wie folgt: »Mein Gespräch mit Kohl war nicht sehr ergiebig. Bei Ihrem nächsten Besuch in Düsseldorf sollten wir hierüber sprechen.«
Weitere zwei Wochen später listete Dr. Schmitz wiederum in einem »Tagungsordnungsvorschlag für die Besprechung mit Herrn von Brauchitsch am 31. August 1978« neben zu behandelnden Themen wie

»Spendenschreiben Kreiskomitee Düsseldorf, Europawahl 1979
— Zwischenbericht Spendenzahlungen
— Notiz Kanter vom 25. Juli betr. beruflichen Werdegang Dr. P. Andersen, Leiter Abteilung Wirtschafts- und Gesellschaftspolitik im Konrad-Adenauer-Haus
— Kandidatenaufstellung für die Europawahl im Landesverband Rheinland«

auch den Besprechungspunkt

»Gespräch mit Dr. Kohl am 15. August 1978
Verfassungsbeschwerde gegen Mitbestimmungsgesetz (CGB)...
Memo: Kohl w/parlamentarischen Abend«

auf.

• *»Kontaktausbau zu einer Gruppe potenter Politiker um Dr. Czaja«*

In einer Notiz vom 13. Dezember 1974 an Kaletsch und von Brauchitsch betreffend die »Förderung von Gruppierungen im vorparteilichen Raum« schrieb Dr. Schmitz:

»Bund der Vertriebenen (Dr. Czaja)
Herr Dr. Czaja hat sich mit Schreiben vom 4. Dezember 1974 an den Linksunterzeichneten mit der Bitte um Unterstützung des Bundes der Vertriebenen gewandt. Als Strafe wegen der konsequenten Haltung gegen die Ostpolitik der Sozial-liberalen Koalition hat die Bundesregierung dem Verband die Mittel drastisch gekürzt.
Wir sind der Auffassung, daß die Haltung dieses Verbandes nicht nur honoriert werden sollte; außerdem hat sich um Dr. Czaja eine Gruppe potenter Politiker gesammelt, zu denen wir unseren Kontakt ausbauen möchten.«

Diehl notierte für das Jahr 1975 unter »Offizielle Zahlungen an die CDU und der CDU nahestehende Institutionen: Verein zur Förderung der Ziele des Bundes der Vertriebenen, Bonn wg. Czaja 30000,—.«

• *»Zahlung an Willibald Hilf/Begründung: Seine Bedeutung auch künftig im Bereich Medienpolitik«*

Zu Beginn des Jahres 1975 notierte der stellvertretende Leiter des »Bonner Büro« Adolf Kanter für Dr. Schmitz über ein Gespräch mit »Staatssekretär Willibald Hilf in Mainz« wie folgt:

»Wie verabredet, habe ich heute mit Herrn Hilf gesprochen. Da er bedingt durch den Wahlkampf jeden Abend im Land als Redner eingesetzt ist, lädt er uns zu einem Mittagessen ein, für Donnerstag, den 30. Januar 1975...«

Am 20. Januar 1975 schrieb Kanter an von Brauchitsch:

»Bezüglich einer evtl. finanziellen Mitwirkung d. h. Vergabe einer Spende für die Landtagswahlen in Rheinland-Pfalz möchte ich folgendes zu bedenken geben. Spenden in die große Kasse, d. h. in die Kasse des Landesschatzmeisters, kommen weniger zur Geltung, als wenn man eine ›gezielte‹ Spende gewähren würde über einen Mann, mit dem man gut im Gespräch ist. Dies ist hier zweifelsohne Staatssekretär Willibald Hilf. Er ist Landtagskandidat im Wahlkreis I...

Um den Wahlkampf — wie vorbereitet — durchführen zu können, fehlen hier ca. DM 30000,— bis 40000,—.
Es wäre eindrucksvoll, wenn man ca. DM 15000.— als Spende gewähren könnte.
Wenn möglich, sollten dies DM 10000,— offiziell über Willibald Hilf an einen Spendenverein sein und vielleicht DM 5000,— aus der ›Sonderkasse‹ ebenfalls über Hilf. Herr Dr. Schmitz und ich werden am 30. Januar Herrn Hilf in Mainz zu einem allgemeinen Gedankenaustausch treffen. Die Wahlen finden bekanntlich am 9. März statt.«

Im Jahre 1976 wandte sich wiederum der stellvertretende Leiter des Bonner Büros, Adolf Kanter, mit einem Schreiben »persönlich/vertraulich« an von Brauchitsch, um »anzuregen, noch zwei Hilfen zur Bundestagswahl per Briefumschlag zu geben«. Kanter schlug vor, auf diesem Wege eine Zahlung zu leisten

»an Willibald Hilf für Rhein-Lahn-Wahlkreis.
(Obwohl er natürlich nicht kandidiert, möchte er hier seine politische Heimat erhalten und die dortigen Funktionäre für sich bei Laune.)
Begründung:
Seine Bedeutung auch künftig im Bereich Medienpolitik«.

Des weiteren schlug Kanter vor,

»einen ›Nachschlag‹ von DM 3000,— an Heinz Schwarz.
Begründung:
Es gab hier offensichtlich zwischen Heinz Schwarz und Dr. Schmitz ein Mißverständnis bei einem Gespräch mit einem Dritten auf dem CDU-Bundesparteitag. Schwarz hatte uns (Dr. Schmitz und mich) kürzlich zu einem etwa vierstündigen Privatbesuch an seinen Fischweiher eingeladen. Auch Dr. Bergsdorf, der Büroleiter von Dr. Kohl — als Parteivorsitzender — war zeitweise anwesend. M. E. ist hier aufgrund des erwähnten Gespräches auf dem Bundesparteitag psychologisch etwas zu reparieren. Vielleicht kann ich Dir bei dem Termin 20. 9. in Düsseldorf vor oder nach dem Gespräch mit Herrn Wolfgang Fischer vom Konrad-Adenauer-Haus zu meinem heutigen Anliegen mündlich ergänzend berichten.«

Knapp einen Monat später schrieb Dr. Schmitz an Robert Layton, den Vorstandsvorsitzenden der Feldmühle-AG:

»Unter Bezugnahme auf unser soeben geführtes Telefongespräch leite ich Ihnen Kopie eines Schreibens des CDU-Kreisverbandes Rhein-Lahn an Herrn Berger, Norddeutsche Papierwerke, zu.
Ich möchte noch einmal festhalten, daß es sich dabei um den ehemaligen

Wahlkreis von Staatssekretär Hilf, den Chef der Staatskanzlei Mainz handelt, der ab 1977 Intendant des Südwestfunks sein wird.
Herr Hilf hatte uns – traditionsgemäß – gebeten, die Spendenbitte seines Kreisvorsitzenden auch unsererseits einmal zur Sprache zu bringen.«

In einer Aufstellung über »politische Spendenzahlungen in 1976/1977« ist unter dem Datum vom 30. September 1976 der Betrag von 5000,— DM mit der Notiz »an Herrn Willibald Hilf (CDU) Chef der Staatskanzlei Mainz, Spende Bundestagswahl« vermerkt. Ebenso für das Jahr 1976 notierte Diehl unter der Rubrik »offizielle Zahlungen an die CDU und der CDU nahestehende Institutionen« einen Betrag von 10000 DM an die »Gemeinschaft zur Erschließung unterentwickelter Märkte wg. Schwarz Rheinland-Pfalz«.

• *»Kontakt mit Wissmann auf Perspektive sehr wesentlich und auch in unserem Sinne hoffnungsvoll«*

Im Jahre 1976 notierte Diehl unter »an die CDU und der CDU nahestehende Institutionen geleistete offizielle Zahlungen«: »Verband der Wirtschaft Baden-Württemberg wg. Wissmann/Junge Union 7500,—«
Hierzu hatte Dr. Schmitz in einem Schreiben vom 8. April 1976 an von Brauchitsch und Kaletsch folgendes mitgeteilt:

»Bei meiner Rücksprache am 24. März 1976 haben Sie entschieden, unter Bezugnahme auf meine Ergebnisnotiz vom 7. Januar 1976, mit deren Inhalt Herr Kaletsch sehr einverstanden war,...
Herrn Wissmann für seinen persönlichen Wahlkampf DM 7500,— zuzuwenden. Die Kontonummer lautet:...
Die Überweisung soll den Zusatz erhalten: ›Aktion: N‹ (Sonderbeitrag) Empfänger ist der Verband der Wirtschaft Baden-Württemberg zur Bildung neuen Eigentums e. V.«

Bereits im Dezember 1974 hatte sich der Bundesvorsitzende der »Jungen Union Deutschlands« beim stellvertretenden Leiter Adolf Kanter für dessen Schreiben bedankt. Wissmann führte in seinem Schreiben an Kanter aus:

»Auch ich bin der Meinung, daß das Gespräch vom 13. Dezember 1974 außerordentlich fruchtbar und konstruktiv gewesen ist. Ich meine, daß eine

Fortsetzung zu geg. Zeit sehr sinnvoll wäre. Ich würde mich freuen, wenn der bei diesem Treffen angebahnte gute Kontakt zwischen Ihnen und der Jungen Union eine Fortsetzung im nächsten Jahr fände...«

Noch im selben Jahr mit Schreiben vom 30. Dezember 1974 wandte sich Kanter wiederum zur Person Wissmanns an von Brauchitsch und teilte diesem mit:

»Beigefügte Kopie eines Schreibens von Matthias Wissmann zu Deiner persönlichen Unterrichtung, denn es handelt sich um einen Schriftwechsel qua Birkenhof. Noch persönlich aufgeschlossener haben in den letzten Tagen zwei weitere Bundesvorstandsmitglieder der Jungen Union und der Bundesgeschäftsführer nach hier geschrieben...
Heute wollte ich nur noch einmal herausstellen, daß mir der Kontakt mit Matthias Wissmann und Peter Helmes, dem Bundesgeschäftsführer der Jungen Union und zugleich Bundesgeschäftsführer der Schüler-Union, auf Perspektive sehr wesentlich und auch in unserem Sinne hoffnungsvoll erscheint.
Man muß allerdings für solche Leute etwas tun, wobei ich keinesfalls nur an Geld denke.
Die persönliche Kontaktpflege ist sehr wichtig. Nach meiner Auffassung kann dies im Augenblick leider nicht genügend realisiert werden...«

In einer Notiz vom 22. August 1975 meldeten Dr. Schmitz und Adolf Kanter aus dem Bonner Büro an Kaletsch und von Brauchitsch »betr.: Junge Union«:

»Wir haben im vergangenen Jahr mehrfach über den Standort der Jungen Union gesprochen; dabei wurde festgestellt, daß sich Personengruppen innerhalb der Jungen Union herauskristallisieren und zunehmen, die unseren politischen Vorstellungen nicht nur aufgeschlossen gegenüberstehen, sondern aktiv in unserem Sinne in die Junge Union hineinwirken.
Sie hatten im vergangenen Jahr entschieden, erstmalig 1975 der Jungen Union einen Betrag von DM 5000,— zuzuwenden.
Wir möchten uns erlauben, den Vorschlag zu machen, diesen Betrag jetzt auszuzahlen, um einerseits die Konsolidierung der Bundesgeschäftsstelle durch den uns persönlich in der Sache sehr nahestehenden Bundesgeschäftsführer, Herrn Peter Helmes, zu fördern und andererseits einen zeitlichen Abstand zu dem bevorstehenden Gespräch mit Herrn Wissmann zu wahren.
Die Spende sollte adressiert sein an Junge Union Deutschland z. Hd. Herrn Peter Helmes, 5300 Bonn-Bad Godesberg...
eine Spendenbescheinigung wird durch den Verein Robert-Tillmann-Haus e. V. ausgestellt.«

Diehl notierte für das Jahr 1975 unter »an die CDU und der

CDU nahestehende Institutionen geleistete offizielle Zahlungen: »Verein R. Tillmanns-Haus, Berlin wg. Helmes/Junge Union 8000,—, wg. Helmes/Schülerunion 10000,—«
Nachdem Dr. Schmitz unter dem Datum vom 12. November 1976 in einem Schreiben an von Brauchitsch »aus atmosphärischen Gründen für eine Hilfe« von DM 500,— an »Herrn Roth, Parl. Referent von Dr. Friderichs« empfohlen und Diehl für den 18. November 1976 »vB. wg. Roth ü. Dr. Schmitz 500,—« in der Rubrik »inoffizielle Zahlungen an die FDP« vermerkt hatte, berichtete Dr. Schmitz auch im Jahre 1981 in einer Notiz an von Brauchitsch zu einer Spendenanfrage Wissmanns wie folgt:

»Wissmann sprach mich dieser Tage darauf an, daß in der Wahlkampfkasse seines Wahlkreises ein Loch aus Landtagswahl und Bundestagswahl klafft. Er traue sich allerdings nicht, Ihnen dieserhalb zu schreiben. Ich habe ihm daraufhin erklärt, darüber noch einmal nachzudenken; indessen glaubte ich kaum, daß noch Mittel zu aktivieren seien.
Das Haus Flick habe sich bei dieser wichtigen Bundestagswahl wirklich engagiert. Das Verhalten der CDU/CSU-Fraktion sowie auch der Partei in Sachen Mitbestimmung könne nicht gerade als Ermutigung aufgefaßt werden...
Ich bitte um Ihre Entscheidung, ob Sie dennoch mit Rücksicht auf die Person Wissmann besonderes Wohlwollen — etwa mit einer Spende an einen gemeinnützigen Verein — zeigen möchten.«

• *»Beachtenswert ist, daß die Friedrich-Naumann-Stiftung direkt Parteiveranstaltungen der FDP organisiert und natürlich auch finanziert«*

Am 5. April 1976 berichtete Adolf Kanter an von Brauchitsch über die »recht beachtlichen politischen Aktivitäten, vornehmlich von seiten der FDP und CDU mit Spitzenleuten im Wahlkreis von Herrn Dr. Friderichs«. Hierüber hinaus ließ Kanter von Brauchitsch eine Unterlage über eine Veranstaltung mit der Vizepräsidentin des Deutschen Bundestages, Frau Lieselotte Funcke, zukommen.
In diesem Zusammenhang berichtete Kanter:

»Es ist vielleicht beachtenswert, daß die Friedrich-Naumann-Stiftung direkt Parteiveranstaltungen der FDP hier organisiert und natürlich auch finanziert.

Bezüglich der Finanzierung wurde mir von FDP-Leuten ›augenzwinkernd‹ gesagt, ich wüßte ja wohl, woher die finanzielle Unterstützung dieser Arbeit käme.
Ich habe so getan wie Goethe einmal gesagt hat: ›Mancher hat durch stolze Haltung und durch würdevolle Art das Geheimnis seiner Dummheit bis zum Tode sich bewahrt‹.
Vielleicht können wir über diesen Punkt gelegentlich einmal sprechen.
Für das dritte Vallendarer Gespräch am 19. Mai hat zwischenzeitlich Dr. Alfred Dregger seine Mitwirkung zugesagt. Auch hierüber wollte ich Dich unterrichtet haben.«

• *»Streicheleinheiten«*

Im Februar 1977 notierte Dr. Schmitz für Herrn von Brauchitsch:

»Sie hatten entschieden, daß in einer bestimmten Angelegenheit, die ich Ihnen vorgetragen habe, eine Spende in Höhe von DM 5000,— gewährt werden soll.
Spendenempfänger: Internationale Wirtschaftspolitische Vereinigung e. V.
..
Spendenquittung wird erteilt.«

Diehl notierte im Jahr 1977 unter »Zahlungen an die FDP-NRW: Internationale Wirtschaftspolitische Vereinigung wg. Hoesch/Funcke 5000,—«.
Auch im November 1977 war die Vizepräsidentin des Deutschen Bundestags, Frau Lieselotte Funcke, Gegenstand der Berichterstattung von Dr. Schmitz an von Brauchitsch. In einer Notiz betreffend den »FDP-Parteitag Kiel, hier: Frau Funcke« hielt Dr. Schmitz für von Brauchitsch fest:

»Frau Funcke ist zur Stellvertretenden Bundesvorsitzenden mit 257 Ja-Stimmen bei 31 Enthaltungen und 46 Nein-Stimmen gewählt worden. Nach meinem Eindruck ist sie für ›Streicheleinheiten‹ empfänglich, weil sie über das Ergebnis sehr beglückt ist.
Ich halte eine atmosphärische Aufbereitung auch im Hinblick darauf, daß sie innerhalb der Koalition Vorstöße der SPD-Steuerexperten abfangen muß, für nützlich.«

Diehl notierte im Jahr 1978 in einer Aufstellung über »Zahlungen an die FDP-NRW: Diverse Druck- und Anzeigenrechnungen wg. Solms/Funcke 4018,19«.

• *»Heiße Quellen bei den CDU-Rechten«*

Am 31. Oktober 1976 hatte Adolf Kanter in einem Schreiben an von Brauchitsch »persönlich/vertraulich« folgendes zu berichten:

»Der in Fotokopie beigefügte vertrauliche Bericht über eine Reise zur türkischen Hauptstadt stammt von Dr. Egon Klepsch.
Ich meine, daß für Dich besonders das, was auf Seite 5 des Berichtes gesagt ist, von Interesse sein dürfte.
Solche CDU-internen Unterlagen erhalte ich als ›Berater‹ von Dr. Klepsch und als ›alter CDU-Freund‹ auf jeden Fall per Adresse Birkenhof.
Ich meine, daß ich die Quelle auf diesem Wege auch soweit wie möglich nutzen sollte, damit ich Dir solche Dinge persönlich zusenden kann.
Es gibt einige ›Quellen‹, aus denen bestimmte Unterlagen nicht an meine Dienstadresse nach Bonn zu haben sind u. a. weil man Sorgen hat, daß diese in Richtung FDP verwandt werden könnten. Dies gilt insbesondere auch für Dinge von Wolfgang Fischer, dem Leiter der Abteilung Medienpolitik im Konrad-Adenauer-Haus. Von ihm erhalte ich z. B. ein Papier, welches ich Dir übermorgen schicken kann und das wahrscheinlich für Herrn Springer von speziellem Interesse sein wird.
Vielleicht können wir uns über die ›Behandlungsmethode solcher Quellen‹ am kommenden Sonntag nochmals kurz unterhalten...«

Diehl notierte für das Jahr 1976 unter »an die CDU und der CDU nahestehende Institutionen geleistete offizielle Zahlungen: Rechnung der H. Kunze GmbH wg. Dr. Klepsch, Koblenz 7500,—«.
In einem Schreiben an von Brauchitsch vom 21. März 1978 teilte Adolf Kanter mit:

»Mit dem ›Vertrauensmann in Bonn‹ von Franz Josef Strauß, Dr. V., habe ich ja ein besonders gutes Verhältnis. Er glaubt, daß Informationen, die er mir gibt, nur für Dich persönlich bestimmt sind (womit er ja richtig liegt!); deshalb auch die Offenheit...
Es gibt hier ein Problem. Bei unserer Januarbesprechung zu dritt, hatten wir Dr. V. auf die Liste mit acht Abgeordneten genommen, die ggf. ›einen Umschlag‹ für ihre politische Arbeit erhalten sollen. Dr. V. kündigte ich dies an. Er hat dankend akzeptiert (bisher hat er ja nichts angenommen). Es wäre nur notwendig, daß dieser Umschlag in Deinem Namen von mir übergeben würde. Leider kann ich dies Dr. Schmitz nicht so offen erklären. Im Falle Kanther (Hessen) wäre es auch besser über mich gelaufen. (Dies sind schließlich alte Freunde von mir; die Verbindungen stammen aus der ›Vorzeit‹).

Einige Leute glauben (dazu gehört auch Dr. V.), daß mein Kollege besondere Vertrauensverhältnisse zur FDP pflegt, und sind deshalb verschlossen. Sicher genügt es, wenn Du Dr. Schmitz beim Abzeichnen der Vorlage sagen könntest, daß es aus Deiner Sicht zweckmäßiger erscheine, wenn die Verbindungen Dr. V. und Dregger-Gruppe — einschließlich Kanther — in solchen Fällen durch mich versorgt würden. Hier geht es einzig und alleine darum, einige ›heiße Quellen bei den CDU-Rechten‹ für Dich zu erhalten!...

Betreffend die Person Dr. Dreggers, dessen Mitwirkung am »dritten Vallendarer Gespräch« für den 19. Mai 1976 von Brauchitsch bereits im Schreiben vom 5. April 1976 von Kanter angekündigt worden war, schrieb Kanter erneut am 25. August 1976 »persönlich/sehr vertraulich« an von Brauchitsch:

»Betr.: Verbindung zu Dr. Dregger und seiner Umgebung
Aufgrund meiner früheren Schreiben unterhielten wir uns bei unserem letzten ›Immobiliengespräch‹ auch über meine guten Beziehungen zu Dr. Dregger persönlich und zu seiner Umgebung im besonderen. Meinen gelegentlichen Vorschlägen im Laufe des letzten Jahres, hier etwas — auch im Hinblick auf die Bundestagswahl — in Verbindung mit Dir zu tun, konnte nicht entsprochen werden.
Gestern bekam ich nun zufällig mit, daß Herr Kaletsch aufgrund eines Briefes wahrscheinlich eine 20er Hilfe über Walter Schmitz leiten wird. Hiergegen darf ich natürlich nichts sagen; das ist nicht meine Kompetenz! Dir gegenüber fühle ich mich aber doch zu folgender Äußerung verpflichtet: Über diesen Weg sind sicherlich keine wesentlichen ›Rückflüsse‹ zu erhalten. Hier gibt es psychologische Barrieren, die letztlich unüberbrückbar sind, was zutrifft, auch wenn man dies bestreiten sollte.«

Für den CDU-Abgeordneten und Fraktionsvorsitzenden der CDU/CSU-Bundestagsfraktion, Dr. Alfred Dregger, notierte Diehl für das Jahr 1976 unter »offizielle Zahlungen an die CDU und der CDU nahestehende Organisationen: Staatsbürgerliche Vereinigung wg. Dr. Dregger, Fulda 20000,—«.
Ebenfalls für das Jahr 1976 vermerkte Diehl unter der gleichen Rubrik eine weitere Zahlung in Richtung Dr. Dregger: »Rechnung der Fuldaer-Zeitung wg. Dr. Dregger, Fulda 9621,81«.
Neben diesen Zahlungsaufzeichnungen »wg. Dregger« finden sich weitere unter der Rubrik »inoffizielle Zahlungen« für die Jahre 1974 und 1975: »1974 Ka wg. Dregger 50000,— 1975 Dr. Schmitz wg. Dregger 20000,—«

Den im Schreiben Kanters an von Brauchitsch vom 21. März 1978 erwähnten »Kanther (Hessen)« hatte von Brauchitsch bereits in einem Schreiben vom 14. November 1974 an Professor Biedenkopf besonders empfohlen. Von Brauchitsch schrieb hierzu:

»In dem Ihnen bekannten Flick-Konzern-Kreis München hat dieser Tage Herr Kanther, CDU-Geschäftsführer Hessen, über den Hessischen Wahlkampf und die Analyse gesprochen. Ich habe von diesem Mann einen ganz ausgezeichneten Eindruck und dachte, daß Sie das für Ihre Dispositionen 1976 interessiert...«

Diehl notierte für das Jahr 1975 als Zahlung über die »Staatsbürgerliche Vereinigung wg. M. Kanther/CDU-Hessen. DM 3000,—«. Ebenso notierte Diehl für 1978 unter »Zahlungen an die CDU und der CDU nahestehende Institutionen: Staatsbürgerliche Vereinigung, Köln, wg. Kanther 5000,—«.
Im gleichen Jahr hatte Dr. Schmitz zur Person Kanther an von Brauchitsch mit Schreiben vom 22. Februar 1978 wie folgt berichtet:

»Betr.: CDU-Hessen
Herr Kanther (Landesgeschäftsführer) machte mich darauf aufmerksam, daß im letzten Landtagswahlkampf zwar entschieden worden sei von der Feldmühle Papier für eine Wahlillustrierte zu spenden; diese Entscheidung aber wegen Terminschwierigkeiten nicht habe realisiert werden können.
Er bittet um eine Papierspende für den jetzt anlaufenden Wahlkampf (zwei Mio.-Wahlillustrierte sollen bei Burda gedruckt werden).
Ich bitte um Entscheidung, ob ich Herrn Layton darauf mit positivem Akzent ansprechen kann.«

• *»Spezialbrief für Dr. Voss/Abwicklung über Münchener Stiftung für ihn nicht wünschenswert«*

Adolf Kanter wandte sich in einem Schreiben »persönlich/sehr vertraulich« vom 22. April 1977 an von Brauchitsch, um diesen auf dessen »Gespräch am 29. April 1977 – 13.00 Uhr in München« vorzubereiten. Kanter berichtete:

»Zwischen dem Mitarbeiter und Vertrauten Deines Gesprächspartners und mir ist in diesem Zusammenhang keine konkrete Tagesordnung besprochen

worden. Neben einem grundsätzlichen Gedankenaustausch, ›der ab und zu unter vier Augen stattfinden sollte‹, schien es wünschenswert, aktuelle brennende Probleme aus dem Bereich der Finanzpolitik zu erörtern.
Eine kleine Anregung von mir:
In unserem Bonner Dunstkreis spricht man davon, daß FJS in Sachen Mehrwertsteuer pokert, d. h. sich nach außen hart gegen eine Erhöhung der Mehrwertsteuer ausspricht (so angeblich vor einigen Tagen bei einer Besprechung der Finanz- und Steuerexperten der CDU/CSU), in Richtung Bundeskanzler aber zu verstehen geben soll, daß man mit ihm darüber reden könne. Dabei soll es ihm darum gehen, mit dem Bundeskanzler an Dr. Kohl vorbei ›im Gespräch zu bleiben‹.
In Bonn schwätzt man ja unheimlich viel, — aber nachdem ich das Vorhergesagte mehrfach hörte, ist vielleicht etwas dran, was festzustellen — aufgrund der besonderen Bedeutung des ›Steuerpaketes‹ für uns — von Interesse sein könnte.
Dann noch ein zweiter Hinweis:
Es wäre für uns, wobei ich natürlich in erster Linie an Deine Position denke, wahrscheinlich sehr nützlich, Dr. V., der dieses Gespräch vorbereitet, irgendwie an uns zu binden. Vielleicht ist dies nebenbei auch ein Thema für Dich mit Deinem Gesprächspartner. Hierzu meine unmaßgebliche — aber in diesen Fällen sicher fundierte — persönliche Meinung:
Dr. Krei hat in den letzten Jahren offensichtlich immer mehr an Ansehen verloren. Dies wohl auch von seinem Amtschef, obwohl dies von dort nicht ohne weiteres zugegeben wird, ebenso bei der Landesgruppe...
Dr. V. scheint gegenüber seinem Chef absolut loyal zu sein, was dieser wahrscheinlich auch spürt und würdigt. Er ist ein unabhängiger Junggeselle mit voller Einsatzbereitschaft. Er hat seine Zulassung als Rechtsanwalt. Bekanntlich war er früher Finanzrichter, bevor er von seinem jetzigen Chef damals ins Bundesfinanzministerium gerufen wurde. Es ist wohl auch ziemlich einmalig, daß ein fröhlicher Rheinländer aus Düsseldorf CSU-Abgeordneter wird.«

Diehl notierte im Kassenbuch bereits für Februar 1976: »7. 2. Ka wg Dr. Voss, Bonn 15 000,—«. Auf der Rückseite der mit dieser Zahlung korrespondierenden Quittung ist handschriftlich vermerkt: »D. Voss, Bonn Frz. J. Strauß FJS«.
In seinem Schreiben vom 21. März 1978 hatte Kanter an von Brauchitsch zur Person von »Dr. V.« mitgeteilt:

»Mit dem ›Vertrauensmann in Bonn‹ von Franz Josef Strauß, Dr. V., habe ich ja ein besonders gutes Verhältnis...
Es gibt hier ein Problem. Bei unserer Januarbesprechung zu dritt hatten wir Dr. V. auf die Liste mit acht Abgeordneten genommen, die ggf. ›einen Umschlag‹ für ihre politische Arbeit erhalten sollen. Dr. V. kündigte ich dies

an. Er hat dankend akzeptiert. (Bisher hat er ja nichts angenommen) Es wäre nur notwendig, daß dieser Umschlag in Deinem Namen von mir übergeben würde...«

Im Juni 1978 schrieb dann Kanter an von Brauchitsch betreffend den »Spezialbrief für Dr. V.«:

»Durch die Erkrankung von Herrn Dr. Schmitz und seinem danach ja bald anstehenden Urlaub wird es wahrscheinlich vor Spätsommer wohl keinen offiziellen Rücksprachetermin ›zu dritt‹ mehr bei Dir geben. Deshalb schreibe ich Dir heute in der Sache Dr. V.
Vorgeschichte: Im Januar hatten wir Dir acht Fälle vorgetragen, die bedacht werden sollten. Hiervon hatte ich zwei Personen vorgeschlagen. Im Prinzip hattest Du zugestimmt; möglichst sollten gemeinnützige Vereine genannt werden. Ausnahmen seien möglich.
Bei der Rücksprache am 27. 4. in Bonn hattest Du nach entsprechender Erklärung von mir eingewilligt, daß ausnahmsweise ›Spezialbrief‹ erfolgen solle.
Dr. Schmitz empfahl mir, die Sache abschließend zu klären.
Auf meine Anfrage am 29. 5. bei Frl. Heidemann riet mir diese, Dir nochmals einen Brief zu schreiben, da Du noch keine Anweisung gegeben hättest. Wie soll die Sache endgültig abgewickelt werden?«

Unter dem Datum vom 28. Juni 1978 notierte von Brauchitsch für Dr. F. K. Flick:

»betr.: Termin FJS am 11. 7. 1978
Dannecker teilt mir soeben folgendes mit: der Termin am 11. 7. könne mit ihm (Dannecker) und Voss stattfinden. FJ käme nur dann hinzu, wenn Du auch dazukämst(!)...
Dannecker selber war der Meinung, daß es vielleicht zur Aufklärung des Sachverhalts (Stiftungen und § 4/Grace) richtiger sei, wenn wir zu dritt (Voss, Dannecker, v. B.) reden und anschließend berichten. So sind wir verblieben.«

Für den 11. Juli 1978 notierte Diehl unter »inoffizielle Zahlungen an die CSU: Dr. FKF wg. FJS 250000,—«. Ein mit dieser Zahlung korrespondierender Quittungsbeleg ist in den Unterlagen nicht vorhanden. Es ist daher davon auszugehen, daß es sich um eine Zahlung aus der »schwarzen Kasse« oder anderen Verfügungsmitteln gehandelt hat.
Unter dem Datum vom 17. Juli 1978 schrieb von Brauchitsch wiederum an Dr. Flick:

»FJ hatte Gespräche mit Dr. Voss angeregt, und zwar unter zweierlei Gesichtspunkten:
Position von Voss im Zusammenhang mit unserem Steuerrechtsstandpunkt, daß für die Stiftungen die erste Erbersatzsteuer als gezahlt gilt, so daß erst nach weiteren drei Jahren effektiv gezahlt werden muß.
Voss hat das nur für die beiden kleinen Stiftungen akzeptiert, nicht aber für die FKF-Stiftung.
Angebliche Hinweise aus der Finanzverwaltung (Bundesfinanzministerium?), daß unsere Begründung für Grace (§ 4) nicht ausreiche.
Fehlende Kooperationsverträge könnten möglicherweise sogar die Genehmigung der ersten Tranche Grace rückwirkend unwirksam machen.«

Am 20. Juli 1978 notierte Dannecker für Dr. Flick betreffend »6 b/4 mit FJS am 18. 7. 1978 bei Käfer«:

»FJS eröffnete uns anhand einer Aktennotiz, die er vor sich hatte, daß im BFiM größte Bedenken bestünden hinsichtlich der Anwendbarkeit des § 4 auf die in den USA getätigten Investitionen. Er präzisierte dabei seine Informationen aus dem BFiM dahin, daß MD Koch dort die Auffassung vertrete, ohne Vorlage eines Kooperationsvertrages könne keine Anerkennung erfolgen...
FK erklärte hierzu, daß der Kooperationsvertrag dem BFiM bereits vorliege, so daß diese Voraussetzung erfüllt sei.
FJS gab dann den dringenden Rat, wegen der Größe und Bedeutung des Komplexes unbedingt mit MD Koch Verbindung zu halten. Er regte an, eine Arbeitsgruppe zu bilden, die sich mit den Fragen des BFiM beschäftigt...
Auch hält er es für dringend notwendig, regelmäßig vertrauliche Gespräche mit MD Koch hinsichtlich seiner eventuellen Bedenken zu führen...
Auf Frage von FJS, ob wir jemand hätten, der diesen persönlichen Kontakt herstellen könne, erklärte ich, daß ich wisse, daß Herr Blaschke bei Herrn Koch verkehre und mit ihm per Du sei. FJS meinte dazu, daß er, falls diese Brücke nicht möglich sei, einen direkten Kontakt herstellen könne.
Im übrigen stehe er nach wie vor gerne mit Rat und Tat zur Seite und müsse nur entsprechend informiert werden.«

In einem Schreiben vom 24. Juli 1978 an Dr. Friedrich Karl Flick schrieb dann Ministerpräsident Strauß »persönlich/vertraulich«:

»... Du hast mir nun mitgeteilt, daß ein solcher Kooperationsvertrag vorliege.
Ich gebe Dir deshalb den Rat, Dich sowohl beim Bundeswirtschaftsministerium wie beim Bundesfinanzministerium durch Deine Mitarbeiter, notfalls durch eigene Vorsprache zu vergewissern, daß dieser Kooperationsvertrag im Sinne von § 4 Auslandsinvestitionsgesetz anerkannt wird.
Wenn es hier noch Schwierigkeiten geben sollte, dann ist es notwendig, zu

klären, welche Voraussetzungen, bzw. Bedingungen die beiden Ministerien dafür stellen, daß der Kooperationsvertrag oder kooperative Einzelabsprachen steuerlich anerkannt werden.
Wenn ein steuerlich anerkennungsfähiges Globalabkommen nicht oder noch nicht erreicht werden kann, dann ist es zumindest notwendig, formelle Arbeitsgruppen zwischen der Flick-Gruppe und Grace zu bilden und in ihnen Einzelabsprachen, die den geforderten Kriterien entsprechen, zu erarbeiten. Aus diesem Grunde ist dann auch mit den für die Prüfung zuständigen Beamten im Bundesfinanzministerium Verbindung zu halten und mit der gebotenen Vertraulichkeit zu sprechen...«

Am 2. August 1978 notierte das »Büro Bonn« für von Brauchitsch und Wacker unter der Überschrift »6 b-Anträge-›Hilfe‹ aus München«:

»Entsprechend der Anregung von Herrn Wacker vom 28. Juli 1978 hat der Unterzeichnende heute ein ausführliches Gespräch mit Herrn Dr. V. geführt. Der Gesprächspartner verstand schnell das vorsichtig angesprochene Thema, mit dem er offensichtlich mehrfach direkt und indirekt befaßt worden war. Aufgrund von Informationen, die er von früheren Kollegen aus dem BMFi erhalten und an seinen Chef weitergegeben hatte, habe man in München in informeller Weise über die anstehende Frage nachgedacht, davon ausgehend, daß man interessiert sei zu helfen, soweit dies möglich ist. Der Gesprächspartner deutete an, daß offensichtlich Probleme enthalten seien, bei der Grace-Beteiligung — was die vorgesehene Aufstockung angeht. Bei den Zuständigen, beim BMFi sei der Eindruck entstanden, daß es sich hier nicht, wie in gesetzlichen Bestimmungen vorgesehen, um eine Kooperation handele, sondern wohl nur um eine Kapitalanlage.
Dies sei gesetzlich unzureichend, um die beantragte Zustimmung zu erhalten. Weitere der vorliegenden Anträge seien nicht ausreichend gut formuliert. Die juristische Betrachtung sei sehr gut, aber die politischen Aspekte kämen nicht ausreichend zur Geltung.
›Gutwillige Leute‹, die seinem Chef nahestehen würden, hätten zum Teil über ihn Hinweise gegeben, daß die Gefahr bestände, ›daß aus Grundsätzlichem, was zum Teil in der Formulierung der Anträge läge, die Gefahr bestehe, daß vieles kaputtgehen würde.‹
Da der Unterzeichnende im Konkreten nur teilweise über die anstehenden Fragen unterrichtet ist, ›mit Vorbehalt‹ folgende Anregung:
Nachdem der ›Chef‹ angeblich Herrn Dr. FK Flick grundsätzlich unterrichtet hat, könnte es nützlich sein, daß Dr. V. evtl. eingeschaltet wird. Er ist bereit tätig zu werden, wenn er von München aus den Auftrag oder zumindest ›grünes Licht‹ erhält.
Zur Person des Gesprächspartners nur noch einmal zur Erinnerung:
Er war früher Finanzrichter in Düsseldorf, dann im BMFi Chef des Ministerbüros. Er ist jetzt Mitglied des Finanzausschusses des Deutschen

Bundestags und nach wie vor in besonderer Weise Vertrauensmann seines Chefs in finanzpolitischen und bedingt auch in steuerpolitischen Fragen. Er ist als Steuerberater zugelassen.«

Am 8. August 1978 schrieb Kanter »persönlich/vertraulich« an von Brauchitsch wieder betreffend den »Spezialbrief für Dr. V.«. Kanter berichtete:

»Du hattest in dieser Sache bei der offiziellen Besprechung am 27. April d. J. in Bonn grundsätzlich entschieden: ›Spezialbrief 5‹.
Da für mich bezüglich der Abwicklung Unklarheiten bestanden, hatte ich mir erlaubt, Dir nochmals unter dem 12. Juni zu schreiben.
Bei meinem Gespräch mit Dr. V. am 2. 8. habe ich zu diesem Punkt am Rande vermerkt, ›daß die Sache noch laufe‹.
Dabei konnte ich auf mein Antippen hin nochmals feststellen, daß eine Abwicklung über die ›Münchner Stiftung‹ für ihn nicht wünschenswert ist.
Zu dem Besprechungsthema vom 2. August folgendes:
Wenn ich danach Dr. V. richtig verstanden habe, scheinen wichtige Dinge — zum Teil durch Formulierungsfragen — gefährdet.
Wie ich weiter bei diesem Gespräch feststellen konnte, fühlt sich FJS gegenüber dem alten Herrn Flick in außerordentlich großer Schuld und Verpflichtung.
Er scheint bereit zu sein, alles zu tun, was in seiner Macht liegt...
Wenn Dr. V. aufgrund seiner Intimkontakte zu früheren Kollegen etwas tun kann, dann ist dies nach meiner Einschätzung nur möglich, wenn ihm sein Chef ausdrücklich ›grünes Licht‹ gibt. In Bonn möchte er dann aber auch keine weiteren Mitwisser haben. Er hat Sorgen, daß seine sehr guten, persönlichen Informationskontakte im BMFi schnell verlorengehen könnten...«

Am 25. August 1978 berichtete Kanter nochmals zum »Spezialbrief Dr. V.«:

»bezüglich des ›Spezialbriefs Dr. V.‹ hat sich vor ein paar Tagen herausgestellt, daß Frau Grimm die von Dir schriftlich gegebene Zustimmungserklärung offensichtlich aus Versehen abgeheftet hatte. Ich habe zwischenzeitlich mit Herrn Dr. Schmitz und gelegentlich des Sommerfestes auch mit Herrn Diehl die Sache dahin gehend besprochen, daß ich nach dem Urlaub von Herrn Diehl mit der Erklärung von Dir vorbeikomme. In diesem Fall lege ich sehr großen Wert darauf, Dr. V. den ›Brief‹ selbst zu übergeben, da dies der Sache sicherlich am meisten nützt.
Ich hoffe, Du bist hiermit einverstanden?«

Am 29. August 1978 schrieb Dr. Friedrich Karl Flick mit Durchschrift für von Brauchitsch an Franz Josef Strauß:

»Deinen Brief am 24. Juli im Anschluß an unsere ausführliche Unterhaltung habe ich dankend erhalten. Ich darf Dir versichern, daß ich alle Sorgen und Anregungen, die Du zu Papier gebracht hast, und die aus der Anlage Deines Briefes zu entnehmen waren, einer sorgfältigen Behandlung in meinem Hause zugeführt habe. Ich werde darauf bedacht sein, daß die gebotenen Schlußfolgerungen gezogen werden.
Vielleicht darf ich in diesem Zusammenhang doch noch einmal auf Deine Anregungen aus dem Frühjahr zurückkommen wegen eines Zusammentreffens meiner Fachleute mit Dr. Voss in Bonn.
Es ist mir ein Bedürfnis, Dir auch auf diesem Wege noch einmal zu danken, da Du nun schon seit Jahrzehnten die Geschehnisse in meinem Hause kritisch begleitest.
Dein Rat hat einen besonderen Rang für mich...«

Unter dem Datum vom 4. Oktober 1978 notierte Diehl unter »inoffizielle Zahlungen an die CSU: Kanter wg. Dr. Voss 5000,—«.
In einer Aufstellung über Zuwendungen an Politiker anläßlich von Landtagswahlen findet sich die maschinenschriftliche Notiz: »CSU:Landtagswahl-Dr. Voss 5000« sowie die handschriftliche Notiz: »Dr. Voss: Spezial«.

• *»Ziel ist es, die Wirtschaftspolitiker des zweiten Gliedes aus der Fraktion einzubinden...«*

Im Dezember 1977 notierte Dr. Schmitz betreffend die »Gesellschaft zum Studium strukturpolitischer Fragen e. V.« für von Brauchitsch und Diehl:

»Herr Lutzke sprach mich darauf an, daß er nunmehr geschäftsführendes Vorstandsmitglied der ›Strukturgesellschaft‹ sei. Er müsse jetzt für den 1. Vorsitzenden, Herr Müller-Hermann, eine Spendenbriefaktion starten. Bei der Durchsicht der Akten habe er festgestellt, daß das Haus Flick von 1960 bis 1976 einschließlich zu den großzügigen Spendern gehöre.
Die Aktivitäten dieser Gesellschaft sollen – nach längerer Lethargie – durch Herrn Lutzke wieder neu belebt werden. Ziel ist es, die Wirtschaftspolitiker des zweiten Gliedes aus der Fraktion einzubinden, mit Material auszustatten und einen guten Kontakt zur Wirtschaft herzustellen.
Ich empfehle, gegenüber der ›Strukturgesellschaft‹ eine zurückhaltende Spendenpolitik zu verfolgen.
Von der Wirksamkeit der Wiederbelebungsversuche bin ich nicht überzeugt. Im übrigen bin ich der Auffassung, daß diese Aufgaben innerhalb der CDU

konzentriert vom Institut Professor Biedenkopf mittelfristig übernommen und erfüllt werden könnten.«

Offensichtlich folgte man im Flick-Konzern der Empfehlung von Dr. Schmitz, »gegenüber der Strukturgesellschaft eine zurückhaltende Spendenpolitik« walten zu lassen und schloß sich dessen Auffassung, »daß diese Aufgaben innerhalb der CDU konzentriert vom Institut Professor Biedenkopf übernommen werden könnten«, an. So notierte Diehl, beginnend mit dem Jahr 1977 unter »Zahlungen an die CDU und CDU nahestehende Institutionen: Institut für Wirtschafts- und Gesellschaftspolitik wg. Prof. Biedenkopf 20000«. Gleichartige Eintragungen finden sich auch für die Jahre 1978, 1979 und 1980.

• *»Teltschik, ein wichtiger Kontaktmann für unsere Arbeit«*

Nach dem Gespräch von Brauchitschs mit Ministerpräsident Dr. Kohl vom 15. August 1978 meldete das Bonner Büro in einer Notiz vom 4. Oktober 1978 an von Brauchitsch, daß

»Horst Teltschik, Leiter des Büro Dr. Kohl bei der CDU/CSU-Bundestagsfraktion, einer der engsten Mitarbeiter Dr. Kohls, jetzt ein Buch mit den wichtigsten Reden von Dr. K. herausgebracht hat. Wir möchten von diesem Buch zugunsten von Herrn Teltschik 30 Stück ankaufen. Der Stückpreis beträgt DM 14,05 netto.
Unsere Überlegung geht davon aus, daß Herr Teltschik ein wichtiger Kontaktmann für unsere Arbeit ist.«

Am 20. Oktober 1978 fertigte Herr Dr. Schmitz eine Notiz folgenden Wortlauts für von Brauchitsch:

»Beigefügt legen wir die Rechnung für 30 Exemplare des Buches ›Bundestagsreden von Helmut Kohl‹ vor. Sie hatten aufgrund unserer Notiz vom 4. Oktober 1978 dieser Bestellung zugestimmt.«

Ausweislich der Notiz ging die Rechnung an Buchhalter Diehl, welcher für den 11. August bereits 25000,— DM »wg. Kohl« notiert hatte.

• *»Mit dem Ziel der Effizienzkontrolle die Spendenpolitik gestrafft (größere Wirkung mit geringeren Mitteln)«*

In ihrem »Bericht über die Arbeit des Büro Bonn im Jahre 1978« an die Konzernzentrale verfaßten Dr. Schmitz und Adolf Kanter einen Katalog über die Schwerpunkte ihrer Tätigkeit als »Stabsstelle der Geschäftsführung«. Der Bericht nennt u. a. folgende Tätigkeitsschwerpunkte:

»I. Zuarbeit für Geschäftsführung und einzelne Abteilungen
1. In Sachen § 6b, § 4 Beratung von Herrn von Brauchitsch und Herrn Wacker über personelle Zusammenhänge und Ansprechwege. Herstellung von Kontakten, Beschaffung von Einzelinformationen aus Bundestag, BMWi, BMF...
3. Besorgung von — teilweise — vertraulichen Referentenentwürfen, zu Gesetzesvorhaben und Papieren vor politischen Initiativen.

Z. B.:
— Parlamentarische Anfragen und Initiativen in Sachen 6 b.
— Neue steuerpolitische Beschlüsse der FDP vor der Sitzung des Parteipräsidiums.

4. Herstellung von Kontakten sowie organisatorische und inhaltliche Vorbereitung von Gesprächen z. B.: Funcke, Häfele, Wirtschaftsminister Klumpp...
5. Beurteilung politischer Entwicklungen
Analyse personeller und inhaltlicher Verschiebungen bei Parteien, Fraktionen, Ministerien.
6. Abgabe von Voten zur Entscheidungsfindung bei der Spendenvergabe
Auf der Grundlage intensiver Materialauswertung vorparteilicher und vorpolitischer Gruppierungen (Programm, Personalstruktur, Einfluß) mit dem Ziel der Effizienzkontrolle wurde die Spendenpolitik gestrafft (größere Wirkung mit geringeren Mitteln)

II. Service für die Unternehmen der Gruppe
Zusätzlich zur Beschaffung von Informationen und Beratung bei politischen Fragen 1978 zunehmende Inanspruchnahme bei der Verkaufsförderung und der Beschaffung öffentlicher Mittel (in vielen Fällen geschah dies aufgrund von Anregungen, die wir aus der Kenntnis der Bonner Zusammenhänge geben konnten)...
Beispiele:
b) Feldmühle-AG
Vorbereitung von Gesprächen Layton bzw. Geginat in Sachen 6 b...
Gegensteuern im BMI wegen »Wettbewerbsverzerrung bei Anwendung des Abwasserabgabengesetzes« (Verhinderung von Ausnahmegenehmigung für Konkurrenz)...

III. Politische Einflußnahmen
1. Parteien (einschl. zuzuordnender Institutionen) und Fraktionen
Gleichzeitig ermöglichen diese Kontakte für I. und II. notwendige Informationsabschöpfung.
a) CDU und CSU
Massives Einsteigen in die Diskussion um das CDU-Grundsatzprogramm
Beratung bei der Entwicklung einer neuen Konzeption zur Umweltpolitik
»Munitionierung von Abgeordneten für Hearing-Jugendarbeitsschutzgesetz«
Herstellung von Kontakten zur Wirtschaft für Mitarbeiter des Konrad-Adenauer-Hauses (zur Behebung der Realitätsferne)...
Beteiligung an Diskussionsveranstaltungen der Mittelstandsvereinigung (intensiver Kontakt zu Prof. Zeitel*)

* Für Prof. Zeitel notierte Diehl im Jahr 1976 unter »offizielle Zahlungen an die CDU und der CDU nahestehende Institutionen: Rechnung der Gebr. Bohl wg. Professor Dr. Zeitel, Hohensachsen DM 6758,80«

Weiterführung der Gesprächskreise Junge Union/Wirtschaft sowie RCDS/Wirtschaft — ergänzt durch Einzelberatung bei der Formulierung von Grundsatzpapieren und der Durchführung von Aktionen.*
Einwirkungen auf Wirtschaftsrat (CDU) und Teilnahme an Veranstaltungen des Wirtschaftsbeirates (CSU)** Hilfe beim Aufbau geeigneter Kandidaten für parlamentarische Gremien.

* Diehl notierte für 1978 »offizielle Zahlungen« an den
»Verein Robert Tillmanns Haus, Berlin

wg. Junge Union	10000,— DM
wg. Schüler-Union	1000,— DM«

** Diehl notierte im Jahr 1978 als »offizielle Zahlungen:

Wirtschaftsrat der CDU	21560,— DM
Wirtschaftsbeirat der Union München	17000,— DM.«

b) FDP
Permanente »Versorgung« des Umkreises von Frau Funcke in steuerpolitischen Angelegenheiten. Schaffung eines Kristallisationspunktes für Gespräch CDU/FDP
Hessen-Wahl: Frühzeitige Unterstützung für Gruppierungen, die für Koalition CDU offen waren.
c) SPD
Ermöglichung eines Parlamentariergespräches SPD/BKU
Teilnahme an Gesprächskreisen der Friedrich-Ebert-Stiftung.*
Frühzeitige Aufnahme des Kontaktes zu Junghans (noch bevor er wirtschaftspolitischer Sprecher wurde)
Versuche der Klimaverbesserung beim »Vorwärts«**

* Diehl notierte für 1978 als »offizielle Zahlung an die SPD:
Friedrich-Ebert-Stiftung 260000,— DM«
** Diehl notierte für 1978 als »offizielle Zahlung an die SPD:
Neuer Vorwärts-Verlag wg. Nau/Petersen 49974,39 DM«

2. Bundesrat
Frühzeitige Warnung und Aufbau von Gegenpositionen im Gesetzgebungsverfahren
Steueränderungsgesetz 78/79
Jugendarbeitsschutzgesetz
Hier bewähren sich gute Kontakte zu den Landesvertretungen: Baden-Württemberg, Rheinland-Pfalz, Niedersachsen, Bayern, Hessen.
3. Bundesministerien
Argumente für BMI gegen die vom BMA geplante Arbeitszeitordnung
Lieferung von Sachargumenten bei Entwurf *TA-Luft*, Abwasserabgabegesetz, Bundesemissionsschutzgesetz ...«

• *»Für weitere Streichungen kaum noch Raum, ohne daß wir die Effektivität der politischen Verbindungen zu unserem Nachteil einschränken«*

Im Februar 1979 legte Dr. Walter Schmitz vom Bonner Büro des Flick-Konzerns zusammen mit dem »Bericht über die Arbeit des Büros Bonn im Jahre 1978« von Brauchitsch eine »Dispositions-Liste« vor. Von Brauchitsch richtete daraufhin eine Notiz an den persönlich haftenden Gesellschafter Günter Max Paefgen:

»Wie im Vorjahre habe ich die beiliegende Dispositionsliste des Bonner Büros mit den dortigen Herren vorbesprochen. Ich wäre Dir für kritische Durchsicht dankbar und auch für Mitteilung, ob Du einverstanden bist. Nachdem wir vor 3 Jahren radikal die früheren Großzügigkeiten zusammengestrichen haben, scheint jetzt für weitere Streichungen kaum noch Raum zu sein, ohne daß wir die Effektivität der politischen Verbindungen zu unserem Nachteil einschränken.«

Am Rande der Notiz wurde von Paefgen ein »Ja« vermerkt. Eine Woche später teilte von Brauchitsch Dr. Schmitz mit, er könne entsprechend der vorgelegten Liste verfahren.
Im Gegensatz zu den Feststellungen im Mehrheitsbericht ist unter anderem auf Grund der Brauchitsch-Notiz vom 13. Februar 1979 sowie der Aussage des Zeugen Dr. Schmitz bei seiner staatsanwaltschaftlichen Vernehmung davon auszugehen, daß

anläßlich des Berichts über die »Arbeit des Bonner Büro« im Jahre 1978 sowie Gesprächen über die »Dispositions-Liste« über finanzielle Zuwendungen der Firma Flick in den politischen Raum beraten wurde und hierbei ein Zusammenhang der Zuwendungen mit den 6b — und 4 — Verfahren in hohem Maße wahrscheinlich ist.
Der Zeuge Dr. Schmitz äußerte sich bei seiner staatsanwaltschaftlichen Vernehmung zu der Brauchitsch-Notiz vom 13. Februar 1979 wie folgt:

»Der Transport von Informationen setzte Kontakte voraus. Es hat sich nach meiner Erfahrung herausgestellt, daß die Kontakte zu Bundestagsabgeordneten häufig dadurch verbessert wurden, daß man ihre Bitte um Unterstützung im Wahlkampf nicht abschlägig beschied.«

Tatsächlich läßt sich den Akten eine rege Tätigkeit des Bonner Büros in dieser Richtung entnehmen. Unter dem Datum vom 17. Februar 1976 beispielsweise notierte Diehl als »inoffizielle Zahlung« an die FDP: »vB ohne Angabe ü Dr. Schmitz 20000«. Auf der Rückseite des mit dieser Zahlung korrespondierenden Quittungsbeleges findet sich die handschriftliche Notiz: »Dr. Schm. f. 4 FDP Abg.«.
Auch im Mai 1976 notierte Diehl Zahlungen über Dr. Schmitz in den politischen Raum, so unter »inoffizielle Zahlungen an die CDU«: »03. 05. Dr. Schmitz wg. CDU 10000« sowie unter »inoffizielle Zahlungen an die CSU«: »03. 05. vB wg. CSU ü Dr. Schmitz 10000«. Auf der mit diesen Eintragungen korrespondierenden Quittung findet sich neben der Unterschrift von Brauchitschs auch die von Dr. Schmitz. Auf der Quittungsrückseite liest man die handschriftliche Notiz: »4 × 5 an Schmitz« sowie die maschinenschriftliche Notiz: »Unterstützung für Abgeordnetenkandidaten Detlef Kühn CDU, Graf Huyn CSU, Wittmann CSU, von der Heydt CDU.«
Den Berichten des Bonner Büros an die Konzernzentrale läßt sich eine intensive Mitarbeit von Schmitz und Kanter zu den Steuerbefreiungsverfahren entnehmen. Einige in den Berichten gewählte Formulierungen lassen keinen Zweifel daran, daß über das Bonner Büro erfolgte Geldzuwendungen an Politiker und

Parteien mit der Erwartung politischer Gegenleistungen der Zahlungsempfänger verbunden waren. So findet sich im Bericht über die Arbeit des Bonner Büros aus dem Jahre 1978 unter der Überschrift: »Steuerpolitische Anliegen des Hauses« folgende Notiz:

„In Sachen § 6b, § 4 Beratung von Herrn von Brauchitsch und Herrn Wacker über personelle Zusammenhänge und Ansprechwege, Herstellung von Kontakten, Beschaffung von Einzelinformationen aus Bundestag BMWi und BMF.«

Des weiteren unter der Überschrift:

»Besorgung von — teilweise — vertraulichen Referentenentwürfen zu Gesetzesvorhaben und Papieren vorpolitischer Initiativen: Parlamentarische Anfragen und Initiativen in Sachen 6b.«

Unter der Überschrift:

»Abgabe von Voten zur Entscheidungsfindung bei der Spendenvergabe: Auf der Grundlage intensiver Materialauswertung vorparteilicher und vorpolitischer Gruppierungen (Programme, Personalstruktur, Einfluß) mit dem Ziel der Effizienzkontrolle wurde die Spendenpolitik gestrafft. (Größere Wirkung mit geringeren Mitteln).«

Für das Jahr 1980 finden sich in dem Bericht über die Arbeit des Bonner Büros weitere Hinweise zu dessen Befassung mit den 6b — und 4 — Verfahren. Unter der Überschrift »steuerrechtliche und politische Themen« wurde folgendes notiert:

»Recherchen in Sachen § 6b, 4, insbesondere über Zusammenwirken zwischen BMF/BMI (Rechtsfragen ggf. bei Auflagenerteilungen) und BMF/SPD-Fraktion; Stimmungsanalyse BMWi...«

Anläßlich der zum Steuerbefreiungsantrag Gerling seinerzeit streitigen Frage, ob dieser mit einer Auflage zu versehen wäre, wurde das »Bonner Büro« eingeschaltet. Dr. Schmitz teilte von Brauchitsch am 9. Mai 1980 mit, er habe sich »diskret« erkundigt, ob zu dieser Rechtsfrage inzwischen auch das Bundesministerium des Innern eingeschaltet worden sei. Dies sei aber sowohl im Bundeswirtschaftsministerium als auch im Bundesministerium des Innern verneint worden. Er werde deshalb

»diskret« bei Beamten des Bundesfinanzministeriums recherchieren, wo nun wirklich die Sache hänge. Am 3. Juni 1980 konnte Dr. Schmitz von Brauchitsch über seine erneute »diskrete« Recherche berichten. Derzufolge hatte der telefonisch angesprochene BMI-Referent Bedenken gegen eine Auflage geäußert. Das Bundesfinanzministerium wolle wieder auf das Bundesministerium des Innern zurückkommen; dies sei bisher aber nicht geschehen. Daraus lasse sich folgern, daß eine zitierfähige rechtsgutachterliche BMI-Äußerung bisher nicht eingeholt worden sei. Auch im Bundeswirtschaftsministerium sei man — so fuhr Dr. Schmitz fort — der Auffassung, daß dieses Verfahren wohl »Ausfluß einer — wie auch immer — begründeten Verzögerungstaktik sei«. Dr. Schmitz unterrichtete von Brauchitsch sodann eingehend über die rechtlichen Überlegungen des BMI-Referenten. Dieser habe u. a. gemeint, eine vertragliche Selbstbindung des Antragstellers sei zwar zulässig, aber ohne jede Wirkung, da man den Antragsteller nicht an einem derartigen Vertrag festhalten könne. Offenbar nach einer weiteren Recherche teilte Dr. Schmitz mit, ein ihm »sehr gut bekannter und bestens informierter Unterabteilungsleiter des BMI« habe ihm gesagt, im Bundeswirtschaftsministerium sei keine Neigung vorhanden, diesen Fall an Spitzfindigkeiten des Steuerverwaltungsverfahrensrechts aufzuhängen. Man suche lediglich nach einer Formulierung, den Tatbestand der Förderungswürdigkeit zu verlängern; »diese würde den Fall politisch abfedern«. Die Firma Flick solle auf sehr hoher Ebene dem Bundeswirtschaftsministerium und dem Bundesfinanzministerium gegenüber eine Art »Garantieerklärung« abgeben; sie sei dann insofern gebunden, als sie sich ein kurzfristiges Abrücken davon kaum leisten könne.

Auch im Tätigkeitsbericht des Bonner Büros für das Jahr 1979 finden sich aufschlußreiche Hinweise auf dessen Tätigkeiten, so z. B. unter der Überschrift:

»Besorgung von – teilweise – vertraulichen Referentenentwürfen, Papieren und Informationen möglichst vor politischen Entscheidungen: ... Besorgung von nicht-öffentlichen Protokollen von Parlamentsausschüssen.«

Oder unter der Überschrift:

»Beispiele zur politischen Einflußnahme:
...Formierung einer Arbeitsgruppe für Stoiber (u. a. inhaltliche Vorbereitung CSU-Kongreß ›Zukunft‹) sowie Mitwirkung Weiterführung der Gesprächskreise Junge Union/Wirtschaft sowie RCDS/Wirtschaft (ergänzt durch Einzelberatung) Ansätze zur Installierung einer Gesprächsrunde mit ›schwierigen Bonner Journalisten‹ (im Zusammenwirken mit Dr. Kiesewetter). Im Jahre 1979 zeigte sich, daß der Rat des Büro Bonn von Parlamentariern, Beamten sowie Funktionsträgern in Parteien und anderen Organisationen in zunehmendem Maß in Anspruch genommen wurde. Auf diese Weise konnten im Vorfeld politischer Vorgänge bereits Korrekturen vorgenommen werden (u. a. CDU-Konzept Forschung und Umwelt durch Lieferung von Beiträgen aus Unternehmungen der Gruppe; Verhinderung der Gründung einer wirtschaftsfeindlichen Umweltstiftung)...«

• *»Ziesl beteuerte, loyal zu Dr. Kohl zu stehen«*

In einer Notiz vom 21. März 1979 für von Brauchitsch hielt Dr. Schmitz über ein Gespräch von Brauchitschs betreffend »Deutschland-Stiftung/Deutschland-Magazin mit den Herren Ziesl (gemeint ist Kurt Ziesel. O. S.) und Dr. Burneleit am 20. März 1979 in Düsseldorf«, folgendes fest:

»Ziesl und Burneleit anerkennen (zunächst zögernd), daß das Haus Flick eine erhebliche Unterstützung für Start und erste Phase des Deutschland-Magazins gewährt hat. Ziesl bat um Hilfe für die zweite Phase...
Ziesl bat darum von der Feldmühle kostenlos Papier für den Druck des Magazins beziehen zu können (Bedarf ca. 10000 kg/Ausgabe maschinengestrichenes Papier im Wert von DM 12000,— bis 13000,—)...
Herr von Brauchitsch wies darauf hin, daß eine Papierspende wegen der Konsequenzen bei nicht auszuschließenden Indiskretionen ausscheide.
Unter der Voraussetzung, daß der Papierbedarf ausschließlich bei der Feldmühle zu den bisherigen Konditionen gedeckt werde, sagte Herr von Brauchitsch im Hinblick auf die Umstellung des Magazins eine einmalige Spende von DM *20000,— zahlbar zu je DM 10000,—, in der ersten und zweiten Jahreshälfte 1979 zu.*
Herr Ziesl akzeptierte dies mit Freude...
Herr von Brauchitsch kritisierte, daß das Deutschland-Magazin leichtfertig an der Demontage von Dr. Kohl mitwirke.
Herr Ziesl beteuerte, loyal zu Dr. Kohl zu stehen und auch seinen Freund Löwenthal in diesem Zusammenhang mehrfach zur Ordnung gerufen zu haben...«

Bereits in einem Schreiben vom 9. Februar 1976 hatte sich Kurt Ziesel mit folgendem Anliegen an von Brauchitsch gewandt:

»... Im Nachtrag zu unserem Briefwechsel hinsichtlich des Einsatzes für den CDU-Vorsitzenden Kohl darf ich Ihnen in der Anlage unsere soeben erschienene neueste Nummer senden, die in einer wesentlich vergrößerten Auflage auch für den Landtagswahlkampf in Baden-Württemberg eingesetzt wird und in der wir übrigens neben den Interviews mit Herrn Filbinger und Herrn Wörner auch auf Seite 44 einen besonderen Kasten über Herrn Kohl veröffentlicht haben.
Ich erlaube mir in diesem Zusammenhang die Frage, ob angesichts der nun wohl beseitigten Einwendungen Ihrerseits hinsichtlich unserer politischen Linie die Möglichkeit bestünde, wie in den vergangenen Jahren uns gerade in diesem Jahr des Bundestags-Wahlkampfes wiederum in irgendeiner Form zu helfen, sei es durch Papierlieferungen gegen Spendenquittungen, sei es wie bisher durch Bezahlung von Druckrechnungen oder auch durch einfache Spenden...«

Diehl notierte unter »inoffizielle Zahlungen an die CSU« für das Jahr 1976: »28. 5. Ka wg. Ziesl 100000,— DM«.
Ein mit dieser Zahlung korrespondierender Quittungsbeleg findet sich nicht in den Unterlagen. In einer Aufstellung über »politische Zahlungen über Sonderkasse« notierte Diehl für das Jahr 1976 neben einer Zahlung an die »CSU wg. Kaletsch 100000,— DM«, eine weitere an »CSU Ziesl 100000,— DM«. Knapp einen Monat nach der von Diehl »wg. Ziesl« notierten Zahlung wandte sich Kurt Ziesel mit einem Schreiben vom 18. Juni 1976 an von Brauchitsch und berichtete diesem:

»... Besten Dank für Ihr Schreiben vom 16. Juni. Ich bedauere es sehr, daß es Herrn Kaletsch gesundheitlich noch immer nicht besser geht. Besonders dankbar bin ich Ihnen, daß Sie Herrn Layton gebeten haben, hinsichtlich der Papierlieferungen, uns einen wirksamen Rabatt zu gewähren. Das würde für uns im Augenblick ganz besonders wirkungsvoll sein, weil wir unsere nächste Anfang August erscheinende Nummer, die als große Wahlnummer herauskommt, voraussichtlich in einer Zusatzauflage von mehr als 100000 Exemplaren herausbringen werden, da zahlreiche Landes- und Kreisverbände der CDU und CSU diese Nummer von uns zur Wahlpropaganda einsetzen werden...«

• *»Herausfinden, ob Zimmermann, mit dem wir bekanntlich eine anwaltschaftliche Beratung haben, in Bonn helfen kann«*

Am 8. August 1979 schrieb Wilken von Reden, Geschäftsführer der Bayerischen Staatsbürgerlichen Vereinigung, an Dr. Hans-Heinz Griesmeier, den Vorstandsvorsitzenden der Krauss-Maffei AG:

»...am 27. Juni hatten Sie u. a. auch den vorher stattgefundenen Besuch der Mitglieder des Bundestags-Haushaltsausschusses und Ihre Absicht erwähnt, sich mit Herrn Dr. Zimmermann über dabei erkennbar gewordene Tendenzen zu unterhalten. Weil ich im Juli keine Gelegenheit hatte, mit ihm zu sprechen, habe ich ihn kürzlich schriftlich gebeten, eine alsbaldige Besprechung mit Ihnen anläßlich eines nächsten Aufenthalts in München vorzusehen, an der auch die Herren Prof. Madelung oder Hort beteiligt werden sollten. Ich hoffe, daß Herr Dr. Zimmermann auch während der Parlamentsferien bereit ist und sich mit Ihnen in Verbindung setzen wird...
Für den Betrag Ihres Unternehmens in Höhe von DM 20000,— danke ich Ihnen herzlich und besonders dafür, daß es Ihnen möglich war, meine Bitte um Überweisung noch im Juni zu erfüllen...«

An Dr. Zimmermann hatte sich von Brauchitsch ausweislich einer Telefonnotiz bereits zu Anfang des Jahres 1979 gewandt. Zwei Tage nach diesem Telefonat fertigte von Brauchitsch unter dem Datum vom 19. Februar 1979 eine Notiz »persönlich/vertraulich/unter Umschlag« für Dr. Flick betreffend die im Hause Flick in Erwägung gezogene Reinvestition eines Teils des Veräußerungserlöses aus dem Daimler-Benz-Aktienverkauf bei »MBB«. Von Brauchitsch hielt hierzu in seinem Vermerk fest:

»Für Dein Gespräch mit FJS:
1. Nachdem LM es steuersystematisch für möglich hält, aus Bayern unseren 6b-Antrag wegen MBB zu unterstützen, wäre es gut, von FJS die Zusage zu erhalten, daß der Ministerpräsident dieses Vorgehen gutheißen würde...
5. Herausfinden, ob Zimmermann (stellv. Fraktionsvorsitzender der CDU/CSU und Verteidigungsexperte), mit dem wir bekanntlich eine anwaltschaftliche Beratung haben, in Bonn helfen könnte, wegen »volkswirtschaftlich förderungswürdig«.

• *»Büro Bonn von Parlamentariern, Beamten sowie Funktionsträgern in Parteien 1979 in zunehmendem Maße in Anspruch genommen«*

In seinem Bericht »über die Arbeit im Jahre 1979« hielt das »Büro Bonn als politische Stabsstelle der Geschäftsführung« unter anderem folgende Aufgabenschwerpunkte fest:

»*I.* Zuarbeit für Geschäftsführung und einzelne Abteilungen
5. Besorgung von — teilweise — vertraulichen Referentenentwürfen, Papieren und Informationen möglichst vor politischen Entscheidungen (je nach Interessenlage gingen diese Unterlagen auch an zuständige Vorstände der Unternehmen)
Berichterstattung über Vorträge und Diskussionen im Gesprächskreis Wirtschaft der Friedrich-Ebert-Stiftung für Herrn Paefgen...
Nicht-öffentliche Protokolle von Parlamentsausschüssen...
6. Beurteilung politischer Entwicklungen
Teilnahme an den Parteitagen von CDU, SPD, FDP und Deutschlandtag Junge Union, Bundesvertreterversammlung RCDS sowie Auswertung. Bei diesen Veranstaltungen bot sich Gelegenheit zum Ausbau der Kontaktbasis; in Einzelfällen konnte Argumentationshilfe vor Ort geleistet werden.
7. Beispiele zur politischen Einflußnahme
Formierung einer Arbeitsgruppe für Stoiber (u. a. inhaltliche Vorbereitung CSU-Kongreß »Zukunft«) sowie Mitwirkung.
Im Jahre 1979 zeigte sich, daß der Rat des Büro Bonn von Parlamentariern, Beamten sowie Funktionsträgern in Parteien und anderen Organisationen in zunehmendem Maße in Anspruch genommen wurde. Auf diese Weise konnten im Vorfeld politischer Vorgänge bereits Korrekturen vorgenommen werden (u. a. CDU-Konzept Forschung und Umwelt durch Lieferung von Beiträgen aus Unternehmen der Gruppe; Verhinderung der Gründung einer wirtschaftsfeindlichen Umweltstiftung).

II. Service für Unternehmen der Gruppe
Feldmühle
Kontinuierliche Unterstützung bei Problem: Wettbewerbsverzerrung (Benachteiligung Baienfurt gegenüber Konkurrenz) bei Anwendung der Härteklausel im Abwasserabgabengesetz (u. a. entscheidenden Gesprächseinstieg im BMI vermittelt).
BMI mit FM-Material versorgt zur Objektivierung des Berichts über Bodenseeverschmutzung nach Auftreten von Problemen mit Kläranlage in Baienfurt...«[1]

[1] Das Feldmühle-Werk Baienfurt hatte bereits 1973 die Verantwortlichen im Flick-Konzern beschäftigt. Wegen einer Umweltauflage des Landratsamtes Ravensburg für das Werk in Baienfurt im Jahre 1973 wandte sich von

Brauchitsch an den baden-württembergischen Ministerpräsidenten Hans Filbinger.
Der »persönliche Berater« Filbingers, Minister für Bundesangelegenheiten des Landes Baden-Württemberg a. D., Dr. Dr. h. c. A. Seifritz, berichtete wenig später an von Brauchitsch, wie das Gespräch auf Filbinger gewirkt habe.
Von Brauchitsch notierte hierauf für Dr. Flick, das Gespräch sei »nützlich« gewesen, da es Filbinger »ein Werkzeug in die Hand gegeben habe, die Angelegenheit Baienfurt positiv voranzutreiben«.
»MinDir Maier«, so Brauchitsch weiter in seiner Notiz, »hat von Filbinger den Auftrag bekommen, die Ministerialbürokratie einschließlich Wasserwirtschaftsamt beim Regierungspräsidenten in Tübingen auf konstruktive Linie zu bringen.«
Am 5. Oktober 1973 berichtete von Brauchitsch wiederum an Dr. Flick, die »sofortige Vollziehung der Auflagen des Landratsamtes Ravensburg gegen Baienfurt ist durch neue Verfügung... soeben ausgesetzt worden; damit ist das wesentliche Problem der Angelegenheit Baienfurt zunächst gelöst«.
Am 6. Dezember 1973 notierte von Brauchitsch für Kaletsch: »Beiliegend ein Brief von Minister a. D. Seifritz vom 3. d. s. Monats. Seifritz hat uns in ungewöhnlichem Maße in der Angelegenheit Baienfurt geholfen.
Uns war schon damals klar, daß das Geld kosten wird. Wir sollen in der ersten Tranche DM 5000,— für die Deutsch-Indische Gesellschaft bezahlen. Seifritz kommt sicher immer wieder und deshalb sollten wir uns zunächst auf diesen Betrag beschränken.
Ich wäre Ihnen dankbar, wenn Sie Ihr Einverständnis auf beiliegender Kopie zeichnen, damit Herr Diehl die Überweisung vornehmen kann.«
Hierauf bedankte sich Seifritz mit Schreiben vom 10. Dezember 1973 bei von Brauchitsch mit folgenden Zeilen: »... Sie haben mir mit Ihrer Spende einen ganz großen Dienst erwiesen und wesentliche Hilfe geleistet. Für Ihre Großzügigkeit und für Ihr tatenfrohes Verständnis meinen herzlichen Dank...«
Auch für eine im Jahre 1974 an die Deutsch-Indische Gesellschaft — Präsident Dr. Seifritz — geleistete Spende in Höhe von 10000,— DM bedankte sich Seifritz in einem Schreiben vom 22. Februar 1974 bei von Brauchitsch mit den Zeilen: »... mit Ihrem Schreiben vom 19. Februar 1974 haben Sie mir eine ganz große Freude bereitet. Ich werde Ihnen dieses Verständnis und diese große Hilfe nie vergessen. Ich weiß nur nicht, wie ich mich entsprechend revanchieren kann...«

• *»Vor allem ›psychologische Beihilfe‹ und Argumentationshilfen haben uns ›gute Freunde‹ für die neue Legislaturperiode gesichert«*

Auch der Bericht des Bonner Büros für das Jahr 1980 enthält

aufschlußreiche Informationen über dessen Tätigkeiten. Der Bericht beginnt mit einer »Vorbemerkung« folgenden Wortlauts:

»Das Jahr 1980 setzte als Wahljahr für die Arbeit des Büro Bonn die Akzente anders als in den Vorjahren, weil das Parlament nur wenig Gesetzgebungsvorhaben behandelte, die sonst von uns argumentativ begleitet wurden, in Folge personeller Verschiebungen in Parlamenten und Ministerialbürokratie neue Kontakte geknüpft werden mußten...«
Informationen und Analysen über Parteien, Gruppen und Personen vor und nach den Wahlen nahmen naturgemäß einen relativ breiten Raum ein.
Vor allem »psychologische Beihilfe« im Wahlkampf und Argumentationshilfe haben uns »gute Freunde« für die neue Legislaturperiode gesichert...«

Im einzelnen wurden im Bericht 1980 unter anderem folgende Tätigkeitsfelder aufgelistet:

»Zuarbeit für die Geschäftsführung und einzelne Abteilungen.
1. Steuerrechtliche und politische Themen
Recherchen in Sachen § 6b, 4 insbesondere über Zusammenwirken zwischen BMF/BMI (Rechtsfragen ggf. bei Auflagenerteilen) und BMF/SPD-Fraktion; Stimmungsanalyse BMWi...
5. Beurteilung politischer Entwicklungen im Jahre 1980
Besuch und Analyse der Wahlparteitage von CDU, SPD und FDP
Beurteilung der Chancen einzelner Kandidaten (u. a. Brunner, Wissmann, Junghans)
Entwicklung Scheel im Hinblick auf Europäische Ämter mit Auswirkung auf Wahlkampf...
6. Beispiele politischer Einflußnahmen
(zum Teil auch in Ziffer 5. enthalten)
— Beratung von Abgeordneten und Beamten aus verschiedenen Fachbereichen, sowie Mitarbeitern in Fraktionen und Parteizentralen
z. B.:
Argumentative »Begleitung des Wahlprogramms« der CDU/CSU
Koordinierung von wahltaktischen »Einzelfragen« mit CSU-Landesleitung und CSU-Büro Bonn
Mitwirkung bei der »Ordnung« des Verhältnisses von CDU-Wirtschaftsrat zu CDU-Wirtschaftsvereinigung.«

Der Bericht des »Bonner Büro« für das Jahr 1980 wurde dann von Eberhard von Brauchitsch am 15. Januar 1981 »persönlich — unter Umschlag« an Dr. Götte und Dr. Vogels mit einer Begleitnotiz folgenden Inhalts versandt:

»Ich wäre Ihnen dankbar, wenn wir — wie in der Vergangenheit — so

verfahren könnten, daß Sie nach Studium des Berichtes diesen vernichten und auf mein Panzerschrankexemplar jederzeit zurückgreifen.
Die Vernichtung kann allerdings auch zurückgestellt werden, bis zu einem Gespräch, das nun zwischen uns und den Herren des Büros Bonn notwendig ist, um den Herren die Gelegenheit zu geben, die geplante Arbeit 1981 vorzutragen...«

Mängel

Berichtigungen und Ergänzungen zum Abschlußbericht der Mehrheit im Flick-Untersuchungsausschuß

Die Bundestagsfraktionen von CDU/CSU, FDP und SPD haben einen gemeinsam verfaßten Bericht über die Ergebnisse des Flick-Untersuchungsausschusses, den Mehrheitsbericht, dem Bundestag vorgelegt.
Einen großen Teil dieses Berichtes nimmt die Darstellung des »festgestellten Sachverhaltes« bzw. der ermittelten Tatsachen ein. Hierbei handelt es sich um den nach Auffassung der obengenannten Parteien im Verlaufe der Beweisaufnahme des Ausschusses festgestellten tatsächlichen Geschehensablauf zu den Vorgängen um die Steuerbefreiungsanträge des Flick-Konzerns im Zusammenhang mit Spenden an Amtsträger, Abgeordnete und politische Funktionsträger in den Jahren 1975 bis 1981.
Die Beschneidung des Untersuchungsauftrags auf die Vorgänge um die Steuerbefreiungsverfahren des Flick-Konzerns stellt eine von den Altparteien bewußt gewollte und wesentliche Ursache dafür dar, daß die Erhellung des tatsächlichen Ausmaßes des Abhängigkeitsverhältnisses zwischen finanzpotenten Wirtschaftsunternehmen auf der einen und politischen Entscheidungsträgern auf der anderen Seite unmöglich gemacht wurde.
Der auf diesem stark eingeschränkten Untersuchungsthema beruhende Mehrheitsbericht liefert daher in seinen Sachverhaltsfeststellungen lediglich einen geringen Ausschnitt des tatsächlichen Abhängigkeitsgeflechts zwischen Geld und Politik.
Gleichwohl erscheint es notwendig, zu diesen Feststellungen Ergänzungen und Korrekturen anzubringen, um schon an einigen wenigen Stellen die Flucht der Altparteien vor umfassender Aufklärung zu verdeutlichen.

• *»Moralische Rückendeckung« für die Deutsche Bank*

Am 3. Januar 1975 wurde Franz Heinrich Ulrich (Deutsche Bank) durch Friedrich Karl Flick und dessen persönlich haftenden Gesellschafter Günter Max Paefgen über die beabsichtigte Veräußerung eines von der Firma Flick an der Daimler-Benz AG gehaltenen Aktienpaketes unterrichtet. Flick und Paefgen teilten Ulrich ein der Firma Flick angeblich vorliegendes Kaufangebot des Schahs von Persien für das gesamte Daimler-Benz-Aktienpaket in Höhe von 39% des Grundkapitals mit und boten der Deutschen Bank den Eintritt in den beabsichtigten Kaufvertrag zwischen dem Flick-Konzern und dem Iran an.
Im Mehrheitsbericht der CDU/CSU, FDP und SPD wird von ernsthaften Verhandlungen des Flick-Konzerns mit dem Iran ausgegangen und lediglich darauf hingewiesen, es sei »ungeklärt geblieben, ob die Initiative zu diesen Verhandlungen vom Iran oder vom Flick-Konzern ausgegangen ist«.
Die Frage, ob seitens des Iran jemals überhaupt ein ernsthaftes Kaufangebot unterbreitet worden ist, bleibt unbeantwortet. Ebenso bleibt der Mehrheitsbericht eine eindeutige Stellungnahme dazu schuldig, daß die angeblichen Persien-Verhandlungen vom persönlich haftenden Gesellschafter der Firma Flick Eberhard von Brauchitsch zielbewußt gegenüber den die Steuerbefreiungsanträge entscheidenden Ministerien zur Erlangung von »Wohlwollenserklärungen« für beabsichtigte steuerfreie Wiederanlagen des Veräußerungserlöses genutzt worden sind. Wider besseres Wissen behauptete hierbei von Brauchitsch gegenüber Bundeswirtschaftsminister Dr. Friderichs, die Veräußerung der Daimler-Benz-Anteile an die Deutsche Bank sei im Rahmen der Prüfung der Steuerbefreiung von Wiederanlagen aus dem Verkaufserlös schon der »Ermunterung« der Bundesregierung wegen als »volkswirtschaftlich förderungswürdig« anzusehen, womit der Steuerbefreiung nichts im Wege stünde. Hintergrund dieser Geschichte: Der damalige Bundeskanzler Schmidt hatte der Deutschen Bank für die Übernahme des Aktienpaketes »moralische Rückendeckung« zugesichert, um einen Verkauf der Aktien ins Ausland zu verhindern. Dies

bestätigte der Zeuge Bundeskanzler a. D. Schmidt in seiner Aussage vor dem Untersuchungsausschuß. Zunächst habe die Deutsche Bank wegen einer verbreiteten, auch von ihm geteilten Kritik an großen industriellen Beteiligungen der Banken gezögert, das Aktienpaket zu erwerben. Deshalb sei ihm damals auch nicht in den Sinn gekommen, daß die »moralische Rückendekkung« für die Deutsche Bank später von der Firma Flick in den Antragsverfahren auf Steuerbefreiung aufgegriffen und psychologisch benutzt werden könnte.

Daß nicht die Firma Flick, sondern die Deutsche Bank »ermuntert« worden sei und zwischen dieser »Ermunterung« und einer Wohlwollenserklärung für die Prüfung der Steuerfreiheit von Wiederanlagen aus dem Verkaufserlös kein Junktim bestanden habe, hat auch der Zeuge von Brauchitsch vor dem Untersuchungsausschuß eingeräumt. Dies hielt ihn allerdings keineswegs davon ab, gegenüber Bundeswirtschaftsminister Dr. Friderichs das Gegenteil zu behaupten.

Ebenso schweigt sich der Mehrheitsbericht über Vermerke von Brauchitschs im Zusammenhang mit der angeblichen Offerte aus dem Iran aus, in denen von Brauchitsch Andeutungen über eine »falsche Geschichtsschreibung« macht, ohne daß er bis heute das Geheimnis dieser »falschen Geschichtsschreibung« gelüftet hat.

• *»Friderichs hat mir gesagt, er stünde uns zu jeder Tages- und Nachtzeit zur Verfügung«*

Falsche Geschichtsschreibung betreiben auch die Parteien von CDU/CSU, FDP und SPD in ihrem Abschlußbericht, wenn sie bei Zitaten wesentliche Teile von Brauchitsch-Vermerken zu Gesprächen mit Bundeswirtschaftsminister Dr. Friderichs einfach unter den Tisch fallen lassen. So vermerkt der Bericht der Mehrheit, Bundesminister Dr. Friderichs sei am 9. Januar 1975 durch Bundesfinanzminister Dr. Apel über den Gesamtvorgang unterrichtet worden. Hierzu zitiert der Mehrheitsbericht aus dem von Eberhard von Brauchitsch zu einem mit Bundeswirtschaftsminister Dr. Friderichs am gleichen Tage geführten Telefongespräch angefertigten Vermerk wie folgt:

»1. Soeben sei sein Kollege Apel bei ihm gewesen und habe das Nachfolgende berichtet:

2. a) Heute Vormittag sei Ulrich mit seinem Steuerberater bei Apel gewesen und habe Apel darüber unterrichtet, daß die Deutsche Bank beabsichtige, die gesamten 39% Daimler von der Flick-Gruppe abzukaufen. Diese Entscheidung sei notwendig gewesen, nachdem Flick andernfalls nach Persien verkaufe. Inzwischen lägen sichere Anzeichen dafür vor, daß auch das Quandt-Paket inzwischen in Persien gelandet sei. Würde auch das Flick-Paket nach Persien gehen, dann hätte Teheran die absolute Mehrheit an Daimler.

b) Der Bundeskanzler sei über die Gespräche zwischen Flick und der DB heute unterrichtet worden und werde am Wochenende abschließend in Hamburg entscheiden. Der Bundeskanzler habe Ulrich gebeten, die Angelegenheit mit Apel zu behandeln. Apel solle auch eine Abklärung mit Friderichs vornehmen, damit in Hamburg alle Ressorts mit ihrer Meinung vertreten seien. Die Anregung von Apel, daß auch Friderichs in Hamburg dabei sei, sei vom Bundeskanzler mit dem Hinweis zurückgewiesen worden, daß die Meinungsäußerung von Friderichs genüge.

c) U. sei der Meinung, daß die DB gar nichts anderes tun könne, als das Flick-Paket zu kaufen. Apel habe Friderichs gegenüber die gleiche Auffassung vertreten und darauf hingewiesen, daß auch der Bundeskanzler die deutsche Lösung vorziehe. Friderichs sagte, er habe Apel geantwortet, daß auch er, Friderichs, die deutsche Lösung vorziehe. Dabei werde Unruhe in Deutschland vermieden, und außerdem gäbe es nicht eine erneute Pression gegen ihn, Friderichs, nunmehr das Anmeldungsgesetz bzw. Zustimmungsgesetz durchzuboxen. Im übrigen werde die Öffentlichkeit verstehen, daß die DB diese Transaktion durchführe, weil ja andernfalls das Unheil der persischen Mehrheitsbeteiligung im Raume steht.

...

e) U. habe bei der Gelegenheit Apel gegenüber erklärt, daß er, U., bei einer solchen nationalen Tat ein steuerliches Entgegenkommen erwarte. Offenbar ist U. daran interessiert, die von uns zu erwerbende Beteiligung im Umlaufvermögen einzubuchen, um bankmäßige Abschreibungsmöglichkeiten zu benutzen. Apel habe U. gegenüber eine grundsätzliche Gesprächsbereitschaft hierzu eingeräumt.

Friderichs habe Apel dann gefragt, ob es noch andere steuerliche Probleme gäbe. Apel habe geantwortet, daß er, Apel, in steuerlicher Hinsicht für den Verkäufer nicht zu sprechen sei. Der Verkäufer müsse nun einmal ca. 50% des Erlöses an den Fiskus abführen.«

Schlicht unterschlagen hat der Bericht der Mehrheit an dieser Stelle die weiteren Ausführungen im Vermerk von Brauchitschs, insbesondere die Anmerkung von Brauchitschs, es sei eine

Pressekooperation zwischen der Firma Flick und dem Bundeswirtschaftsministerium vereinbart worden. Von Brauchitsch notierte hierzu, Dr. Friderichs werde, »falls die Sache publizistisch heiß wird, seinen Pressechef auf den des Hauses Flick schalten«, beide Herren würden sich kennen und gut kooperieren. Ebenso unterschlägt der Mehrheitsbericht die weitere Anmerkung von Brauchitschs:

»Friderichs hat mir abschließend gesagt, er stünde uns zu jeder Tages- und Nachtzeit zur Verfügung. Er sei jederzeit von mir erreichbar, auch dann, wenn er sich in Mainz befinde. Ich habe ihm, auch im Namen des Hauses, sehr herzlich für die loyale Haltung gedankt und gesagt, daß wir uns unsererseits melden, soweit es etwas Neues gibt.«

Hierzu wußte der Zeuge Dr. Friderichs in seiner Aussage vor dem Untersuchungsausschuß auszuführen, er habe wahrscheinlich von Brauchitsch gesagt, dieser könne ihn auch außerhalb der Dienstzeit in seiner Privatwohnung erreichen. Dies habe er aber nicht nur der Firma Flick, sondern auch anderen Unternehmern gesagt. Der Dank für die »loyale Haltung« des Bundeswirtschaftsministeriums habe sich möglicherweise auf diese seine Erklärung bezogen.

Auch die sonstigen Einzelheiten des Brauchitsch-Vermerks vom 9. Januar 1975 zum Gespräch mit Bundeswirtschaftsminister Dr. Friderichs hat die Ausschußmehrheit keiner Erwähnung für wert gehalten. Dies erscheint um so unverständlicher, als von Brauchitsch des weiteren festhielt, Dr. Friderichs habe ihm auf die Frage, ob er, von Brauchitsch, von diesem Gespräch überhaupt Gebrauch machen könne, »lakonisch« geantwortet: »Das sei eben der Unterschied zwischen ihm und mir; er habe mich ohne Rücksicht auf seine Verpflichtungen unmittelbar informiert.«

Hinzu kommt hier die bei fast allen Vernehmungen, so auch bei Dr. Friderichs und von Brauchitsch, aufgetretene Behinderung des Ausschusses dadurch, daß der Wortlaut von Notizen dem Ausschuß zu den Zeugenvernehmungen noch nicht vorlag und erst wesentlich später und gegen das Sträuben der Koalitionsregierungsparteien in gerichtlichen Auseinandersetzungen besorgt werden konnte.

• *»Mit Friderichs ein besonders vertrauensvolles Verhältnis«*

Bezweifelbar ist auch die im Mehrheitsbericht uneingeschränkt getroffene Feststellung, Bundesminister Dr. Friderichs sei erst am 9. Januar 1975 durch Bundesminister Dr. Apel über den Gesamtvorgang der Daimler-Anteilsveräußerung unterrichtet worden.
Vielmehr ist nicht auszuschließen, daß bereits vor dem Verkauf des Aktienpaketes Bundeswirtschaftsminister Dr. Friderichs von Eberhard von Brauchitsch über die beabsichtigte Daimler-Anteilsveräußerung informiert worden ist und bei dieser Gelegenheit auch ein Gespräch über die Gewährung von Steuerfreiheit für von der Firma Flick beabsichtigte Wiederanlagen des Daimler-Verkaufserlöses zwischen von Brauchitsch und Friderichs stattgefunden hat. Bundeswirtschaftsminister Dr. Friderichs hatte dies in der Presseerklärung des Sprechers der damaligen Bundesregierung, Dr. Armin Grünewald, anläßlich der Sitzung des Bundeskabinetts vom 15. Januar 1975 bestreiten lassen. Grünewald führte hierzu in der Bundespressekonferenz u. a. aus:

»...es geht um den Paragraphen 6b des Einkommensteuergesetzes. Auf meine Frage an BM Friderichs, ob er darüber mit Vertretern des Hauses Flick schon gesprochen habe, hat er nein gesagt...«

Der Bericht der Mehrheit nimmt hierzu mit keinem weiteren Wort Stellung, obwohl gerade die Frage des Zeitpunktes der Einbeziehung Bundeswirtschaftsminister Dr. Friderichs' in die Pläne des Hauses Flick eine entscheidende Rolle bei den Befragungen im Untersuchungsausschuß, insbesondere im Hinblick auf die Beurteilung der Glaubwürdigkeit des Zeugen Dr. Friderichs, spielte.
So wurde in der »Stuttgarter Zeitung« bereits am 15. Januar 1975 – also dem Tag der Bundespressekonferenz, im Rahmen derer Dr. Friderichs Gespräche zu § 6b EStG/Firma Flick bestreiten ließ – über ebensolche Gespräche zwischen von Brauchitsch und Dr. Friderichs berichtet. Im »Handelsblatt« vom 20. Januar 1975 waren derartige Vermutungen sogar unter Berufung auf einen namentlich nicht genannten Mitarbeiter von Dr. Fride-

richs geäußert worden. Demgegenüber hat der Zeuge von Brauchitsch vor dem Ausschuß ausgesagt, es habe vor der Abgabe der Daimler-Aktien, dem 13. Januar 1975 — und nach Erklärung von Dr. Friderichs auch nicht vor dem 15. Januar 1975 —, keine Kontakte und Gespräche mit den zuständigen Stellen über die Steuerfreiheit etwaiger Wiederanlagen gegeben, auch keine Zusage oder ähnliches. Von Brauchitsch hat hierzu im einzelnen ausgeführt, es habe weder ein Anlaß noch die Möglichkeit bestanden, sich vorher bei Bundesminister Dr. Friderichs zu vergewissern, wie die Verwaltungspraxis zu §§ 6b/4 war und ob die Steuerfreiheit gesichert sei. Hierzu verwies er einerseits — nicht überzeugend — darauf, daß die Zeitspanne zwischen der Kontaktaufnahme mit der Deutschen Bank um Weihnachten/Neujahr 1974/1975 wegen der Abgabe der Daimler-Aktien und dem Vertragsabschluß am 13. Januar 1975 so knapp gewesen sei, daß keine Zeit mehr für etwas anderes geblieben wäre. Zum anderen sei es unmöglich gewesen, Dr. Friderichs über den beabsichtigten Verkauf an den Iran zu informieren, bevor der Mitaktionär, die Deutsche Bank, unterrichtet gewesen sei. Er habe Dr. Friderichs auch vor dem Telefonat vom 9. Januar 1975 nicht informieren können; im Hause Flick sei man auch nicht daran interessiert gewesen.
Bei einem »hypothetischen Gespräch« mit Dr. Friderichs vor dem 9. Januar 1975 über den Verkauf einer Beteiligung sowie Wiederanlagemöglichkeiten habe Dr. Friderichs aber gefragt, was denn verkauft werden solle. Bei diesem Gespräch sei jedoch die Problematik der Wiederanlage nicht zur Sprache gekommen. Mit dieser Aussage zum Inhalt des Gespräches vom 9. Januar 1975 steht die Aussage Dr. Friderichs' vor dem Untersuchungsausschuß im Einklang. Er konnte aus dem Gedächtnis heraus zwar nicht mehr sagen, ob bei dieser Gelegenheit über § 6b und die für eine Steuerbefreiung erforderliche Neutralität der Veräußerungsseite gesprochen worden sei. Er könne allerdings nicht ausschließen, daß damals gesagt worden sei, das Thema der Steuerbefreiung werde auf ihn zukommen.
Es gibt jedoch Hinweise für den begründeten Verdacht, daß bei anderer Gelegenheit vor dem Vertragsabschluß Fragen zur

steuerlichen Behandlung erörtert worden sind. Dieses könnte zunächst bei einem Zusammentreffen am 7. Januar 1975 um 21.00 Uhr der Fall gewesen sein. Dieser Termin ist jedenfalls im Kalender von Bundeswirtschaftsminister Dr. Friderichs eingetragen. Dr. Friderichs hat hierzu ausgesagt, er könne sich an ein Gespräch mit von Brauchitsch vom 7. Januar 1975 nicht erinnern. Der Zeuge von Brauchitsch konnte hierzu nicht mehr befragt werden, nachdem er im Hinblick auf das gegen ihn vor dem Landgericht Bonn eröffnete Strafverfahren von seinem Aussageverweigungsrecht Gebrauch gemacht hat.
Ebensowenig ist auszuschließen, daß von Brauchitsch und Dr. Friderichs schon bei einem Gespräch vom 29. November 1974 über steuerliche Fragen im Zusammenhang mit dem Verkauf der Daimler-Aktien gesprochen haben. Eine Befragung zu diesem Gespräch war jedoch zum einen nicht möglich, da dem Untersuchungsausschuß zum Zeitpunkt der Zeugenvernehmungen von Brauchitschs und Dr. Friderichs' die betreffende Originalnotiz noch nicht zur Verfügung stand. Zum anderen machte später auch Dr. Friderichs im Hinblick auf das vor dem Landgericht Bonn gegen ihn eröffnete Strafverfahren von seinem Aussageverweigerungsrecht Gebrauch.
Dafür, daß von Brauchitsch Dr. Friderichs bereits zu einem sehr frühen Zeitpunkt über beabsichtigte Reinvestitionen nach § 6b EStG und § 4 AIG ins Vertrauen gezogen hat, sprechen die bereits damals engen Kontakte zwischen Bundeswirtschaftsminister Dr. Friderichs und von Brauchitsch als exponiertem Wirtschaftsvertreter. Von Brauchitsch hatte bereits in einer Notiz vom 10. Mai 1974 bemerkt, ihn verbinde mit Dr. Friderichs ein »besonders vertrauensvolles Verhältnis«. Zwölf Tage nach dieser Notiz, am 22. Mai 1974, hält der Flick-Buchhalter Diehl in seinen Aufzeichnungen über Zahlungen an Politiker und Parteien wie folgt fest: »Ka wg Friderichs 75 000« (Ka = die Abkürzung für den langjährigen persönlich haftenden Gesellschafter und Freund von Friedrich Flick sen. Konrad Kaletsch).
Die »Stuttgarter Zeitung« berichtete Anfang 1975 zu dem Verhältnis zwischen Eberhard von Brauchitsch und Bundeswirtschaftsminister Dr. Friderichs, es gebe Anzeichen dafür, daß

sich zumindest Teile der Bundesregierung anschickten, aus übergeordneten wirtschaftspolitischen Gründen die durch den Verkauf der Aktien anfallenden Beträge mit einer Elle zu messen, die bei anderen Steuerzahlern nicht angelegt werde. 6b enthalte einen Handlungsspielraum für die Bundesregierung. Wie sie ihn nutze, sei eine »politische Frage von hohem Rang«. Die anfallende Steuerlast von rund einer Milliarde Mark sei mit dem Blick auf alle anderen Steuerzahler durchaus gerechtfertigt. Für Hans Friderichs sei das eine Gelegenheit zu beweisen, daß er tatsächlich Wirtschaftsminister sei und nicht »Industrie- oder Unternehmerminister«, wie ihm das von Kritikern nachgesagt werde. Am 18. Januar 1975 wurde die »Stuttgarter Zeitung« noch deutlicher und berichtete, die Bundesregierung habe dem Vernehmen nach die Absicht, im Falle der Firma Flick besonders sorgfältig zu prüfen, ob 6b angewandt werden könne. Wörtlich heißt es im Bericht:

»Wie es heißt, sei dies allein deshalb notwendig, weil zwischen dem persönlich haftenden Gesellschafter der Friedrich Flick GmbH, Eberhard von Brauchitsch, und führenden Politikern der Freien Demokraten enge persönliche Beziehungen bestünden.«

In einem Telefonat vom 17. Januar 1975 unterhielten sich von Brauchitsch und Bundeswirtschaftsminister Dr. Friderichs über die Kabinettssitzung vom 15. Januar 1975. Eberhard von Brauchitsch fertigte dazu einen Vermerk an, aus dem im Bericht der Mehrheit folgende Passage zitiert wird:

»Der Bundeskanzler habe ihn, Friderichs, gefragt, ob die Transaktion 6-b-fähig sei. Friderichs habe geantwortet, daß Flick die Möglichkeiten habe, innerhalb der gesetzlichen Frist die 6-b-Möglichkeiten auszuschöpfen, soweit sie das Gesetz vorsehe. Die Frage, inwieweit Friderichs auch bereit sei, durch volkswirtschaftliche Bescheinigungen solche Maßnahmen gutzuheißen, die bescheinigungspflichtig sind (Reinvestitionen in nicht abschreibungsfähige Objekte), sei nicht angesprochen worden.«

Hierbei unterschlägt der Mehrheitsbericht die ebenso im Brauchitsch-Vermerk vom 17. Januar zu findende Passage:

»Ich habe ihm dafür gedankt, daß er ohne Abstimmung mit uns in gleicher Weise dementiert hat, daß es zwischen ihm und uns irgendwelche Gespräche über steuerliche Regelungen im Zusammenhang mit der Abgabe des Daimler-Paketes gibt.«

Von Brauchitsch bezog sich hier offensichtlich auf die Erklärung von Bundeswirtschaftsminister Dr. Friderichs dem Sprecher der Bundesregierung, Dr. Grünewald, gegenüber, laut dessen Presseerklärung vom 15. Januar 1975 der Bundeswirtschaftsminister mit Vertretern des Hauses Flick *»bisher nicht«* über § 6b Einkommensteuergesetz gesprochen habe.
Zu fragen bleibt hier jedoch, aus welchem Grunde sich von Brauchitsch bei Dr. Friderichs für dessen öffentliches Bestreiten von Gesprächen zwischen ihm und der Firma Flick in Sachen § 6b Einkommensteuergesetz ausdrücklich bedankt, wenn doch derartige Gespräche nach den insoweit übereinstimmenden Zeugenaussagen von Dr. Friderichs und von Brauchitsch bis zu diesem Zeitpunkt gar nicht stattgefunden haben sollen.

• *Zahlungen aus der »schwarzen Kasse«*

Aus der Anfangszeit der öffentlichen Diskussionen um die Flick-Transaktion stammen eine im Büro von Brauchitsch gefertigte Notiz vom 28. Januar 1975 und Eintragungen des Buchhalters Rudolf Diehl vom 30. Januar und 4. Februar 1975 über Zahlungen an Politiker verschiedener Parteien. Die maschinenschriftliche Notiz vom 28. Januar 1975 mit dem Diktatzeichen einer Sekretärin Eberhard von Brauchitschs lautet wie folgt:

»Zettel Diktat
Sonderthema:

Markscheffel	1
KO	1/2
F	1/2
WS	1
R	1/2«

Nimmt man diese Zahlen als Kürzel für DM-Beträge in der Größenordnung von 100000, so stimmen sie bis auf eine Ausnahme genau mit folgenden Eintragungen Diehls in den von ihm geführten Listen über »inoffizielle Zahlungen« an die SPD,

CDU und FDP vom 4. Februar 1975 überein. Die Eintragungen lauten wie folgt:

»4. 2. Ka wg. Brandt 100000
4. 2. Ka wg. Kohl ü v. B. 50000
4. 2. Ka wg. Dr. Friderichs 50000
4. 2. Ka wg. Scheel 100000«

Die Ausnahme betrifft den Vermerk zu »R«. In den Diehlschen Listen findet sich hierzu bei der FDP im selben zeitlichen Umfeld allerdings folgende Eintragung: »30. 1. Ka wg. Riemer ü Nemitz 30000«. Eine entsprechende Auszahlung zu Lasten der sogenannten Dispositionskasse ist durch Quittung mit der Unterschrift von Konrad Kaletsch belegt und mit der Zweckbestimmung »Ka wg. Nemitz/Riemer FDP« verbucht. Zu den anderen vier Beträgen stellt der Mehrheitsbericht fest, daß diese nicht in der Buchführung über die sogenannte Dispositionskasse enthalten seien, woraus gefolgert werden könne, daß es sich um Zahlungen aus der »schwarzen Kasse« handele.
Die Mehrheit im Untersuchungsausschuß *schließt* hier lediglich aus fehlenden Eintragungen im Kassenbuch und Quittungen bezüglich der Zahlungen vom 4. Februar 1975, daß diese aus der schwarzen Kasse des Flick-Konzerns vorgenommen worden sind. In den Unterlagen, welche dem Untersuchungsausschuß zur Verfügung standen, finden sich jedoch gerade für die Zahlungen vom 4. Februar 1975 sogar *dezidierte* Aufzeichnungen darüber, daß es sich um solche aus der »schwarzen Kasse« handelte. In einer weiteren Liste Diehls mit der Aufschrift: »Politische Zahlungen über Sonderkasse« finden sich für das Jahr 1975 die den Zahlungen vom 4. Februar 1975 entsprechenden Personen und Beträge:

»CDU Kohl 50000
FDP Scheel 100000
Friderichs 50000
SPD Brandt 100000«.

Überhaupt zeigte die Ausschußmehrheit im Verlaufe der Untersuchungen und auch in ihrem Abschlußbericht eine mehr als auffällige Enthaltsamkeit bei der Aufklärung um politische

Zahlungen aus der »schwarzen Kasse« des Flick-Konzerns. Die Bildung, Speisung und gesamte Handhabung der »schwarzen Kasse« war während der Vernehmungen im Untersuchungsausschuß Gegenstand eingehender Behandlung. Um so unverständlicher ist es, wenn die Parteien von CDU/CSU, FDP und SPD in ihrem Bericht hierzu lediglich in auffälliger Kürze Stellung nehmen. Abgesehen davon, daß die oben zitierte Unterlage zu Zahlungen aus der »schwarzen Kasse« an Politiker schlicht »übersehen« wurde, stellt der Mehrheitsbericht zu eben diesen Zahlungen lediglich fest:

»Ein Teil der inoffiziellen Zahlungen entstammte einer beim Flick-Konzern als ›Sonderkasse‹ bezeichneten schwarzen Kasse, die aus unter Umgehung des Bilanz- und Steuerrechts an den Konzern zurückfließenden fingierten Spenden — Fall ›Soverdia‹ — und Provisionszahlungen — Fall ›Ratjen‹ — gespeist war. Beide Fälle waren bzw. sind Gegenstand steuerstrafrechtlicher Ermittlungen; ihnen hatte der Untersuchungsausschuß nicht nachzugehen. Über Zahlungen aus der ›Sonderkasse‹ ist weder eine Quittung erteilt noch Buch geführt worden.«

Zwar trifft es zu, daß über Ein- und Ausgänge der »schwarzen Kasse« und ihren jeweiligen Bestand dem Untersuchungsausschuß nur sehr lückenhafte Unterlagen vorlagen; Kassenbücher oder Quittungen über Auszahlungen aus der »schwarzen Kasse« von der Staatsanwaltschaft bei ihren Durchsuchungen nicht sichergestellt werden konnten. Dies hätte die Ausschußmehrheit jedoch nicht daran gehindert, dort, wo sich Unterlagen über Zahlungen aus der »schwarzen Kasse« in den Händen des Ausschusses befanden, diese auch im Abschlußbericht zu bringen. Hierzu hätten neben weiteren beispielsweise auch die Nennung von knapp 900000 DM aus der »schwarzen Kasse«, verzeichnet für die CDU im Jahre 1972 für »Wahl-Anzeigen«, gehört.
Auch hielt die Ausschußmehrheit es nicht für angezeigt, die Glaubwürdigkeit der Aussagen der Zeugen Dr. Flick und von Brauchitsch zu überprüfen. Die beim Flick-Konzern eingerichtete »schwarze Kasse« wurde, wie bereits dargestellt, aus Rückflüssen von steuerlich geltend gemachten fingierten Spenden der Firma Flick an die Soverdia GmbH St. Augustin, beginnend mit

dem Jahr 1968 bis 1977, und Rückflüssen aus Provisionszahlungen im Fall »Adolf Ratjen« gespeist. Weder Dr. Friedrich Karl Flick noch Eberhard von Brauchitsch wollen vor den Feststellungen der Steuerfahndung, beginnend mit dem Jahr 1981, Kenntnis von der Existenz dieser Kasse gehabt haben. Hiergegen sprechen jedoch gleich mehrere gewichtige Indizien. Zum einen finden sich in den dem Untersuchungsausschuß zur Verfügung stehenden Unterlagen Vermerke und Rücksprachenotizen, in denen von Brauchitsch anläßlich von Unterredungen mit dem Konzernchef Dr. Flick zu mehreren Terminen das Stichwort »Soverdia« notierte, was darauf hindeutet, daß beiden die steuerschädliche Schleusung der Spenden über diese Einrichtung bekannt war. Des weiteren spricht für eine Kenntnis von Brauchitschs um die Führung bzw. die Existenz einer »schwarzen Kasse« — und zwar bereits Jahre vor den Feststellungen der Steuerfahndung — die handschriftliche Notiz des Buchhalters Diehl in einer Spendenaufstellung über »inoffizielle Zahlungen an die FDP von 1975 bis 1979«, in der einzelne Zahlungen an Dr. Friderichs und Dr. Graf Lambsdorff mit dem Vermerk »Zahlungen aus der schwarzen Kasse« versehen sind. Diese mit Datum vom 5. Juni 1979 von Diehl angefertigte Aufstellung weist unterhalb der Zahlungseintragungen folgende handschriftliche Notiz Diehls auf: »Aufstellung hat H. v. B. am 6. 6. 1979 vorgelegen.«

Es ist kein Grund ersichtlich, warum Diehl im Jahre 1979 — immerhin noch zwei Jahre vor den ersten Feststellungen und Durchsuchungen der Steuerfahndung im Hause Flick — einen derartigen Vermerk angebracht haben soll, wenn von Brauchitsch nicht auch tatsächlich die Zahlungsaufstellungen inklusive »schwarze Zahlungen« vorgelegen haben.

Die gleiche Zahlungsaufstellung mit der von Diehl hinzugefügten handschriftlichen Notiz spielt auch im Zusammenhang mit einer für September 1977 verzeichneten Zahlung an Dr. Otto Graf Lambsdorff eine entscheidende Rolle. Bundeswirtschaftsminister Dr. Friderichs war nach der Ermordung von Dr. Jürgen Ponto die Stellung des Vorstandssprechers der Dresdner Bank im Juli 1977 angeboten worden. Nachdem sich Dr. Friderichs für einen Wechsel in diese Stellung entschieden hatte, schlug die FDP im September 1977 Dr. Otto Graf Lambsdorff als Nachfolger von Dr. Friderichs für das Amt des Bundesministers für Wirtschaft vor, das Graf Lambsdorff dann am 7. Oktober 1977 antrat.

Unter dem Datum vom 21. September 1977 befindet sich in den Diehl-Listen über »inoffizielle Zahlungen an die FDP« die Eintragung: »v. B. wg. Graf Lambsdorff 25 000«. Am selben Tag, dem 21. September, trafen sich von Brauchitsch und Dr. Graf Lambsdorff zu einem Gespräch. Sowohl Dr. Otto Graf Lambsdorff als auch Eberhard von Brauchitsch bestreiten den Erfolg der für diesen Tag notierten Zahlung. Der Mehrheitsbericht kam hier schnell zu dem Ergebnis, »daß diese Diehlsche Eintragung, die von der Staatsanwaltschaft auch nicht zum Gegenstand der Anklage gemacht worden ist, nicht zu einer entsprechenden Zahlung an Dr. Otto Graf Lambsdorff geführt hat.« Zwar hätten sich von Brauchitsch und Dr. Graf Lambsdorff am 21. September 1977 getroffen, jedoch nur aus Gründen der vorausgegangenen Entführung des Präsidenten der Bundesvereinigung der Deutschen Arbeitgeberverbände, Hanns Martin Schleyer. Im übrigen sei nach der durch Urkunden belegten Einlassung von Brauchitschs der Betrag von 25 000 DM im Zusammenhang mit Bemühungen zur Befreiung von Hanns Martin Schleyer als Honorar an einen Genfer Rechtsanwalt gegangen. Verschwiegen wird hierbei, daß die für die Untermauerung der Glaubwürdigkeit der Aussage von Brauchitschs berufenen Urkunden als Anlage seiner Schutzschrift an die Staatsanwaltschaft im gegen ihn anhängigen Ermittlungsverfahren beigefügt wurden. Eine dieser Urkunden ist eine Quittung über den Betrag von 500000 DM. In der Schutzschrift des Verteidigers von Eberhard von Brauchitsch wird hierzu ausgeführt, von Brauchitsch habe sich am 21. September 1977 die Beträge von 500000 DM und 25 000 DM – welche zur Rettung des Präsidenten der Bundesvereinigung der Deutschen Arbeitgeberverbände Hanns Martin Schleyer eingesetzt werden sollten – von Diehl aushändigen lassen. Beide Beträge seien dem vermittelnden Schweizer Rechtsanwalt Payot zugegangen. Erst »spä-

ter« will von Brauchitsch erfahren haben, daß diese Beträge von Diehl aus der »schwarzen Kasse« erhoben wurden.
Die Einlassung von Brauchitschs ist jedoch aus mehreren Gründen nicht glaubhaft. Zum einen paßt es überhaupt nicht zusammen, wenn angeblich über die »schwarze Kasse« weder Buchhaltung noch Quittungen existieren; andererseits aber von Brauchitsch über den aus der »schwarzen Kasse« erhobenen Betrag von 500000 DM eine Quittung beibringt. Insoweit kommt auch der Bericht der Mehrheit zu einem falschen Ergebnis, wenn festgestellt wird, daß über Zahlungen aus der Sonderkasse »weder eine Quittung erteilt noch Buch geführt worden ist«.
Die Vorlage dieses Quittungsbeleges ist um so bemerkenswerter, wie zu allen sonstigen in den Spendenaufstellungen Diehls als »Zahlungen aus der schwarzen Kasse« gekennzeichneten Zuwendungen keine Quittungsbelege auffindbar sind.
Des weiteren ist die Aussage von Brauchitschs auch insoweit nicht glaubwürdig, er habe erst »später« davon erfahren, daß diese Beträge von Diehl aus der »schwarzen Kasse« erhoben wurden, wie er überhaupt zur damaligen Zeit keine Kenntnis um die Existenz einer »schwarzen Kasse« beim Flick-Konzern gehabt haben will. Hiergegen aber sprechen schon die bereits erwähnten zahlreichen Vermerke und Rücksprachenotizen mit dem Stichwort »Soverdia«.
Die für Graf Lambsdorff vom 21. September 1977 notierte Zahlung erscheint in einer Aufstellung über »inoffizielle Zahlungen an die FDP 1975 bis 30. 5. 1979« mit dem handschriftlichen Vermerk Diehls: »Aufstellung HvB am 6. 6. 1979 vorgelegen« und ist dort mit dem Zusatz »Zahlungen aus der schwarzen Kasse« gekennzeichnet. Wenn insoweit davon auszugehen ist, daß von Brauchitsch die Zahlungsaufstellung über »inoffizielle Zahlungen an die FDP« mit den als »Zahlung aus der schwarzen Kasse« gekennzeichneten Eintragungen unter dem Namen Graf Lambsdorff vorgelegen hat, so ist nicht einzusehen, warum von Brauchitsch es – unbedrängt von staatsanwaltschaftlichen Ermittlungen – bei der Zuordnung der Zuwendung als »schwarzer« Zahlung an Graf Lambsdorff beließ, wenn die Zahlung nicht auch tatsächlich erfolgt ist.

Als Zahlung aus der »schwarzen Kasse« wurde auch die unter dem 4. Februar 1975 notierte Zuwendung an den früheren FDP-Vorsitzenden und Bundespräsidenten a. D. Walter Scheel festgehalten. Scheel hat hierzu vor der Staatsanwaltschaft Bonn ausgesagt, er habe diese Zahlung nicht erhalten und wisse auch nichts davon, daß eine solche unter Hinweis auf seinen Namen an jemand anderen erfolgt sei. Die Mehrheit wußte hierzu in ihrem Abschlußbericht zu bemerken, es gäbe keine Anhaltspunkte dafür, daß der Flick-Konzern überhaupt versucht habe, Walter Scheel in seine Bemühungen einzuschalten, geschweige denn mittels einer Barzahlung. Scheel hatte nach seiner Vernehmung der Staatsanwaltschaft Bonn in einem Schreiben mitgeteilt, daß im Dezember 1975 der Deutschen Krebshilfe – Präsidentin damals Frau Mildred Scheel – eine Spende über 100000 DM aus dem Hause Flick zugegangen sei.
Scheel teilte weiterhin mit, für die Zahlung der Firma Flick an die Deutsche Krebshilfe sei eine Spendenbescheinigung über den Betrag von 100000 DM für die Flick-Tochter Feldmühle ausgestellt worden.
Der Mehrheitsbericht findet »keinen Anhaltspunkt für die Richtigkeit der Eintragung« in der Diehl-Liste betreffend Scheel und vermag »einen Zusammenhang zu der an die Deutsche Krebshilfe im Dezember 1975 geleisteten Spende des Flick-Konzerns« nicht zu erkennen. Es bestehen jedoch Anhaltspunkte dafür, daß neben der Zahlung an die Deutsche Krebshilfe eine weitere in gleicher Höhe, nämlich 100000 DM, von der Firma Flick an den seinerzeitigen Bundespräsidenten Scheel bereits im Februar des Jahres 1975, wie von Diehl notiert, erfolgte. Hierfür spricht schon die Aussage Scheels selbst. Die vom 4. Februar 1975 vermerkte Zahlung »wg. Scheel« ist nämlich ausweislich einer von Diehl angefertigten Aufstellung aus der »schwarzen Kasse« erhoben worden. Diehl versah die Zahlung mit dem zusätzlichen Vermerk: »Zahlungen aus der schwarzen Kasse«. Da auszuschließen ist, daß der Flick-Konzern sich für Zahlungen aus der »schwarzen Kasse« auch Spendenquittungen zwecks steuerlicher Abzugsfähigkeit erteilen ließ und ein solches Verfahren von der regelmäßigen Konzernbetriebsprüfung beim Flick-Konzern

sicherlich sehr bald aufgedeckt worden wäre, ergibt sich der begründete Verdacht, daß die Zahlung »wg. Scheel« mit der im Dezember 1975 von der Flick-Tochter Feldmühle an die Deutsche Krebshilfe geleisteten Spende nicht identisch ist.
Die Ausschußmehrheit hielt es nicht für notwendig, wie von mir im Untersuchungsausschuß beantragt, Bundespräsident a. D. Walter Scheel als Zeugen vor dem Ausschuß zu hören. Der Antrag auf Vernehmung Scheels wurde abgelehnt.
Als Zahlung aus der »schwarzen Kasse« erfolgte auch die für »SPD Brandt« notierte Zuwendung über 100000 DM. Dieser Eintragung Diehls war die bereits oben erwähnte maschinenschriftliche Notiz vom 28. Januar 1975 im Büro von Brauchitschs vorausgegangen, worin unter der Überschrift »Zettel Diktat Sonderthema« neben weiteren auch der Name Markscheffel, versehen mit der Ziffer »1«, zu finden ist.
Zwischen dem Journalisten Günter Markscheffel und dem Flick-Konzern bestand seit 1974 ein honoriertes Beratungsverhältnis mit einer monatlichen Dotierung von zunächst 300 DM, später 4000 DM. Markscheffel hatte im Verlaufe der Zeit verschiedene Parteifunktionen bei der SPD innegehabt, war von 1950 bis 1957 Landtagsabgeordneter der SPD in Rheinland-Pfalz, nach Tätigkeiten für den »Sozialdemokratischen Pressedienst« und den »Parlamentarisch-politischen Pressedienst« war er von 1970 bis 1974 persönlicher Referent von Bundespräsident Dr. Dr. Heinemann. Auch in der Folgezeit hatte er Zugang zu den Sitzungen der SPD-Bundestagsfraktion und informierte von Brauchitsch verschiedentlich über die dortigen Beratungen und Einzelgespräche zu allgemein politischen Fragen als auch zu den Stimmungen in der SPD-Bundestagsfraktion in Sachen Steuerbefreiungsanträge der Firma Flick.
Soweit man die Ziffer »1« hinter dem Namen Markscheffel als Kürzel für einen DM-Betrag in der Größenordnung von 100000 nimmt, läßt sich dieser der Zahlungseintragung Diehls vom 4. Februar 1975 unter »inoffizielle Zahlungen an die SPD« zuordnen: »Ka wg. Brandt 100000«.
Der Mehrheitsbericht kommt hier zu dem Ergebnis, es könne nicht davon ausgegangen werden, daß Anfang 1975 eine Zahlung

»unmittelbar oder mittelbar an Willy Brandt oder aber mit seiner Kenntnis unter Inanspruchnahme seines Namens an jemand anderen in der SPD gegangen« sei. Andererseits sei es aber möglich, daß damals eine Zahlung auf anderen Wegen in den Bereich der SPD gegangen ist. Anhaltspunkte hierfür, so weiter der Mehrheitsbericht, ergäben sich aus der Notiz zu dem »Sonderthema« vom 28. Januar 1975 und den damaligen Kontakten zwischen von Brauchitsch und Markscheffel sowie diesem und Willy Brandt. Es sei auffällig, daß der Eintragung in der Diehl-Liste »04. 02. Ka wg. Brandt 100000« die Bemerkung »Markscheffel 1« in der Notiz vom 28. Januar 1975 vorausgehe. Hinzu kämen zeitnahe Kontakte zwischen von Brauchitsch und Markscheffel. Der Mehrheitsbericht weist darauf hin, daß einen Tag vor der Notiz zu dem »Sonderthema« sich von Brauchitsch in einem Brief an Markscheffel über eine Diffamierungskampagne und Verdächtigungen aus dem Bereich sozialdemokratischer Regierungsmitglieder und Abgeordneter beklagt und vermerkt habe, Markscheffel möge diesen Brief Willy Brandt zum Lesen geben. Am 4. Februar 1975, dem Datum der Eintragung in den Diehl-Listen »wg. Brandt«, habe von Brauchitsch Markscheffel jedenfalls wegen eines Schreibens vom 28. Januar 1975 angerufen. Dabei habe es sich möglicherweise um eine Antwort Markscheffels auf das Schreiben vom 27. Januar 1975 gehandelt. Am 13. Februar 1975 habe Markscheffel von Brauchitsch besucht. Dieser habe sich mit Schreiben vom 21. Februar 1975 bei Markscheffel dafür bedankt, daß er »die Verbindung zu W.B. im wechselseitigen freundschaftlichen Interesse« wahrnehme.
Schließlich beläßt es der Mehrheitsbericht bei der Darstellung der Zeugenaussagen von Brauchitschs und Markscheffels, welche vor dem Ausschuß übereinstimmend bekundeten, nie über Spenden gesprochen zu haben. Markscheffel stellte sogar in Abrede, jemals Spenden überbracht zu haben.
Der Mehrheitsbericht kommt zu dem Ergebnis, daß der Flick-Konzern durch eine »irgendwie« in den SPD-Bereich geleistete Spende dort ein günstiges Klima habe schaffen wollen.
In der Tat ist bei der Zahlungseintragung vom 4. Februar 1975 »wg. Brandt« davon auszugehen, daß diese Zuwendung in den

Bereich der SPD geflossen ist, ohne daß der SPD-Vorsitzende Brandt eigens davon informiert wurde. Ebenso legt der Vermerk aus dem Sekretariat von Brauchitschs mit der Bezeichnung »Sonderthema, Markscheffel 1« den Schluß nahe, daß die Zahlung — zumindest mit Wissen von Markscheffel — gegebenenfalls an den Schatzmeister der SPD, Alfred Nau, erfolgt ist. In seiner Vernehmung vor dem Ausschuß bestritt der Zeuge Markscheffel, mit von Brauchitsch jemals über Spenden gesprochen oder Spenden für den Flick-Konzern überbracht zu haben.
Ob Markscheffel hier eine Zahlung vermittelt oder gar selbst überbracht hat, läßt sich nach dem bisherigen Ergebnis der Beweisaufnahme nicht eindeutig feststellen. Hierfür wäre eine Fortsetzung der Vernehmung Markscheffels notwendig gewesen. Der Zeuge Markscheffel ist nämlich während seiner Vernehmung vor dem Ausschuß nicht mit der Notiz »Sonderthema« konfrontiert worden, da die Notiz dem Ausschuß zum Zeitpunkt der Vernehmung des Zeugen überhaupt noch nicht vorlag.
Daß die Zahlung mit hoher Wahrscheinlichkeit letztlich den Schatzmeister der SPD, Alfred Nau, erreicht hat, ergibt sich schon aus der Aussage des Zeugen Schmidt-Hern, Justitiar des Flick-Konzerns von 1973 bis Ende 1982, welcher berichtete, von Brauchitsch habe ihm gegenüber zu Eintragungen »wg. Brandt« erklärt, Brandt habe zwar keine Zahlungen erhalten, die Zahlungen seien aber in andere Bereiche der SPD gegangen, wobei auch der Name Nau gefallen sei. Inwieweit hierbei der Schatzmeister der SPD, Alfred Nau, der Firma Flick und deren Bevollmächtigten von Brauchitsch, insbesondere im Hinblick auf die Tatsache, daß es sich um eine Zahlung aus der »schwarzen Kasse« handelte, zusichern mußte, diese Zahlung — unter Verstoß gegen Art. 21 des Grundgesetzes — nicht der Veröffentlichung im Rechenschaftsbericht der SPD zuzuführen, ist wegen des Todes von Alfred Nau nicht mehr nachprüfbar. Hierzu wäre allerdings der langjährige enge Mitarbeiter Naus, Dr. Grunwald, zu befragen gewesen, wozu sich die Fraktionen von CDU/CSU/FDP und SPD allerdings nicht verstehen konnten.
Im Mehrheitsbericht fehlt der Hinweis darauf, daß in den

Beträgen, die der frühere SPD-Schatzmeister Nau insbesondere für die Bundestagswahlkämpfe 1976 und 1980 gesammelt und seinen Nachfolgern Dröscher und Halstenberg übergeben hatte, auch Zahlungen des Flick-Konzerns enthalten waren. Hierbei ist davon auszugehen, daß der Parteivorstand der SPD es billigend in Kauf nahm, daß Nau finanzielle Mittel zum Zwecke der Partei- und Wahlkampffinanzierung sammelte, ohne der gesetzlichen Verpflichtung nachzukommen, die Namen der Spender, so auch den der Firma Flick, preiszugeben. Ebenso kann mit an Sicherheit grenzender Wahrscheinlichkeit davon ausgegangen werden, daß der im Rechenschaftsbericht der SPD von 1982 ausgewiesene Betrag von gut 7,5 Millionen DM — dort bezeichnet als das »Ergebnis einer von Alfred Nau durchgeführten und im Jahre 1982 abgeschlossenen Aktion zur Sammlung von Spenden« — auch Zahlungen des Flick-Konzerns an die SPD enthält. Ihrer gesetzlichen Verpflichtung zur Offenlegung der hinter diesem Betrag verborgenen Spender ist die SPD bis zum heutigen Tage nicht nachgekommen.

• *»Kohl gibt Zwischenbescheid. Adresse nicht bekannt«*

Von der Existenz der »schwarzen Kasse« im Hause Flick will, ebenso wie der Konzernchef Dr. Flick und sein Generalbevollmächtigter von Brauchitsch, auch Bundeskanzler Dr. Kohl keinerlei Kenntnis gehabt haben.
Zahlungen aus der »schwarzen Kasse« an Bundeskanzler Kohl sind in mindestens einem Falle, so die für den 4. Februar 1975 notierte Zuwendung an Dr. Kohl, erfolgt. Folgenden Vorgang im Zusammenhang mit Zahlungen aus der »schwarzen Kasse« des Flick-Konzerns an Bundeskanzler Dr. Kohl sucht selbst der aufmerksame Leser im Mehrheitsbericht vergebens. Zu diesen Zahlungen sowie den hiermit in unmittelbarem Zusammenhang stehenden Vorgängen um die Spendenwaschanlage des Flick-Konzerns verfügt der Ausschuß über einen im Hause Flick beschlagnahmten Aktenband mit der Aufschrift »Soverdia«. Ein in diesem Aktenband befindlicher Vermerk — offensichtlich im Büro von Brauchitschs unter dem Datum vom 6. November

1980 von dessen Sekretärin Frau Heidemann angefertigt — lautet: »Kohl gibt Zwischenbescheid. Adresse nicht bekannt«. Auch auf Vorhalten dieses Vermerkes in seiner Vernehmung vor dem Untersuchungsausschuß bestritt Bundeskanzler Dr. Kohl, von der beim Flick-Konzern geführten »schwarzen Kasse« und den Vorgängen um die »Soverdia« gewußt zu haben.
Weitere Feststellungen zu dem Vermerk vom 6. November 1980 konnten wegen des von den CDU-/CSU-/FDP-Fraktionen betriebenen vorzeitigen Abbruchs der Vernehmung des Zeugen Dr. Kohl nicht getroffen werden. Im Wege des vorzeitigen Abbruchs der Beweisaufnahme insgesamt wurde auch die Vernehmung der Sekretärin im Büro von Brauchitschs, Frau Heidemann, welche den Vermerk angefertigt hatte, vereitelt.

• *»H. v. B. am 06. 06. 1979 vorgelegen«*

Auch bei der unter dem Datum vom 4. Februar 1975 von Diehl notierten Zahlung »wg. Dr. Friderichs 50000« handelte es sich um eine aus der »schwarzen Kasse« des Flick-Konzerns. Ebenso wie zwei weitere für 1976 und 1977 unter dem Namen von Dr. Friderichs verzeichnete Zuwendungen fand auch diese Zahlung Eingang in eine von Diehl angefertigte Aufstellung über »inoffizielle Zahlungen an die FDP 1975 bis 1979« und ist von Diehl mit dem handschriftlichen Vermerk »Zahlungen aus der schwarzen Kasse« gekennzeichnet worden. Auch bezüglich dieser Zahlung an Dr. Friderichs trifft zu, was oben bereits festgestellt worden ist. Die Zahlungsaufstellung hat nämlich nach einer weiteren handschriftlichen Notiz Diehls »H. v. B. am 06. 06. 1979 vorgelegen«. Warum also hat von Brauchitsch es bei der Zuordnung der »schwarzen Zahlung« zur Person des seinerzeitigen Bundeswirtschaftsministers Dr. Friderichs belassen, wenn die Zahlung nicht auch tatsächlich geleistet wurde?
Gleichermaßen verhält es sich bei den für Dr. Friderichs notierten Zahlungen vom 8. Juni 1976 »v. B. wg. Dr. Friderichs 70000« sowie vom 10. Mai 1977 »v. B. wg. Dr. Friderichs 70000«. Der von Diehl notierten Zahlung vom 8. Juni 1976 war folgendes vorausgegangen: Am 18. Mai 1976 führten Bundes-

wirtschaftsminister Dr. Friderichs und von Brauchitsch ein Telefongespräch über den Gang der beim Bundeswirtschaftsministerium anhängigen Steuerbefreiungsverfahren des Flick-Konzerns. Es ging hierbei im wesentlichen um die Frage, ob im Hinblick auf die Gefahr von Indiskretionen die formelle Befassung des Finanzministeriums und der zuständigen Landeswirtschaftsminister verzögert werden sollte. Hintergrund für die Frage nach der weiteren taktischen Behandlung der Anträge waren eine Notiz von Brauchitschs für den Konzernchef Dr. Flick vom 18. Mai 1976 über die angebliche Fertigstellung des Votums seitens des Bundeswirtschaftsministeriums sowie Recherchen von Journalisten für eine Sendung des Fernsehmagazins »Report« zum Fall Flick. Bundeswirtschaftsminister Friderichs erkundigte sich in dem Telefongespräch bei von Brauchitsch, ob man mit der Weitergabe des Votums an das Bundesfinanzministerium noch bis zu dieser Report-Sendung warten solle. Er, Dr. Friderichs, habe bereits »prophylaktisch« Bundesfinanzminister Dr. Apel mitgeteilt, daß nach Auffassung des Bundeswirtschaftsministeriums der gesamte § 6b-Fall unter das Steuergeheimnis falle, und zwar nicht nur der Inhalt der Anträge, sondern auch die Tatsache der Antragstellung selbst sowie die Zahl der Anträge. Abschließend heißt es in dem zu diesem Gespräch von von Brauchitsch gefertigten Vermerk: »Friderichs hat mir erneut bestätigt, daß er alsbald mit mir zusammentreffen wird, um unter vier Augen zu erörtern, welche flankierenden Maßnahmen wir insbesondere beim Bundesfinanzministerium einleiten können.«

• *»Üblich, der Bitte, den Spender ungenannt zu lassen, zu entsprechen«*

Zu diesem Treffen zwischen von Brauchitsch und Dr. Friderichs kam es gut vierzehn Tage später, am 1. Juni 1976. Am selben Tag hatte der Ministerialrat im Bundeswirtschaftsministerium, Hans August Fischer, das Votum seines Ministeriums dem Bundesfinanzministerium förmlich übersandt und um Erklärung des Einverständnisses mit der vorgesehenen Sachbehandlung gebeten. Eine von Eberhard von Brauchitsch zum Gespräch mit Dr. Friderichs angefertigte Notiz übersandte von Brauchitsch dem Konzernherrn Dr. Flick und erbat Rücksendung der Notiz

> »unter Gebrauch des beiliegenden Kuverts, damit ich die Kopien vernichten kann. Ich möchte dann – wie in den vorangegangenen Fällen – nur ein Exemplar dieser Notiz in meinem Panzerschrank haben«.

Diese Notiz ist nicht auffindbar.
Sechs Tage später notierte Rudolf Diehl in der Liste über »inoffizielle Zahlungen an die FDP: »v. B. wg. Dr. Friderichs 70000«. Von Brauchitsch hat zu Zahlungen an Bundeswirtschaftsminister Dr. Friderichs ausgesagt, weder er noch – nach seiner Kenntnis – ein anderer Angehöriger des Flick-Konzerns habe einem Mitglied der Bundesregierung im Zusammenhang mit der Veräußerung der Daimler-Aktien sowie der Reinvestition des Veräußerungserlöses oder im Zusammenhang mit irgendeinem anderen den Flick-Konzern betreffenden Entscheidungsprozeß unmittelbar oder mittelbar Zuwendungen angeboten oder gewährt.
Dr. Friderichs hat bestritten, jemals vor oder während seiner Amtszeit als Bundesminister für Wirtschaft vom Flick-Konzern finanzielle Vorteile gefordert oder angenommen zu haben oder aber sich versprechen lassen. Während seiner Amtszeit habe auch niemals ein Beauftragter des Flick-Konzerns oder sonst jemand ihm gegenüber geäußert, aus dem Hause Flick sei eine Spende an die FDP gegeben worden. Anders übrigens Dr. Graf Lambsdorff, der Zahlungen seitens des Flick-Konzerns vor seiner Amtszeit als Bundeswirtschaftsminister durchaus bestätigte. So auch die von Diehl 1977 unter »inoffizielle Zahlungen an die FDP« notierte Zuwendung: »13. 04. v. B. wg. Graf Lambsdorff 25000«. Von Brauchitsch ließ hierzu in seiner Schutzschrift vor der Staatsanwaltschaft ausführen, die Zahlung sei, ebenso wie die aus 1975 und 1976, dem Schatzmeister des FDP-Landesverbandes Nordrhein-Westfalen, Graf Lambsdorff, zugegangen. Dr. Graf Lambsdorff hat dies in der Schutzschrift seines Verteidigers bestätigen lassen und hinsichtlich seiner grundgesetzwidrigen Nichtveröffentlichung dieser Zah-

lung im Rechenschaftsbericht der FDP hinzugefügt, es sei »für einen Schatzmeister einer Partei üblich, der Bitte, den Spender ungenannt zu lassen, zu entsprechen«.
Eine ebenso für Dr. Graf Lambsdorff verzeichnete Zahlung in Höhe von 25000 DM nur fünf Monate später, nämlich am 21. September 1977 — im September war Dr. Graf Lambsdorff von seiner Partei als Nachfolger von Bundeswirtschaftsminister Dr. Friderichs benannt worden —, bestreiten von Brauchitsch und Dr. Graf Lambsdorff allerdings gleichermaßen.

• *»Friderichs ist zur Zeit bereit, sehr großzügig und sehr schnell Dinge mitzumachen«*

Interessanterweise ist für den 10. Mai 1977 auch für die CDU eine Spende »vB wg. Kohl 50000« eingetragen. Diese, ebenso wie die für Dr. Friderichs notierte Zahlung stammt aus der »schwarzen Kasse« des Flick-Konzerns. Während Dr. Friderichs den Erhalt der Zahlung bestritt, äußerte sich der Zeuge Dr. Kohl vor dem Untersuchungsausschuß, ihm sei durch die Schatzmeisterei der CDU ein Spendeneingang von DM 50000 für den 5. Juli 1977 bestätigt worden. Die zeitliche Differenz zu den in der Diehl-Liste vermerkten Zahlungen ergebe sich dadurch, daß er die von der Firma Flick erhaltenen Barspenden erst bei einem auf den Zahlungszeitpunkt folgenden späteren Treffen dem Schatzmeister der CDU habe übergeben können.
Der Zahlungseintragung für Dr. Friderichs war ein Treffen zwischen von Brauchitsch und Dr. Friderichs in einem Godesberger Restaurant vom 28. März 1977 vorausgegangen. Dr. Friderichs erkundigte sich einer Notiz von Brauchitschs zufolge nach dem Stand des »weiteren Geleitzuges«. Von Brauchitsch will hierauf geantwortet haben, man werde im Hause Flick noch geraume Zeit benötigen, um weitere Wiederanlageobjekte benennen zu können. Er habe bestimmte »Themen abgeklopft«, beispielsweise Grace. Dr. Friderichs habe »in keinem der Fälle negativ reagiert«, vermerkte von Brauchitsch, und fuhr fort:

»Ich hatte insgesamt den Eindruck, daß Friderichs wegen der miserablen Situation in Bonn zur Zeit bereit ist, sehr großzügig und sehr schnell Dinge mitzumachen, die ihn vielleicht vor einiger Zeit noch zweifelhaft hätten reagieren lassen.« Abschließend empfahl von Brauchitsch, »zu überlegen, ob wir taktisch auf diese Erkenntnisse irgendwie reagieren«.

Einen Tag später trafen von Brauchitsch und Bundeswirtschaftsminister Dr. Friderichs wiederum zusammen; diesmal zu einem privaten Gespräch bei Bundesaußenminister Hans-Dietrich Genscher.
Wiederum zwei Wochen später, am 15./16. April 1977, flogen die Eheleute Friderichs und ihre Tochter zusammen mit von Brauchitsch, einer Einladung Axel C. Springers folgend, nach Schierensee in Norddeutschland. Gut drei Wochen später notierte Diehl dann die Zahlung »aus der schwarzen Kasse« unter dem Namen von Bundeswirtschaftsminister Dr. Friderichs. Auch bezüglich dieser Zahlung gilt im übrigen, daß sie mit der Kennzeichnung »Zahlungen aus der schwarzen Kasse« unter dem Namen Friderichs in die von Diehl am 5. Juni 1979 gefertigte Aufstellung über »inoffizielle Zahlungen an die FDP« einging. Diese Liste hat laut handschriftlichem Vermerk Diehls »H. v. B. am 6. 6. 1979 vorgelegen«.

• *»bar 3 × 30«*

Was für die vom 10. Mai 1977 unter Kohl und Friderichs festgehaltenen Zahlungen der Fall ist, nämlich Zahlungsbestätigung durch den Zeugen Kohl, Bestreiten der Zahlung durch den Zeugen Friderichs, trifft auch auf im Jahre 1976 unter diesen Namen notierte Zahlungen zu. Am 17. September 1976 quittierte von Brauchitsch eine Kassenentnahme von insgesamt 90000 DM in bar. Auf der Vorderseite des Quittungsbeleges findet sich die Notiz: »bar 3 × 30«. Auf der Rückseite des Belegs wurde von Diehl vermerkt:
»Fr. 60
Ko. 30«
Die Diehlschen Listen über »inoffizielle Zahlungen« an politische Parteien weisen zur FDP und CDU diese Beträge mit dem Zusatz »vB wg. Friderichs« bzw. »vB wg. Kohl« aus. Bemerkenswerterweise hat auch in diesem Falle der Zeuge Bundes-

kanzler Dr. Kohl den Erhalt der Zahlung insoweit bestätigt, wie er die unter seinem Namen notierten Zahlungen für die Jahre 1975 und 1976 als »vermutlich korrekt« bezeichnete. Auch die CDU/CSU- und FDP-Fraktion im Untersuchungsausschuß kommen zu dem Ergebnis, daß die Zahlung an Dr. Kohl erfolgt ist; nach ihrer Überzeugung handelte es sich um eine Wahlkampfspende.

Neben der Tatsache, daß auch in diesem Falle Bundeskanzler Dr. Kohl mit seiner verfassungsrechtlichen Verpflichtung aus Art. 21 des Grundgesetzes — Offenlegung des Spenders in den Rechenschaftsberichten der CDU — gebrochen hat, ist auch hier bemerkenswert, daß Dr. Kohl den Zahlungserhalt bestätigt, während der seinerzeitige Bundeswirtschaftsminister Dr. Friderichs den Erhalt der Zahlung bestreitet. Hinzuzufügen ist noch, daß sich von Brauchitsch am Tage der Kassenentnahme der 90000 DM mit dem Leiter des Ministerbüros von Dr. Friderichs, MR Wohlleben, im seinem Düsseldorfer Büro traf. Die Staatsanwaltschaft Bonn geht davon aus, daß der Betrag von 60000 DM an Wohlleben und durch diesen an Bundeswirtschaftsminister Dr. Friderichs übergeben wurde. Anderes ist denkbar, schließt man von der Stückelung des Gesamtbetrages — »bar 3 × 30« — auf die Anzahl der bedachten Personen.

Die Staatsanwaltschaft Bonn jedenfalls hat die »wg. Friderichs« notierte Zahlung zum Gegenstand der Anklage gemacht.

Eben jener Ministerialrat Wohlleben war auch am 31. Mai 1977 zu v. Brauchitsch unterwegs. Für den gleichen Tag hatte Diehl unter »inoffizielle Zahlungen an die FDP: vB. wg. Dr. Friderichs 40000« notiert. Der mit dieser Zahlung korrespondierende Quittungsbeleg trägt auf seiner Rückseite den handschriftlichen Vermerk: »FDP Frid./pers.« Zu dem Zusatz »pers.« hat Diehl als Zeuge vor dem Ausschuß erklärt, er habe unterstellt, daß v. Brauchitsch Dr. Friderichs diesen Betrag persönlich übergeben habe. V. Brauchitsch dagegen hat zu dieser Zahlung in seiner Schutzschrift vor der Staatsanwaltschaft erklären lassen, die Zahlung sei von ihm »persönlich« dem FDP-Schatzmeister Karry übergeben worden, worauf das Kürzel »pers.« hinweise. Dr. Friderichs hat den Erhalt der Zahlung bestritten. Ebenso will der Zeuge Wohlleben keine Kenntnis von einer Zahlung gehabt haben. Seinen Besuch vom 31. Mai 1977 bei v. Brauchitsch erklärte der Zeuge Wohlleben damit, Bundeswirtschaftsminister Friderichs habe ihn zu v. Brauchitsch geschickt, um »irgendwelche Stellungnahmen« abzuholen. Aus einem Schreiben v. Brauchitschs an Dr. Friderichs vom 31. Mai 1977 geht zudem hervor, daß Wohlleben von Brauchitsch zwei Musterkoffer mit Fotogeräten gebracht und sie wieder mitgenommen haben soll. Von Brauchitsch vermerkte in dem Brief, Wohlleben sei »wegen der Fotokopien« bei ihm gewesen.

Dem Abholen der Fotokopien war offensichtlich eine mehrwöchige Vorbereitung vorausgegangen. Bereits am 12. Mai 1977 hatte das Brauchitsch-Sekretariat vermerkt: »Herr Wohlleben bittet um Ihren Anruf wg. einer Terminvereinbarung. Er muß das aber mit Ihnen selber besprechen, weil für dieses Gespräch etwas vorbereitet werden müsse.« Eine weitere Bitte um Anruf ging einen Tag später ein. Telefonische Kontakte zwischen von Brauchitsch und Wohlleben oder zwischen Wohlleben und dem Sekretariat von Brauchitsch gab es auch am 16., 17. und 18. Mai. Am 24. Mai 1977 bat Wohlleben von Brauchitsch wiederum um einen Anruf und teilte mit, »es wäre eine eilige Geschichte«. Am 26. Mai 1977 vermerkte das Sekretariat von Brauchitschs: »Herr Wohlleben hat angerufen. Sie wüßten dann Bescheid. Viele Grüße.«

Wohlleben war es auch, der von Brauchitsch »zur persönlichen Information« im Dezember 1977 eine Kopie des im Ministerbüro eingegangenen Exemplars der Ministervorlage vom 6. Dezember 1977 zukommen ließ. Wohlleben erklärte hierzu als Zeuge vor dem Untersuchungsausschuß, er wisse nicht mehr, aus welchen Gründen er die Ministervorlage übersandt habe.

Der Mehrheitsbericht nimmt an dieser Stelle die Aussage Wohllebens auf, dieser habe eingeräumt, die Herausgabe derartiger interner Vorlagen an Außenstehende sei nicht üblich; in diesem Zusammenhang sei dies auch nur einmal vorgekommen. Die ausführliche Begründung für die Herausgabe der Ministervorlage an von Brauchitsch lautete jedoch wie folgt: »Es sei darauf angekommen, die Fa. Flick auf die erneut zu erwartende politi-

sche Diskussion hinzuweisen, zumal die Anträge ein ›Politikum‹ gewesen seien. Er, Wohlleben, habe befürchtet, daß »wieder diese politische Beschimpfung des Wirtschaftsministeriums stattfinden würde.«
Die Herausgabe erfolgte zudem nach Aussage des in diesem Verfahren federführenden Referatsleiters Dr. Mühl ohne dessen Kenntnis. Dr. Mühl äußerte sich in seiner Aussage vor dem Ausschuß, er hätte, wenn er davon gewußt hätte, Einspruch dagegen erhoben. Der »Service« des Bundeswirtschaftsministeriums in Person MR Wohlleben der Firma Flick gegenüber ist hier eindeutig überzogen worden und läßt sich auch nicht durch die vom Zeugen Wohlleben vorgebrachten Rechtfertigungsversuche — Förderung der Öffentlichkeitsarbeit des Flick-Konzerns zum Schutze des Bundeswirtschaftsministeriums — rechtfertigen.

• *»Ich würde aus atmosphärischen Gründen für eine Hilfe plädieren«*

Von Brauchitsch allerdings war von dem besonderen Engagement Wohllebens offensichtlich in so hohem Maße angetan, daß er sich Mitte März 1978 im Zusammenhang mit öffentlich bekanntgewordenen Spannungen zwischen Bundeswirtschaftsminister Graf Lambsdorff und dem Personalrat im Bundeswirtschaftsministerium wegen der Ernennung des bisherigen Leiters des Ministerbüros, Ministerialrat Klaus Wohlleben, zum Unterabteilungsleiter mächtig engagierte. Am 13. März 1978 schrieb von Brauchitsch an Wohlleben, ihm sei die »Diskussion in der Öffentlichkeit um Ihre Person« unverständlich. Brauchitsch fügte hinzu: »Wenn Sie glauben, daß ich helfen kann, geben Sie bitte Laut.« Hierauf ließ Wohlleben von Brauchitsch einige Wochen später ausrichten, es sei im Moment nichts zu tun, die Reihen stünden fest geschlossen hinter ihm.
Hierbei ließ es von Brauchitsch nicht bewenden. Anläßlich eines am 23. März 1978 in der Tageszeitung »Die Welt« erschienenen Artikels »Der Zwist um die Beförderung von Wohlleben hält an« entwarf von Brauchitsch eigenhändig ein kritisches Schreiben an

Axel Springer, in dem er bemerkte: »Wohllebens Beförderung ist eine klassische Leistungsbeförderung.«
Ebenso wie man sich einen Hinweis im Mehrheitsbericht auf das Fehlverhalten Wohllebens im Falle der Herausgabe der Ministervorlage gewünscht hätte, so wäre hier eine Stellungnahme dahingehend angebracht gewesen, daß ein derartiges Engagement in der Personalangelegenheit eines Beamten, welcher über Jahre hinweg mit Anträgen der Firma Flick dienstlich befaßt war, vermuten läßt, daß von Brauchitsch sich bei Wohlleben für die Art und Weise von dessen Dienstausübung im Verhältnis zur Firma Flick erkenntlich zeigen wollte und dieses auf fehlende Distanz zwischen Antragsteller und Amtsträger hindeutet. Diese wäre aber geboten gewesen, um das Aufkommen von Zweifeln an der Lauterkeit und Unbestechlichkeit der Exekutive zu vermeiden.
Auch weiteren Mitarbeitern von Bundeswirtschaftsminister Dr. Friderichs widmeten die Verantwortlichen des Flick-Konzerns besondere Aufmerksamkeit. So findet sich unter dem Datum 12. November 1976 eine Notiz von Dr. Walter Schmitz – »Stabsstelle« der Firma Flick in Bonn — an von Brauchitsch mit folgendem Wortlaut:

»Persönlich! Unter Umschlag
Betr.: Herrn Roth, parlamentarischer Referent von Dr. Friderichs.
Ich erhielt die Information, daß Herr Roth bei seinem Wahlkampf mit seinem Budget um ca. 500,— zu kurz gekommen ist.
Ich würde aus atmosphärischen Gründen für eine Hilfe plädieren, möchte aber nicht dazu raten, daß er eine Druckrechnung an die VG adressieren läßt!«

Unter dem Datum vom 18. November 1976 vermerkte Diehl als »inoffizielle Zahlung an die FDP«: »18. 11. vB wg. Roth ü Dr. Schmitz 500«.

• *»20. 11. Ka. wg. Kohl ü. v. B. 50000.— DM«*

Am 20. November 1975 traf von Brauchitsch mit dem seinerzeitigen rheinland-pfälzischen Ministerpräsidenten und heutigen Bundeskanzler, dem CDU-Parteivorsitzenden Dr. Kohl, zu einem Gespräch in Mainz zusammen. Von Brauchitsch hielt in einer Aktennotiz vom folgenden Tage u. a. fest:

»Kohl schlägt vor, daß er für die Partei und Carstens/Stücklen für die Fraktionen sicherstellen, daß nicht von Links-CDU/CSU-Seite das 6 b-Thema politisch für uns negativ emotionalisiert wird. Im übrigen schlägt Kohl vor, eine Auswahl interessierter und gefährlicher CDU/CSU-Abgeordneter zu einem parlamentarischen Abend nach Bonn einzuladen und ihnen über die Überlegungen des Hauses Flick — im besonderen in der Angelegenheit 6 b — Bericht zu erstatten. Ich habe Kohl zugesagt, ihm über diese Angelegenheit eine kurze Erinnerungsnotiz zuzuschicken. Kohl wird das Seine veranlassen«.

Der Bericht der Mehrheit im Untersuchungsausschuß hat hierzu festgestellt, nach dem Ergebnis der Beweisaufnahme seien keine Vorschläge des CDU-Vorsitzenden Dr. Helmut Kohl zur Behandlung des Themas 6 b gemacht worden. Weder Professor Dr. Carstens noch Richard Stücklen seien diesbezüglich angesprochen worden. Es sei davon auszugehen, daß kein Zusammenhang mit den in der Diehl-Liste unter dem 3. September 1975 und dem 20. November 1975 vermerkten Spenden von 100000 bzw. 50000 DM bestehe. Tatsächlich hatte Diehl für den Tag des Gespräches zwischen von Brauchitsch und Dr. Kohl, den 20. 11. 1975, unter »inoffizielle Zahlungen an die CDU« notiert: »20. 11. Ka. wg. Kohl ü. vB. 50000«.
Zu Zahlungen seitens des Flick-Konzerns an Dr. Kohl in den Jahren 1975 und 1976 hat Bundeskanzler Dr. Kohl als Zeuge vor dem Ausschuß ausgesagt, die bei Diehl vermerkten Zahlungsdaten seien vermutlich korrekt eingetragen. Er habe allerdings keine Unterlagen mehr hierüber. Bis 1976 habe er nämlich Spenden an die Landes- oder Kreispartei bzw. den Wahlkreis weitergegeben, wo die Unterlagen entsprechend den Bestimmungen des Parteiengesetzes nach fünf Jahren vernichtet worden seien. Auf Vorhalt des Brauchitsch-Vermerks vermochte sich Bundeskanzler Dr. Kohl in seiner Vernehmung vor dem Ausschuß an das Gespräch nicht zu erinnern und hielt es auch für unwahrscheinlich, daß ein solches stattgefunden hat. Der Zeuge von Brauchitsch dagegen führte vor dem Ausschuß zu dem Gespräch und seinem hierzu gefertigten Vermerk aus, er habe es

für selbstverständlich gehalten, nicht nur die Vorsitzenden der Regierungsparteien, sondern auch den CDU-Vorsitzenden über die konzeptionellen Pläne des Hauses Flick zu unterrichten. Er schließe daher nicht aus, daß er »unter dem Druck dieser Emotionalisierungen«, die sich gegen die Anwendung geltenden Rechts für Flick gewandt hätten, Dr. Kohl gebeten habe, darauf zu achten, »daß das Ding nicht noch aus seiner eigenen Partei mit angereichert wird«.

Entgegen der Aussage des Zeugen Bundeskanzler Dr. Kohl ist davon auszugehen, daß das Gespräch, so wie es im Vermerk von Eberhard von Brauchitsch festgehalten wurde, stattgefunden hat. Hierbei ist zunächst völlig unerheblich, inwieweit die im Verlaufe des Gespräches getroffenen Vereinbarungen dann auch tatsächlich zur Ausführung gelangt sind. Von Brauchitsch hatte wegen der ohnehin massiven Kritik an der vom Flick-Konzern beabsichtigten Inanspruchnahme von Steuerbegünstigungen allen Anlaß, um die Möglichkeit einer Durchführung von steuerfreien Wiederanlagen des Daimler-Veräußerungserlöses zu fürchten. Somit ist die Aussage von Brauchitschs, er habe Dr. Kohl »unter dem Druck dieser Emotionalisierungen« gebeten, darauf zu achten, »daß das Ding nicht auch aus seiner eigenen Partei mit angereichert wird«, ebenso plausibel wie die Notiz selbst zu diesem Gespräch. Weiterhin spricht für die Glaubwürdigkeit der Brauchitsch-Notiz insgesamt auch der laut dem Vermerk von Dr. Kohl geäußerte Vorschlag, er werde für die Partei, Carstens und Stücklen für die Fraktion sicherstellen, daß nicht von linken CDU/CSU-Politikern das Thema 6 b zuungunsten der Firma Flick »negativ emotionalisiert« werde. Die Notiz ist schon deshalb beweiskräftig, weil Dr. Kohl, da er zum Zeitpunkt des Gespräches kein Mitglied des Deutschen Bundestages war, seine Einflußmöglichkeiten in seiner Funktion als Parteivorsitzender bei der Partei sah, während Carstens und Stücklen aufgrund ihrer Funktionen folgerichtig eher für ein Tätigwerden in den Bundestagsfraktionen in Frage kamen.

Auch trifft es nicht zu, wie Dr. Kohl dieses in seiner Aussage vor dem Ausschuß behauptete, daß der damaligen Opposition angehörende Abgeordnete den 6 b- und 4-Anträgen der Firma Flick

bzw. beabsichtigten steuerfreien Reinvestitionen nicht hätten gefährlich werden können. Das Gegenteil zeigt schon die Anfrage des CSU-Abgeordneten Dr. Althammer im Januar 1975. In einer Frage an die Bundesregierung begehrte Dr. Althammer in der Sitzung des Haushaltsausschusses des Deutschen Bundestages vom 23. Januar 1975 zu wissen, ob dem Flick-Konzern anläßlich des Verkaufs der Daimler-Benz-Aktien von seiten der Bundesregierung § 6 b EStG betreffende Zusagen gemacht worden seien. Eine auszugsweise Kopie des Protokolls dieser Haushaltsausschußsitzung wurde später beim Flick-Konzern aufgefunden. Laut einem Zusatz auf diesem Protokollauszug hatte die Anfrage Dr. Althammers im Flick-Konzern sogar zu Überlegungen dahingehend geführt, einen »Brief an Herrn Strauß mit der Frage« zu schreiben, »ob wir überhaupt noch Steuererklärungen abgeben könnten, wenn das Steuergeheimnis nicht gewahrt wird«. Auch die Tatsache, daß in der Folgezeit des Gespräches vom 20. November 1975 keinerlei kritische, die Anträge des Flick-Konzerns »gefährdende« Stellungnahmen von CDU/CSU-Abgeordneten bekannt wurden, läßt nicht den Schluß zu, es habe keine Kritik von dieser Seite gegeben; somit sei auch eine Einflußnahme Dr. Kohls und anderer nicht notwendig gewesen.
Vielmehr spricht gerade die Tatsache, daß nach der Anfrage des CSU-Abgeordneten und 2. Vorsitzenden der CSU-nahen Hanns-Seidel-Stiftung Dr. Althammer sowie in der Folgezeit des Gespräches vom 20. November 1975 keinerlei kritische Töne von CDU/CSU-Abgeordneten zu 6 b- und 4-Vorhaben/Anträgen des Flick-Konzerns bekanntgeworden sind, dafür, daß intern geäußerte Kritik durch entsprechende Einflußnahme gedämpft bzw. unterbunden wurde. Im übrigen ist der Vermerk vom 21. November 1975 schon einen Tag nach dem Gespräch Dr. Kohls mit Eberhard von Brauchitsch angefertigt worden, also zu einem Zeitpunkt, als dem Zeugen von Brauchitsch das Gespräch noch frisch im Gedächtnis war. Es ist überdies nicht erkennbar, warum der Zeuge von Brauchitsch in seinem Vermerk zum Gespräch vom 20. November 1975 irgendwelche erfundene Gesprächsinhalte zu Papier gebracht haben sollte.

Bemerkenswert ist im übrigen, daß die Zahlung von 50000 DM anläßlich des Gespräches vom 20. November 1975 an Dr. Kohl in zwei Tranchen à 25 000 DM übergeben wurde. Der naheliegenden Frage, ob insoweit ein Zusammenhang zu den von Dr. Kohl gegenüber von Brauchitsch zur Verhinderung von CDU/CSU-Kritik an Flickschen Steuerbefreiungsanträgen genannten Dr. Carstens und Stücklen besteht, konnte wegen des vorzeitigen Abbruchs der Beweisaufnahme insgesamt und der hierdurch verhinderten Fortsetzung der Vernehmung Dr. Kohls sowie der auf diesem Wege ebenso vereitelten Vernehmung Dr. Carstens und Stücklens nicht nachgegangen werden. Eine Abwicklung in 2 Tranchen läßt sich übrigens auch für die unter Kohl verzeichnete Zahlung vom 3. September 1975 feststellen. Diehl notierte unter »inoffizielle Zahlungen an die CDU: 3. 9. Ka wg. Kohl 100000«. Diese Zahlung korrespondiert mit zwei Quittungsbelegen vom 3. September 1975 über jeweils 50000 DM, auf deren Rückseite der handschriftliche Vermerk: »Helm. Ko« angebracht ist.
Bezüglich des Gespräches vom 20. November 1975 ist jedenfalls davon auszugehen, daß Dr. Kohl dem Bevollmächtigten des Flick-Konzerns von Brauchitsch Zusicherungen gemacht hat, wie sie in dem Vermerk von Brauchitschs festgehalten sind. Für Dr. Kohl mußte hierbei erkennbar sein, daß insbesondere die anläßlich dieses Gespräches an ihn geleistete Zahlung mit der Erwartung solcher Zusicherungen verbunden war. Da hierüber hinaus nicht etwa der Flick-Konzern Zahlungen an Dr. Kohl von sich aus anbot, sondern Dr. Kohl diese beim Flick-Konzern jeweils anforderte – so jedenfalls die in diesem Punkt übereinstimmenden Bekundungen der Zeugen von Brauchitsch und Bundeskanzler Dr. Kohl —, mußte anläßlich des Gesprächs vom 20. November 1975 bei von Brauchitsch erst recht der Eindruck entstehen, daß die von Dr. Kohl abgegebene Zusicherung in Verbindung mit der von Dr. Kohl angeforderten Zahlung zu bringen sei.
Erhebliche Widersprüche zwischen den Aussagen der Zeugen von Brauchitsch und Dr. Kohl ergeben sich hinsichtlich der Frage, welchen Grund die von beiden Zeugen übereinstimmend

bekundete Üblichkeit von Barzahlungen an Bundeskanzler Dr. Kohl hatte. Von Brauchitsch sagte hierzu aus, daß Dr. Kohl, wenn dieser Zahlungen angefordert habe, als Grund für seinen Wunsch nach Barzahlungen zu verstehen gegeben habe, »daß es dort darum ging, z. B. Wahlaufwendungen zu bezahlen, die in dem Gesamtbereich nicht – wollen wir einmal sagen – hierarchisch nicht so hineinpassen. So habe ich das verstanden«. Bundeskanzler Dr. Kohl hingegen nannte als Grund für die regelmäßige Barüberbringung, daß »Herr von Brauchitsch dann aus seinen Gründen den Weg gewählt hat, diese Spenden bar zu überbringen...« Beide Aussagen verschweigen den tatsächlichen Grund für die Bevorzugung des Barzahlungsweges. Es ergibt sich vielmehr der begründete Verdacht, daß zwischen von Brauchitsch und Dr. Kohl verabredet war, Barspenden an Dr. Kohl — unter Zuwiderhandlung gegen Art. 21 des Grundgesetzes — nicht in den Rechenschaftsberichten der CDU zu veröffentlichen. Die Entgegennahme von Bargeld ohne Quittung ließ dem Empfänger freie Hand hinsichtlich der Verwendung. Hierüber hinaus war auch dem Flick-Konzern an Barzahlungen gelegen, da derartige Zahlungen aus der »schwarzen Kasse« entnommen werden konnten. Dieses war ausweislich der dem Ausschuß zur Verfügung stehenden Unterlagen auch bei mindestens einer Zahlung an Dr. Kohl der Fall. Hierbei mußten die Verantwortlichen des Flick-Konzerns aus naheliegenden Gründen erst recht darauf vertrauen können, daß eine solche Zuwendung nicht in den veröffentlichten Rechenschaftsberichten der CDU erscheinen würde.

Weitere Feststellungen zu den Zahlungen im Zusammenhang mit dem Gespräch zwischen Dr. Kohl und von Brauchitsch konnten wegen des vorzeitigen Abbruchs der Beweisaufnahme nicht getroffen werden.

Zu erwähnen bleibt, daß zwei Wochen nach dem Gespräch zwischen Dr. Kohl und von Brauchitsch Diehl unter »inoffizielle Zahlungen an die CDU« notierte: »2.12 Ka. wg. CDU-Wirtschaftsrat 100000«. Ob bei dieser Zahlung ein Zusammenhang mit dem Gespräch zwischen Dr. Kohl und von Brauchitsch sowie den seinerzeit getroffenen Verabredungen besteht,

konnte wegen des vorzeitigen Abbruchs der Beweisaufnahme auch nicht aufgeklärt werden. Bemerkenswert ist jedoch, daß ausschließlich für das Jahr 1975 eine »inoffizielle Zahlung« an den »CDU-Wirtschaftsrat« notiert ist, während dies weder im Jahr zuvor noch in den folgenden Jahren der Fall war.
Auch in anderen Angelegenheiten wurde Dr. Kohl zugunsten des Flick-Konzerns tätig. Mitte des Jahres 1979 wurde der Journalist Hans Dieter Kloss nach Bekunden Dr. Kohls vor dem Ausschuß auf Vorschlag von Heiner Geißler mit einem Drei-Jahres-Zeitvertrag als Chefredakteur bei dem CDU-Organ »Deutsches Monatsblatt« eingestellt. Kloss war im Zusammenhang mit der Daimler-Veräußerung und von der Firma Flick beabsichtigten steuerfreien Wiederanlagen durch kritische Artikel in der »Stuttgarter Zeitung« aufgefallen. Bereits am 16. Januar 1975 war zu lesen, wenn geprüft werde, ob es gerechtfertigt wäre, im Falle von Steuerbefreiungen zugunsten des Flick-Konzerns »zu gut Deutsch Gnade vor Recht ergehen zu lassen«, sei zu berücksichtigen, in welchem Ausmaß Friedrich Flick und seine Nachkommen mit ihrer Beteiligung an der Daimler-Benz AG Geld verdient hätten. Die anfallende Steuerlast von rund einer Milliarde Mark sei mit dem Blick auf alle anderen Steuerzahler durchaus gerechtfertigt. Bevor Kloss beim »Deutschen Monatsblatt« unter Vertrag genommen wurde, schrieb er in den Jahren 1975 bis 1978 in der »Stuttgarter Zeitung« dreizehn gegen die Gewährung von 6 b-Steuerbefreiungen für den Flick-Konzern gerichtete Artikel.
Während des gleichen Zeitraumes forderte Dr. Kohl beim Flick-Konzern den Betrag von nahezu einer halben Million Mark an.

• *»Naturgemäß konnte sich Kohl nicht abschließend verbindlich äußern«*

Während dieses Zeitraumes bestanden laut Brauchitsch-Vermerken — welche im Mehrheitsbericht vergeblich zu suchen sind — auch in anderen Bereichen enge Kontakte zwischen dem Flick-Konzern und Dr. Kohl. So findet sich für das Jahr 1976 ein Vermerk von Brauchitschs »Persönlich/Streng vertraulich« an den Konzernchef Dr. Flick und den persönlich haftenden Gesellschafter Günter Max Paefgen betreffend die »Steuerreform der neuen Bundesregierung«. Von Brauchitsch führt hierzu in dem Vermerk aus:

»Wir hatten auf den verschiedensten Wegen, insbesondere im FDP-Bereich und GMP im Bereich H. A. die Grundgedanken für die Prioritäten einer Steuerreform infiltriert. Inzwischen hat sich die Angelegenheit wie folgt weiterentwickelt:

1. Am 28. 10. habe ich mit Graf Lambsdorff zu Mittag gegessen. Lambsdorff, den wir aus verschiedenen Gründen in der Vergangenheit immer gut behandelt haben, wird voraussichtlich in der neuen Fraktion eine gute Position bekommen. Ich habe Lambsdorff mit demselben Material ausgestattet, was wir auch auf den anderen Kanälen herausgegeben haben: absolute Priorität der ertragsunabhängigen Steuern, ggfs. auch unter Inkaufnahme der Erhöhung der MWSt um ein bis zwei Punkte. Dem Gespräch mit Lambsdorff konnte ich entnehmen, daß die Fraktion der FDP in diese Richtung zu bringen ist und möglicherweise auch die FDP als Partei. Diese Information entspricht meinen Kenntnissen aus dem Bereich Genscher. Lambsdorff hat mir zugesagt, in dieser Richtung weiter tätig zu sein.
2. Am gleichen Tage hat mich Minister Friderichs für nachmittags nach Bonn gebeten. Zunächst brachte Friderichs lediglich seinen Dank unserem Hause gegenüber für die faire Behandlung der 6 b-Angelegenheit in der Öffentlichkeit zum Ausdruck, die ihm, Friderichs, eine Menge Ärger erspart hat. Das sei im übrigen auch die Auffassung von H. A....
Friderichs hat mich in diesem Zusammenhang gebeten, auf die CDU/CSU einzuwirken, bei der Erhöhung der MWSt keine Schwierigkeiten zu machen. Ich habe zugesagt, das in unserem Bereich Mögliche zu tun.
3. Ich bin in den nächsten Tagen mit Kohl – der Termin steht noch nicht fest – verabredet, um mit ihm und Herrn Gattum das ganze Thema zu erörtern...«

Mit »Gattum« meinte von Brauchitsch den seinerzeitigen Finanzminister in Rheinland-Pfalz, Gaddum. In einer Aktennotiz vom gleichen Tage an Dr. Flick und Paefgen hielt von Brauchitsch fest:

»Ich hatte am Wochenende den Anruf von R. B.
R. B. (von Brauchitsch meint Rainer Barzel. O. S.) machte einen etwas niedergeschlagenen Eindruck. Er berichtete, daß die Entscheidungen bzgl. des obersten Stuhls in Richtung auf Ca. (Carstens. O. S.) zuliefen. Ca. solle auf diesem Wege den Fraktionsvorsitz für Kohl frei machen. R. B. gab mir eine Reihe von Argumenten anhand, die es mir möglich machten, in einem

anschließenden längeren Telefonat das Thema mit Kohl zu erörtern. Kohl sagte mir, daß die Entscheidung in dieser Angelegenheit noch nicht gefallen sei und hat auch versucht, das Thema am Telefon nicht zu vertiefen. Kohl bestreitet, daß es eine unkonditionierte Zusage an R. B. für den ersten Stuhl gebe. Diese Zusage habe nur gegolten für den Fall, daß die CDU/CSU die Regierung übernimmt. Dennoch sei er (Kohl) in der Angelegenheit nicht fixiert. Kohl räumte allerdings ein, daß innerhalb der neuen Fraktion beachtliche Rangeleien im Gange seien, deren Ausgang er (Kohl) noch nicht abschließend übersehen könne.
Kohl bat mich dann, für ein Gespräch in den nächsten Tagen zur Verfügung zu stehen. Ein Termin ist noch nicht ausgemacht. Ich habe Kohl gebeten, zu diesem Gespräch auch Herrn Gattum hinzuzuziehen, um Klarheit zu bekommen, welche Richtung die Opposition in der Frage der Steuerpolitik geht. Ich beabsichtige dann, Kohl und Gattum in gleicher Weise auszustatten, wie inzwischen die anderen Herren in Bonn.«

Gut 10 Tage später notiert von Brauchitsch wiederum für Dr. Flick und Paefgen über »ein längeres Gespräch mit Min. Präs. Kohl in Mainz:

»1. Zunächst fand dieses Gespräch in Anwesenheit von Finanzminister Gaddum statt, der sich innerhalb der CDU zunehmlich in Steuerangelegenheiten kompetent macht. Gaddum gilt im übrigen unter den Länderministern als einer der sachkundigsten.
Ich habe Gaddum unser Papier gegeben und dieses mit ihm durchgesprochen. Gaddum hatte bereits aus Bonn gehört, daß dort in dieser Richtung gedacht wird. Er scheint im Prinzip bereit dazu, auf unsere Prioritätenliste einzuschwenken und den Widerstand gegen die Mehrwertsteuer aufzugeben.
Allerdings hat sich Gaddum vorbehalten, den ganzen Vorgang noch einmal zu überdenken und ggf. vor dem 15. 12. (Regierungserklärung) noch einmal auf uns zuzukommen.
Gaddum ist in meiner Gegenwart von Kohl beauftragt worden, die Rede von Kohl im Bundestag als Antwort auf die Regierungserklärung im steuerlichen Bereich vorzubereiten...
2. Wir kamen dann (Kohl und ich) unter vier Augen auch auf das Bonner Personalkarussell zu sprechen. Die konzertierte Aktion zwischen Schleyer und uns hat sich als nützlich erwiesen. Im Ergebnis hat sich Kohl nunmehr dazu bekannt R. B. die Position des Vorsitzenden des Ausschusses für Wirtschaft im Bundestag anzutragen. Naturgemäß konnte sich Kohl nicht abschließend verbindlich äußern. Er hat mir aber zugesagt, sich in der Fraktion hierfür einzusetzen...
Ich habe Kohl sehr ausführlich dargelegt, daß es im Interesse der deutschen Politik — die Wirtschaft habe nichts damit zu tun — liege, R. B. anständig zu behandeln, denn er spiele immerhin noch zwischen

den Fronten eine nicht zu unterschätzende Rolle. Das hat Kohl hundertprozentig eingesehen, und auf diese Erkenntnis ist wohl auch zurückzuführen, daß Kohl nunmehr die Offerte mit dem Wirtschaftsausschuß macht...

Ich habe Kohl deine Grüße übermittelt, die er gern erwidert hat. Kohl hat vorgeschlagen, daß man sich mal gemeinsam in Bonn sieht, wenn er sich eingelebt hat — voraussichtlich also gegen Ende des 1. Quartals 1977.«

• *»Frau Weber/Sekr. Dr. Kohl fragt an, ob es Ihnen recht ist, wenn sie... gegen 16.00 Uhr bei Ihnen kurz vorbeikommt...«*

Hinsichtlich der von Diehl für Nikolaus 1977 notierten Zahlung: »vB. wg. Kohl 30000« bestritt Bundeskanzler Dr. Kohl in seiner Vernehmung vor dem Ausschuß Kenntnis und Erhalt dieser Zahlung. Im Mehrheitsbericht wußten die Fraktionen von CDU/CSU und FDP zu berichten, daß der »Ausschuß nicht festgestellt hat, ob die die CDU betreffende angebliche Spende tatsächlich geleistet worden ist«.

Hierzu ist zunächst zu bemerken, daß in der Diehl-Liste unter dem Datum vom 6. Dezember 1977 neben der Zahlung für Dr. Kohl auch eine Zahlung »vB. wg. Graf Lambsdorff 30000« notiert ist. Die sich aus der Addition der beiden Beträge ergebende Summe von 60000 DM korrespondiert mit einer »Barabhebung für Kasse Diehl« vom 6. Dezember 1977 bei der Deutschen Bank in Höhe von 60000 DM.

Der Zeuge von Brauchitsch hat am 6. Dezember 1977 den Empfang eines Barbetrages in Höhe von 60000 DM quittiert. Auf der Rückseite der Quittung vermerkte Diehl:

»30 Ko.
30 Gr. La.«

In der Schutzschrift seines Verteidigers hat der Zeuge von Brauchitsch bei der Staatsanwaltschaft Bonn vortragen lassen, die in der Diehl-Liste eingetragene Zahlung an Graf Lambsdorff sei nicht an diesen, sondern an den verstorbenen FDP-Schatzmeister Karry gegangen. Erwähnenswert ist in diesem Zusammenhang, daß am 6. Dezember 1977 abends eine Veranstaltung des Arbeitskreises »Wirtschaftspolitik« stattfand, an der Bundeswirtschaftsminister Graf Lambsdorff als Referent und von

Brauchitsch teilnahmen. Dr. Graf Lambsdorff hat den Empfang des Geldes bestritten. Die Eintragung »wg. Lambsdorff« vom 6. Dezember 1977 ist Gegenstand des Strafverfahrens vor dem Landgericht Bonn.
Es kann dahingestellt bleiben, ob die Einlassung von Brauchitschs zu der für Graf Lambsdorff notierten Zahlung zutrifft. Jedenfalls hat von Brauchitsch die Eintragungen Diehls vom 6. Dezember 1977 hinsichtlich der Zahlung an Dr. Kohl in Höhe von 30000 DM in seiner Schutzschrift nicht beanstanden lassen.
Hinzu kommt folgendes. In den dem Untersuchungsausschuß Ende Februar 1985 — Regierungsparteien und SPD hatten sich bereits auf den vorzeitigen Abbruch der Beweisaufnahme verständigt – vom Landgericht Bonn übersandten zusätzlichen drei Aktenordnern im Strafverfahren gegen Dr. Friderichs u. a. – also knapp drei Monate nach der Vernehmung von Bundeskanzler Dr. Kohl vor dem Untersuchungsausschuß — fand sich eine Notiz vom 5. Dezember 1977 aus dem Sekretariat von Brauchitschs mit folgendem Wortlaut: »Frau Weber/Sekr. Dr. Kohl fragt an, ob es Ihnen recht ist, wenn sie morgen, Dienstag, 6. 12. gegen 16.00 Uhr bei Ihnen kurz vorbeikommt./h.« Der zeitliche Zusammenhang der Eintragung in der Diehl-Liste vom 6. Dezember 1977 mit dem angekündigten kurzen Aufenthalt von Frau Weber bei Herrn von Brauchitsch am selben Tage läßt die Schlußfolgerung zu, daß Frau Weber den Betrag von 30000 DM in Empfang genommen hat. Eine Vernehmung von Bundeskanzler Dr. Kohl in diesem Zusammenhang konnte wegen des vorzeitigen Abbruchs der Vernehmung Dr. Kohls sowie wegen des insgesamten vorzeitigen Abbruchs der Beweisaufnahme nicht erfolgen. Aus demselben Grund unterblieb die von uns beantragte Vernehmung der Zeugin Juliane Weber.

• *»Der ist bei mir nicht eingegangen«*

Ungeklärt ist auch der Verbleib zwei bzw. drei weiterer für Dr. Kohl notierter Zahlungen, nämlich bezüglich der Diehlschen Eintragungen unter »inoffizielle Zahlungen an die CDU«

vom 11. August 1978 »vB. wg. Kohl 25000« sowie vom 19. Januar 1979 »vB. wg. Biedenkopf 30000, vB. wg. Kohl 30000«. Mit all diesen Zahlungen korrespondierende Quittungsbelege befinden sich in den Akten.
Die Zahlungseintragung vom 19. Januar 1979 war ebenso wie die vom 11. August 1978 Gegenstand der Befragung von Bundeskanzler Dr. Kohl vor dem Untersuchungsausschuß. Zu letzterer bekundete Dr. Kohl: »... diese Zahlung findet sich natürlich in meiner Aufstellung. Wenn sie die Zahlen 25000 und 30000 addieren, ergibt das nach den Grundrechenarten die Summe, die darin steht am 9. 3.« Dr. Kohl bezog sich in dieser Antwort auf die Aufstellung, die er mit Schreiben vom 22. September 1982 der Staatsanwaltschaft Bonn übermittelt hatte. In dieser Aufstellung wurden drei Barzahlungen des Flick-Konzerns an Dr. Kohl bestätigt (für Zahlungen aus den Vorjahren konnte Bundeskanzler Dr. Kohl wegen der bereits erwähnten Vernichtung der Unterlagen nicht auf schriftliches Material zurückgreifen), und zwar 5. Juli 1977 50000 DM, 9. März 1979 55000 DM und 24. April 1980 50000 DM. Dieser Aufstellung der CDU-Schatzmeisterei für durch Dr. Kohl von der Firma Flick angeforderte und an die Partei weitergeleitete Zahlungen stehen folgende Eintragungen Diehls betreffs Zuwendungen an Dr. Kohl für die Jahre 1977 bis 1980 gegenüber:

»10. 5. 1977 vB. wg. Kohl 50000
6. 12. 1977 vB. wg. Kohl 30000
11. 8. 1978 vB. wg. Kohl 25000
19. 1. 1979 vB. wg. Kohl 30000
(19. 1. vB. wg. Biedenkopf 30000)
30. 1. 1980 vB. wg. Kohl 50000«

Zu der Zahlungseingangsbestätigung der Schatzmeisterei vom 9. März 1979 in Höhe von 55000 DM bekundete Dr. Kohl auf die Frage, ob er meine, daß dies eine Zahlung sei, die er zum Teil in 1978 und zum Teil in 1979 erhalten habe: »Das meine ich nicht so, das ist so.«
Dr. Kohl bestritt bei seiner Befragung zunächst, im Jahre 1979 über die von ihm genannten 30000 DM hinaus Zahlungen erhalten zu haben. Auf weiteren Vorhalt jedoch wollte er nicht

ausschließen, daß sich der Betrag von 55000 DM nicht auf die Jahre 1978 und 1979 verteilt habe, sondern insgesamt im Jahre 1979 an ihn gezahlt worden sei.
Jedoch blieb Dr. Kohl dabei, daß er insgesamt nur 55000 DM erhalten hat, entweder in zwei Beträgen, nämlich 25000 DM in 1978 und 30000 DM in 1979, oder möglicherweise insgesamt 55000 DM in 1979. Auf weiteres Befragen nach dem »wg. Biedenkopf« notierten Betrag von 30000 DM erklärte Dr. Kohl: »Der ist bei mir nicht eingegangen.«
Zu den unter dem 19. Januar 1979 verzeichneten Beträgen »wg. Kohl« sowie »wg. Biedenkopf« ließ der Zeuge von Brauchitsch in seiner Schutzschrift vom 1. Dezember 1982 vor der Staatsanwaltschaft Bonn allerdings vortragen:

»Ursprünglich war auch der von meinem Mandanten am 19. 1. 1979 ›wegen Biedenkopf‹ erhobene Betrag von 30000 DM zur Weiterleitung an Herrn Köppler und bei ihm zur Finanzierung eines ähnlichen Zweckes bestimmt. Die insoweit vorgesehene Maßnahme entfiel jedoch, nachdem mein Mandant sich den Betrag zu ihrer Finanzierung bereits aus der Dispositionskasse hatte aushändigen lassen. Er gab diesen Betrag deshalb nur noch in Höhe von 5000 DM zur Finanzierung allgemeiner Parteiausgaben an Herrn Köppler weiter und ließ die verbleibenden 25000 DM zusammen mit den gleichfalls am 19. 1. 1979 ohnehin zu diesem Zweck erhobenen 30000 DM Anfang März 1979 Herrn Dr. Kohl aushändigen.«

Der Zeuge Dr. Biedenkopf hat hierzu in seiner Vernehmung vor der Bonner Staatsanwaltschaft vom 14. Juni 1982 sowie in einem Schreiben an die Staatsanwaltschaft vom 7. Juli 1982 bestätigt, daß er die unter der Bezeichnung »wg. Biedenkopf« in der Diehl-Liste eingetragene Zahlung in Höhe von 30000 DM vom 19. Januar 1979 nicht erhalten hat. In dem Schreiben vom 7. Juli 1982 an die Staatsanwaltschaft schreibt Dr. Biedenkopf:

»Wie vereinbart, habe ich mich inzwischen bemüht festzustellen, ob die in der Buchhaltung der Firma Flick aufgezeichneten Zahlungen vom 19. 1. 1979 über 30000 DM und 30. 1. 1980 über 25000 DM an Stellen der westfälischen CDU geflossen sind. Ich konnte jedoch keine entsprechenden Zahlungen ermitteln. Ich muß deshalb davon ausgehen, daß die quittierten Beträge an dritte geflossen sind.«

Angaben darüber, daß die in der Diehl-Liste unter der Bezeichnung »wg. Kohl« notierten Beträge, insbesondere die vom

6. Dezember 1977, vom 11. August 1978 und vom 19. Januar 1979, in seinem Namen von der Zeugin Weber entgegengenommen oder abgeholt worden sind, machte Dr. Kohl nicht. Er bekundete vielmehr, daß von Brauchitsch,

»... wenn er kam oder jemanden vorbeischickte, er diese Spenden mir übergeben hat. Ich habe die Spenden entgegengenommen und bei der nächsten Gelegenheit, wenn ich Herrn Dr. Lüthje traf, wenn er einen Termin bei mir hatte, ihm übergeben. Das war nicht am gleichen Tag, sondern meistens wesentlich später«.

Im Ergebnis begründen die widersprüchlichen Angaben von Bundeskanzler Dr. Kohl den Verdacht, daß die Aussage von Dr. Kohl nicht nur hinsichtlich der Zahlungen vom 11. August 1978 und vom 19. Januar 1979, sondern auch hinsichtlich der Zahlung vom 6. Dezember 1977 unrichtig ist. Dr. Kohl behauptete, er habe die Zahlung in Höhe von 30000 DM vom 6. Dezember 1977 nicht erhalten, und die entsprechende Eintragung in der Diehl-Liste sei unrichtig.
Angesichts der Notiz aus dem Büro von Brauchitschs, derzufolge Frau Weber am 6. Dezember 1977 von Brauchitsch offenbar lediglich zu Abholzwecken für kurze Zeit aufsuchte sowie der zeitlichen Übereinstimmung mit der Eintragung in der Diehl-Liste: »6. 12. 77 wg. Kohl 30000«, ist jedoch davon auszugehen, daß Frau Weber im Auftrag und Namen von Dr. Kohl den Betrag von 30000 DM entgegennahm. Auch die Bekundungen Dr. Kohls, er habe in den Jahren 1978 und 1979 insgesamt lediglich 55000 DM vom Flick-Konzern über Herrn von Brauchitsch erhalten, sind unrichtig. Beide Varianten der Sachverhaltsdarstellung von Dr. Kohl lassen sich mit den vorhandenen Urkunden, den Angaben des Zeugen von Brauchitsch und des Zeugen Dr. Biedenkopf nicht in Einklang bringen. Nach den Eintragungen in der Diehl-Liste sowie den Angaben der Zeugen Biedenkopf und von Brauchitsch hat Dr. Kohl nämlich in den Jahren 1978 und 1979 insgesamt 80000 DM erhalten.
Schließlich verschwieg Bundeskanzler Dr. Kohl in seiner Vernehmung überhaupt, daß seine Mitarbeiterin Juliane Weber Zahlungen vom Flick-Konzern entgegengenommen hat. Bei einem Vergleich der in den Jahren 1977, 1978 und 1979 auf den

Konten der CDU verbuchten Eingänge an Flick-Spenden — die von Dr. Kohl an seine Partei weitergeleitet wurden — mit den Ausgängen, die laut Diehl-Liste in den genannten Jahren als Spendenzahlungen an Dr. Kohl ergangen sind, errechnet sich ein Fehlbetrag von insgesamt 55000 DM, dessen Verbleib ungeklärt ist. Es ist daher denkbar, daß Bundeskanzler Dr. Kohl die Zahlungseingänge vom Dezember 1977 sowie vom August 1978 in seiner Vernehmung deshalb in Abrede stellte, weil er die Weitergabe der Beträge an seine Partei bzw. den Verbleib der Zahlungen nicht zu belegen vermag.

• *»Da habe ich gesagt, daß diese Eintragung ›FKF‹ nicht stimmt«*

Mit keinem Wort nimmt der Mehrheitsbericht zum Aussageverhalten von Ministerpräsident Strauß in seiner Vernehmung vor dem Untersuchungsausschuß Stellung.
Die insbesondere von CDU/CSU und FDP nicht der Erwähnung für Wert gehaltene Zahlung an Ministerpräsident Strauß vom 24. Oktober 1979 »Dr. F.K.F. wg. F.J.S. 250000« bestritt der Zeuge Strauß in seiner Vernehmung vor dem Ausschuß. Strauß sagte hierzu aus, im Herbst 1979 – insoweit mit Bezug auf die von Diehl festgehaltene Zahlung »Dr. F.K.F. wg. F.J.S.« — nicht mit Dr. Flick zusammengetroffen zu sein. Strauß wollte hiermit zum Ausdruck bringen, daß aus diesem Grunde eine Zahlung – wie jedoch von Diehl notiert — nicht erfolgt sein könne und schon von daher die gesamten Aufzeichnungen Diehls in Zweifel zu ziehen seien. In den Akten findet sich jedoch eine Notiz Eberhard von Brauchitschs vom 26. Oktober 1979, gerichtet an Dr. Flick »Persönlich – unter Umschlag« mit folgendem Wortlaut:

»Ich habe F. J. am 25. 10. die Unterlagen mit Deinen besten Grüßen übermittelt. F. J. läßt Dir bestens danken. Nebenbei bemerkt habe ich fast zwei Stunden auf ihn warten müssen.«

Dies legt die Schlußfolgerung nahe, daß der vom 24. Oktober 1979 von Diehl festgehaltene Betrag »wg. Strauß« zwar nicht von Dr. Flick, jedoch von Eberhard von Brauchitsch am

25. Oktober 1979 an den Zeugen Strauß ausgehändigt worden ist. Auf weiteres Befragen, ob dieses so der Fall gewesen sein könne, entgegnete Dr. Strauß:

»Herr von Brauchitsch hat mich mehrmals aufgesucht. Ich bin ja gefragt worden (Dr. Strauß verwies hier auf die Befragung vor der Staatsanwaltschaft Bonn. O. S.), ob die Liste stimmt. Da habe ich gesagt, daß diese Eintragung ›FKF‹ nicht stimmt.«

Auf nochmaliges Befragen, ob von Brauchitsch ihm im Oktober 1979 250000 DM in bar übergeben habe, entgegnete Dr. Strauß:

»Das war im Vorfeld der Bundestagswahl. Da sind verschiedene Zuwendungen gekommen. Ich habe Herrn von Brauchitsch zwar nicht so oft wie andere Würdenträger, aber auch einige Male gesehen. Mehr kann ich jetzt nicht sagen.«

Unter Berücksichtigung der Aussage des Zeugen Dr. Strauß sowie der Aussage des Zeugen Dr. Flick, welcher Barzahlungen an Dr. Strauß bestätigte – in einem Fall soll Dr. Strauß nach Übergabe des Geldkuverts in einem Nebenraum den Betrag nachgezählt haben, um sich anschließend zu bedanken –, ist davon auszugehen, daß Dr. Strauß die von Diehl notierte »inoffizielle Zahlung« im Jahr 1979 erhalten hat.
Insoweit ist die Aussage von Dr. Strauß, die Diehl-Liste sei die Eintragung vom 24. Oktober 1979 betreffend unrichtig, nicht haltbar. Im übrigen befindet sich ein mit der Zahlung korrespondierender Quittungsbeleg nicht in der Buchführung über die »Dispositionskasse«. Es ist daher von einer Zahlung aus der »schwarzen Kasse« auszugehen.
Auch bei Zahlungen aus der »schwarzen Kasse« an Ministerpräsident Strauß brauchte der Flick-Konzern Entdeckung nicht zu befürchten, da Dr. Strauß die Veröffentlichung der nach seinen Angaben an die CSU weitergeleiteten Zahlungen des Flick-Konzerns in Höhe von nahezu einer Million Mark in den Jahren 1975 bis 1979 entgegen seiner verfassungsrechtlichen und gesetzlichen Verpflichtung unterließ. Ebensowenig wie im Mehrheitsbericht wird man in den Rechenschaftsberichten der CSU auch die Zahlung an Dr. Strauß vom 21. April 1975 finden.
Bevor Diehl am 22. April 1975 unter »inoffizielle Zahlungen« an

die CDU: »Ka wg. Tamm (Springer) 50000«, notiert hatte, hielt er unter »inoffizielle Zahlungen an die CSU« am 21. April 1975 fest: »Ka/vB. wg. FJS 200000.« Der Zeuge Dr. Strauß hat hierzu, wie zu weiteren unter seinem Namen notierten Zahlungen des Flick-Konzerns ausgesagt, Dr. Flick habe der CSU über ihn Zuwendungen zukommen lassen. Angaben über einzelne Zahlungen hat der Zeuge Dr. Strauß verweigert.
Nun ergeben sich jedoch zumindest Zweifel an der Aussage von Dr. Strauß, Zahlungen des Flick-Konzerns habe er an die CSU weitergeleitet. In diesem Zusammenhang ist eine Notiz Diehls vom 1. September 1976 von Wichtigkeit. Diehl notierte wie folgt: »Ka wg. FJS ü Srbik 10000.« Hiermit korrespondiert die Quittung aus dem Kassenbuch Diehls, auf deren Rückseite vermerkt ist: »Brief an Dr. v. Srb. für FJS CSU wg. 3. 10. 1976.« Zum gleichen Vorgang findet sich neben dem Posteinlieferungsschein und der Visitenkarte Dr. Srbiks eine weitere Notiz Diehls mit folgendem Wortlaut:

»Betr.: Inoffizielle Zahlung für FJS. Herr Kaletsch hat mich heute fernmündlich gebeten, Herrn Dr. v. Srb., München, einen Betrag von 10000 DM im Brief zu übersenden. Gleichzeitig bat Herr Kaletsch, daß ich Herrn Dr. v. Srb. davon unterrichte, daß er den Betrag in bar erhält und ihn bitte, FJS diese Summe auszuhändigen mit dem Hinweis, daß es sich hierbei um eine *persönliche Zahlung* [Hervorhebung O. S.] von Herrn Kaletsch an FJS handelt.«

Der Zeuge Dr. Strauß bekundete hierzu in seiner Vernehmung, die Zahlung vom 1. September 1976 sei »mit Sicherheit« auf ein Wahlkampffinanzierungskonto« der CSU gegangen, ohne daß er zu näheren Angaben bereit war.
Kein Platz im Mehrheitsbericht fand sich offensichtlich auch für den Hinweis auf eine weitere Zuwendung an die CSU anläßlich des Bundestagswahlkampfes 1976. Für den 28. Mai 1976 notierte Diehl unter »inoffizielle Zahlungen« an die CSU »Ka wg. CSU — 3. 10. 76 100000«. Bei der Zahlung handelte es sich um eine aus der »schwarzen Kasse« des Flick-Konzerns. In den veröffentlichten Rechenschaftsberichten der CSU findet sich naturgemäß kein Hinweis auf diese Zuwendung.

• *»Für jemanden, der Ohren hat, war zu erkennen, daß er die Wirtschaft zur Kasse bitten wollte«*

Über ein Gespräch mit Bundesaußenminister Genscher vom 7. August 1980 verfaßte von Brauchitsch eine als »besonders vertraulich« gekennzeichnete Aktennotiz für den Konzernchef Dr. Flick sowie die Angehörigen der Geschäftsleitung, Dr. Götte und Fritz Wacker, mit der Bitte, die Notiz möglichst nach Lektüre zu vernichten, wobei ein Exemplar jederzeit in seinem Büro angefordert werden könne. Die Notiz lautet:

»Über das weitere Vorgehen in dieser Angelegenheit berichte ich wie folgt:
1. Besuch bei Genscher am Donnerstag 7. 8. 80, nachmittags.
Der Gesprächstermin ist von Genscher kurzerhand in seinem Privathaus in Bonn zustande gekommen und fand in einer ausgesprochen gelockerten Atmosphäre statt.
a. Genscher ist bereit zu helfen.
b. Genscher wird auf Uellner (Unterabteilungsleiter Steuer im BFM) einwirken.
Die Schilderung von Genscher über Uellner deckt sich mit unseren Erfahrungen: Uellner ist ein brillianter Steuersystematiker, aber gleichzeitig auch ein puristischer Gerechtigkeitsfanatiker. Mit dieser Eigenschaft trifft er sich – obwohl parteipolitisch altliberal – mit Böhme und Spöri.
Genscher glaubt dennoch ein ›Packende‹ für die Einwirkung auf Uellner zu haben.
c. Genscher, der die politische Freundschaft in Bonn vor den Wahlen naturgemäß auch beobachtet, traut sich ein abschließendes Urteil über die Haltung von Matthöfer zu diesem Zeitpunkt in unserer Sache nicht zu. Genscher glaubt zwar den Zusagen Matthöfers, unsere Sache für richtig zu halten und ihr deshalb zustimmen zu wollen, Genscher empfiehlt aber andererseits, die derzeitige Übersensibilität der führenden sozialdemokratischen Politiker und ihre Sorge vor der Konfrontation mit der Parteibasis nicht zu unterschätzen. Deshalb ist Genscher unabhängig von uns zu der Erkenntnis gekommen, mindestens darüber nachzudenken, ob es nicht für uns hilfreich sei, die ganze Sache über den 5. Oktober hinaus zu verzögern. Genscher geht davon aus, daß sich am 5. Oktober die jetzige Bonner Konstellation nicht nachhaltig ändert. Erfahrungsgemäß sei die Phase zwischen der Wahl und der Regierungsbildung/Koalitionsvereinbarung besonders geeignet ›gemeinsam Leichen aus dem Keller zu tragen‹. Genscher hat mir für den Fall der Verzögerung über den 5. Oktober hinaus zugesagt — die von ihm erwartete Konstellation unterstellt — dann den Versuch zu machen, unsere Sache auf kaltem Wege zur Erledigung zu bringen. Naturgemäß konnte Genscher eine Garantie für den Erfolg nicht geben.
Genscher wird diesen Gedanken mit Lambsdorff noch vor dessen Reise nach

China erörtern und mir über das Ergebnis dieser Erörterung Nachricht geben.
Nachdem in letzter Zeit andere Gerüchte umgelaufen sind, hat mir Genscher mitgeteilt, daß nach allen jetzigen Erkenntnissen fest damit zu rechnen sei, daß Lambsdorff das Wirtschaftsressort beibehält – die oben geschilderte Konstellation nach dem 5. Oktober vorausgesetzt.«

Eberhard von Brauchitsch fügte in seinem Vermerk für Dr. Flick hinzu:

»PS: Nach Fertigstellung dieser Notiz hat mich Genscher angerufen und mich über das soeben beendete Gespräch mit Lambsdorff wie folgt informiert:
a) Lambsdorff rät dringend davon ab, durch neue Initiativen in den Verfahrensprozeß einzugreifen und die Sache damit absichtlich über den 5. Oktober zu verzögern. Jede Intervention über die Fachabteilung bürgen das Risiko in sich, das neue negative Sachargumente gegen unseren Antrag konstruiert werden. Im Saldo wäre also das Risiko eines Schadens für uns größer als die Chance, die in der Verzögerung liegen könnte (s. o.).
b) Lambsdorff gehe nach dem Gespräch mit Matthöfer von Mittwoch, 6. August, verstärkt davon aus, daß Matthöfer sich gegen seine Apparatur in unserem Sinne durchsetzen würde.
c) Im übrigen würde Lambsdorff ein negatives Votum des BFM nicht ohne weiteres hinnehmen, sondern die Sache dann bei sich neu behandeln (insoweit ist Lambsdorff sehr viel positiver als Schlecht).
Genscher empfiehlt bei dieser Sachlage, seine gestrige Anregung, die Sache von uns aus über den 5. Oktober hinaus zu verzögern, zu vergessen. Ich meine: wir sollten uns entsprechend verhalten.«

In einem Fernschreiben an Dr. Flick betonte von Brauchitsch die besondere Vertraulichkeit dieser Notiz. Er habe sich nicht entschließen können, sie »über den Ticker« zu geben. Von Brauchitsch gab noch einmal zu bedenken, die Notiz nach deren Lektüre zu vernichten.
Hans-Dietrich Genscher hat als Zeuge vor dem Untersuchungsausschuß ausgesagt, in dem Gespräch mit von Brauchitsch sei es zunächst vor allem um die Wahlaussichten der FDP für die Bundestagswahl gegangen. Von Brauchitsch sei erst gegen Ende des Gespräches und nur sehr kurz auf den Stand der Steuerbescheinigungsverfahren des Flick-Konzerns zu sprechen gekommen und habe ihm gegenüber bemerkt, er stelle fest, daß es im Bundesfinanzministerium einen Beamten namens Uelner gebe.

Von Brauchitsch habe zu Uelner weiterhin ausgeführt, man habe den Eindruck, daß dieser im Verfahren Probleme schaffe. Genscher will jedenfalls nicht zugesagt haben, auf Ministerialdirigent Dr. Adalbert Uelner im Sinne des Flick-Konzerns einzuwirken. Es habe auch tatsächlich keine derartige Einwirkung gegeben.
Dr. Uelner hat als Zeuge ausgesagt, ein Gespräch mit Bundesminister Hans-Dietrich Genscher nach dessen Gespräch mit von Brauchitsch habe nicht stattgefunden. Er habe mit Genscher nie über einen Antrag des Flick-Konzerns gesprochen, ebensowenig wie mit einem anderen Politiker der FDP.
Der Mehrheitsbericht stellt in seinem Ergebnis zu diesem Vorgang fest:

»Nach dem Ergebnis der Beweisaufnahme geht der 1. Untersuchungsausschuß davon aus, daß ein Gespräch von Hans-Dietrich Genscher mit Ministerialdirigent Dr. Adalbert Uelner seinerzeit nicht stattfand.«

Erst an späterer Stelle im Verlaufe der Sachverhaltsdarstellung bringt der Mehrheitsbericht ein weiteres Zitat aus einem Vermerk von Brauchitschs zu einem Gespräch mit Genscher, welches ganz offensichtlich mit dem Gespräch vom 7. August 1980 in unmittelbarem Zusammenhang steht.
Von Brauchitsch berichtete in einer Notiz an Dr. Flick und Dr. Götte über ein Gespräch mit dem FDP-Vorsitzenden Hans-Dietrich Genscher am 17. Oktober 1980, also nach den Bundestagswahlen. Von Brauchitsch notierte:

»Betr.: Mein Gespräch mit Ge. am *17. 10. 1980*
Das Gespräch, das für 1 Stunde im Privathaus von G. vorgesehen war, hat sich auf 3½ Stunden ausgedehnt. In unserer Angelegenheit steht G. zu seiner mir gemachten Zusage von vor den Wahlen. Aus Gründen, die ich bereits mündlich erörtert habe, tut er, G., sich — paradoxerweise — wegen des extrem guten Abschneidens seines, G's, Vereins schwer. G. wird mich weiter auf dem laufenden halten. Über die weiteren Teile unseres Gespräches möchte ich nur mündlich berichten.«

Der Zeuge Genscher hat dazu vor dem Untersuchungsausschuß ausgesagt, er habe von Brauchitsch vor den Wahlen keine Zusage gegeben; er könne sich daher »auf diese Sache keinen Reim machen«. Mehr weiß auch der Bericht der Mehrheit nicht

festzustellen. Es ist jedoch davon auszugehen, daß die Gespräche Genschers mit von Brauchitsch mit dem Inhalt stattgefunden haben, wie ihn von Brauchitsch in seinen Vermerken festhielt. Es ist kein Grund dafür ersichtlich, warum von Brauchitsch hier die Unwahrheit ober Übertreibungen hätte notieren sollen; zudem sind die Vermerke auch in sich plausibel.
Aus der Tatsache nicht bekanntgewordener mittelbarer oder unmittelbarer Versuche von Einflußnahmen Genschers auf Dr. Uelner ist nicht ohne weiteres zu folgern, es habe eine derartige Zusage Genschers an von Brauchitsch nicht gegeben. Zudem hat der Zeuge Genscher in seiner Aussage vor dem Ausschuß die Notiz von Brauchitschs, in der es heißt, Genscher wolle sich mit Lambsdorff in Verbindung setzen und von Brauchitsch über das Ergebnis Nachricht geben, sogar bestätigt. Es ergibt sich vielmehr der Eindruck, daß die Zusage Genschers vor dem Hintergrund der vom Parteivorsitzenden der FDP weiterhin gewünschten Zuwendungen an die FDP, insbesondere angesichts der um die Zeit der Gespräche benötigten Wahlkampfmittel, erfolgt ist.
Von daher erscheint es durchaus naheliegend, wenn die Firma Flick bei ihren Überlegungen und Gesprächen über Möglichkeiten einer Einflußnahme auf den in Uelner vermuteten »FDP-Hauswart im Bundesfinanzministerium« den Weg zum Parteivorsitzenden Genscher suchte. Dieses vornehmlich aus dem Grunde, weil sie sich wegen zuvor an die FDP geleisteter Zahlungen — so auch an die der FDP nahestehende Friedrich-Naumann-Stiftung, jeweils gekennzeichnet mit dem Zusatz »wg. Genscher« — Hilfe von deren Parteivorsitzenden für die laufenden Anträge versprach. Daß der Parteivorsitzende Genscher Kenntnis von den Zahlungen an die Friedrich-Naumann-Stiftung »wg. Genscher« — in den Jahren 1976 bis 1978 1,1 Million DM — hatte, ergibt sich schon aus der Aussage des Zeugen von Brauchitsch im Strafverfahren vor der 7. Strafkammer des Landgerichts Bonn. Hier hatte von Brauchitsch zu Zahlungen an die Friedrich-Naumann-Stiftung ausgesagt, Genscher habe geklagt, daß die FDP die einzige Partei sei, die im Großraum Bonn keinen geeigneten Platz für Treffen habe. Von

Brauchitsch kommentierte dies in seiner Aussage vor dem Landgericht mit der Bemerkung:

»Für jemanden, der Ohren hat, war zu erkennen, daß er die Wirtschaft zur Kasse bitten wollte.«

Genscher habe seinerzeit vorgeschlagen, erst einmal in zwei Tranchen à 250000 DM zu zahlen sowie dann auf Nachhaken Genschers noch eine halbe Million. Dies stimmt auch mit den dem Untersuchungsausschuß vorliegenden Unterlagen überein. Unter dem Datum vom 16. Dezember 1977 sind zwei Zahlungen von je 250000 DM von den Konzerntöchtern Buderus und Dynamit Nobel an die Friedrich-Naumann-Stiftung geleistet worden. Unter dem Datum vom 16. Mai 1978 eine Zahlung in Höhe von 500000 DM. Der Zeuge Genscher hat in seiner Aussage vor dem Untersuchungsausschuß die Kenntnis dieser Zahlungen bestritten; er habe nicht einmal gewußt, ob die Zahlungen erfolgt sind. In seiner Vernehmung — die zeitlich vor der oben zitierten Aussage von Brauchitschs vor dem Landgericht Bonn lag — vor dem Untersuchungsausschuß bestritt der Zeuge Genscher, daß »ein freundlicher Wink des Parteivorsitzenden an das Haus Flick« der Zahlung vorausgegangen sei. Ebenso bestritt der Zeuge Genscher, Kenntnis davon gehabt zu haben, daß der Flick-Konzern der FDP über die Friedrich-Naumann-Stiftung Gelder zukommen ließ und auf diesem Wege — für den Spender steuerlich abzugsfähig — die Parteiarbeit der FDP finanzierte.

Bei Zahlungen an die Friedrich-Naumann-Stiftung »wg. Genscher« war auch Ministerialdirektor des Auswärtigen Amtes, Dr. Kinkel — von von Brauchitsch in einem Schreiben für den persönlich haftenden Gesellschafter Paefgen als »Sonderbotschafter und Graue Eminenz von Genscher« bezeichnet —, eingeschaltet. Bereits in einem Vermerk vom 21. Oktober 1976 aus dem Sekretariat von Brauchitschs ist zur Mitwirkung Dr. Kinkels bei Zahlungen an die FDP-nahe Friedrich-Naumann-Stiftung folgendes zu entnehmen:

»Tel. Besprechung mit Herrn Dr. Kinkel in Bonn. Herr Dr. Kinkel hat folgende Kontonr. durchgegeben: Deutsche Bank, Bonn-Bad Godesberg,

Nr. 1231471, Friedrich-Naumann-Stiftung/Inland. Von dort würde auch die Quittung kommen. Ist damit Ihr Telefonwunsch von heute/vormittags erledigt?«

Sechs Tage später, am 27. Oktober 1976, übersandte der Geschäftsführer der Friedrich-Naumann-Stiftung der Flick-Konzerntochter Feldmühle eine abzugsfähige Spendenbescheinigung über 100000 DM. Diehl notierte hierzu unter »Zahlungen an die FDP: Friedrich-Naumann-Stiftung wg. Genscher 100000.«
Auch für die Jahre 1977 und 1978 finden sich Hinweise in den Unterlagen dafür, daß von Brauchitsch sowohl persönlichen als auch telefonischen Kontakt mit Dr. Kinkel hatte. Dieses läßt die Schlußfolgerung zu, daß Dr. Kinkel auch bei Abwicklung der Zahlungen »wg. Genscher« für die Jahre 1977 und 1978 eingeschaltet war. Die Fortsetzung der lediglich unterbrochenen Vernehmung von Bundesaußenminister Genscher sowie die Vernehmung des Zeugen Dr. Kinkel war wegen des vorzeitigen Abbruchs der Beweisaufnahme unmöglich.

• *»Etwas zum Ablehnen«*

In einem Vermerk vom 20. Januar 1976 schrieb Rechtsanwalt Dr. Reinhold Kreile an den Konzernchef Dr. Flick, Eberhard von Brauchitsch und Günter Max Paefgen, man habe ihn

»von zwei verschiedenen Stellen im Bundeswirtschaftsministerium zu einem sehr vertraulichen Gespräch gebeten. Dabei haben die hochrangigen Gesprächspartner erkennen lassen, die Initiative zu diesem Gespräch sei mit Billigung, ja geradezu auf Wunsch des Bundeswirtschaftsministers selbst ergriffen worden; man müsse dem Bundeswirtschaftsminister nur die Möglichkeit geben, offiziell von dem nachfolgend wiedergegebenen Gespräch nichts zu wissen.
Der Bundeswirtschaftsminister fühlt sich angesichts der Haltung von Bundesfinanzminister Apel und der SPD-Fraktion zum § 6 b EStG angesichts der Flick-Anträge ›an der Grenze seiner Belastbarkeit‹. Dies umsomehr, als das Bundeswirtschaftsministerium rechtlich, sachlich, aber auch nach seiner wirtschaftspolitischen Grundüberzeugung gehalten sei – und dies auch tun werde – den Anträgen zuzustimmen. Dabei sei der amerikanische Fall ganz klar, der andere Fall sei bestimmt durch den Grundsatz der Schaffung neuer Arbeitsplätze. Auch dieser Fall würde also wohl schlußendlich genehmigt

werden. Entscheidend wichtig aber sei, daß das Haus Flick noch einen weiteren Antrag vorlege, der abgewiesen wird. Dabei dürfe es sich nicht um einen reinen ›Türken‹ handeln, der aufgebaut werde, sondern müsse schon einen gewissen Gehalt haben. Einer meiner Gesprächspartner erinnerte sich dabei an eine Bemerkung aus dem Hause Flick, daß noch etwa 12% freier Anteile an Dynamit Nobel offenbar in der Schweiz oder von Schweizer Banken gehalten würden, die erworben werden sollten. Dies wäre zwar kein völlig abwegiger 6b-Fall, also kein ›Türke‹, würde aber vom Bundeswirtschaftsministerium abgelehnt werden können.
Wenn ein solcher Fall gefunden werden könnte, so meinte man im Bundeswirtschaftsministerium, sollte möglichst umgehend der offizielle Antrag für die dann ›drei Fälle‹ gestellt werden, damit in der Öffentlichkeit sehr rasch klargestellt wird, daß der Fall Flick teils abgelehnt, teils akzeptiert wurde.«

Der Mehrheitsbericht merkt hierzu an, man habe die beiden Gesprächspartner, mit denen der Zeuge Kreile seinerzeit gesprochen habe, nicht feststellen können. Im Ergebnis spricht jedoch vieles dafür, daß die Gesprächspartner Dr. Tietmeyer, Leiter der Abteilung I im Bundeswirtschaftsministerium, und Ministerialdirigent Fischer, Leiter der Unterabteilung I B im Bundeswirtschaftsministerium, waren. Sowohl Dr. Tietmeyer als auch Fischer haben Gespräche mit Dr. Kreile zur damaligen Zeit eingeräumt.

In der Beweisaufnahme ist von verschiedenen Zeugen dem offensichtlichen Versuch, einen Scheinantrag zu empfehlen, um dem Bundeswirtschaftsministerium aus öffentlichkeitswirksamen Gründen die Möglichkeit einer Ablehnung zu geben, eine andere Deutung gegeben worden. So führte Wacker vom Flick-Konzern aus, der Antrag sei gut begründet gewesen; er habe ihn nie als »Türke« betrachtet. Er wisse allerdings, daß man — und zwar nach seiner Erinnerung bei Flick — von einem »Türken« gesprochen habe. Von Brauchitsch wandte sich ebenfalls gegen die Formulierung »Türke«. Vielmehr sei es ein »offener Fall« gewesen, der »möglicherweise« abgelehnt werden würde. Man habe nur einen »dolus eventualis« gehabt, also die Ablehnung nicht beabsichtigt, sondern nur in Kauf genommen. Dr. Kreile meinte, man habe lediglich eine »rechtsmittelfähige Entscheidung« haben wollen. Der Begriff »Türke« sei nur in dem Sinne zu verstehen, daß es für das Bundeswirtschaftsministerium eine »psychologische Entlastung« habe geben sollen. Staatssekretär

im Bundeswirtschaftsministerium Dr. Schlecht hat im wesentlichen ausgeführt, es sei damals lediglich gemeint gewesen, Flick müsse damit rechnen, daß »schon aus optischen Gründen« nicht alle Anträge genehmigt werden könnten. Einen »Türken« habe es nicht gegeben. Dr. Tietmeyer hat bei seiner staatsanwaltschaftlichen Vernehmung ausgeführt, man habe — auch er selbst — gegenüber der Firma Flick mehrfach deutlich gemacht, daß im Hinblick auf politische Auseinandersetzungen ein Ablehnungsfall im Rahmen eines Paketantrages nützlich wäre. Vor dem Untersuchungsausschuß hat er diese Aussage dahingehend interpretiert, er habe der Firma sinngemäß gesagt, ein Fall, der die Möglichkeit gebe, die Kriterien zu verdeutlichen, die man an derartige Fälle anlegen könne, sei nicht von vornherein schlecht, sondern könne jedem anderen Antragsteller auch passieren.
Angesichts dieser Aussagen, die dem Vermerk einen anderen Sinn zu geben versuchen, ihn aber inhaltlich nicht prinzipiell in Frage stellen, ist davon auszugehen, daß die Kreile-Notiz im wesentlichen zutreffend den Inhalt seines Gespräches wiedergibt. Wenig später wurde im ersten Antragsblock ein offenkundig aussichtsloser Antrag gestellt. Auch insoweit ist demnach der Vermerk plausibel. Offensichtlich hatte das Bundeswirtschaftsministerium damals erhebliche Sorgen wegen der Kritik von SPD-Politikern an den Flick-Anträgen und hielt es für notwendig, gegenüber der Öffentlichkeit deutlich zu machen, daß jedenfalls nicht alle Flick-Anträge genehmigt würden.
Auch im Hause Flick wurde dies so gesehen. Von Brauchitsch schlug in einem schriftlichen Vermerk für Dr. Flick vom 21. Januar 1976 vor, so vorzugehen, wie es Dr. Kreile formuliert hatte. Von Brauchitsch schrieb: »Daß wir die knapp DM 60 Mio. Thesaurus außerhalb des Dai-Erlöses machen.« Zur Begründung führte er aus:

»1. Die Darstellung der Grundstimmung im Bundeswirtschaftsministerium und beim Minister selbst entspricht unseren eigenen Erkenntnissen. Es gibt zuverlässige Informationen, daß der Bundeswirtschaftsminister z. B. aus diesem Grunde das Sohl-Fest und ähnliche Veranstaltungen abgesagt hat. Der Bundeswirtschaftsminister verkehrt mit mir z. Zt. auch nur auf Umwegen.
2. Es kann keinesfalls unser Interesse sein, den Minister jetzt ›über die

Grenzen seiner Belastbarkeit hinaus‹ in Anspruch zu nehmen. Deshalb müssen wir ganz grundsätzlich sein Schonungsbedürfnis respektieren.

3. Über die Anregung, den Fall Thesaurus als Antrag vorzulegen und eine Ablehnung in Kauf zu nehmen, habe ich mit den Herren Wacker und Dr. Schmidt-Hern gesprochen, die in der vergangenen Woche das Fachgespräch im Wirtschaftsministerium hatten.
Die Chancen für 6 b-Genehmigung Thesaurus sind außerordentlich gering. Ich hatte von Anfang an darauf aufmerksam gemacht, daß hier nur der Verteidiger hätte helfen können, mit der Behauptung, daß es dem Sicherheitsbedürfnis der BRD entspreche, daß DN wegen gelegentlicher Militarialieferungen keinen Außer-NATO-Partner habe. Dieses Argument wird wahrscheinlich vom Verteidiger nicht mitgetragen, so daß eine volkswirtschaftliche Förderungswürdigkeit für eine solche Reinvestition beim besten Willen nicht griffig ist.«

Am 5. Februar 1976 traf sich Eberhard von Brauchitsch mit Bundesminister Dr. Friderichs zu einem Gespräch unter vier Augen im Bundeswirtschaftsministerium. Nach dem Themen-Zettel von Brauchitsch sollte unter anderem über den Fall »Thesaurus« gesprochen werden. Ein Vermerk über dieses Gespräch ist dem Untersuchungsausschuß nicht zur Kenntnis gelangt. In einem Begleitvermerk für Dr. Flick jedoch schrieb von Brauchitsch über das Gespräch, es sei »teilweise hochbrisant« verlaufen, weswegen er die Aktennotiz in nur einem Exemplar gefertigt habe, welches er in seiner Brieftasche habe und zum Lesen vorlegen wolle. Er habe Sorge, sie der Post oder dem Hausumlauf anzuvertrauen. Aus einem späteren Vermerk von Brauchitschs ergibt sich, daß Dr. Flick die vertrauliche Notiz gelesen haben muß. Von Brauchitsch notierte, Dr. Flick sei »allenthalben einverstanden«.
Dr. Kreile war es auch, der anläßlich eines Gespräches vom 12. November 1975 mit Beamten des Bundesfinanzministeriums diese über seine wahren Absichten durch die Ankündigung, es solle über die parlamentarischen Beratungen zur Körperschaftssteuerreform gesprochen werden, irregeführt hat. Dies wird durch den Vermerk Dr. Kreiles drei Wochen vor dem Gespräch für von Brauchitsch deutlich, in dem Kreile festhielt, »offiziell« habe er die Einladung »aus Anlaß des Beginns der Beratungen zur Körperschaftssteuerreform« begründet. In Ausnutzung seiner Eigenschaft als Mitglied des Bundestages sowie

als den Beamten bekanntes Mitglied im Finanzausschuß nahm Dr. Kreile dann im Gespräch vom 12. November 1975 die Gelegenheit wahr, entgegen seiner Ankündigung, verschiedene für die Antragsvorbereitung wichtige und vertrauliche Informationen über den internen Willensbildungsprozeß der Ministerien für die Firma Flick zu besorgen.

Ein »Türke«, wie im Falle des »Thesaurus«-Antrages der Firma Flick, spielte auch in einem weiteren Fall eine Rolle. Bei der Rücknahme des Antrages US-Filter erwog der Flick-Konzern, für die noch laufenden Anträge, vor allem für den Gerling-Antrag, ein günstigeres »Klima« zu schaffen. Bereits Anfang 1978 hatte der Konzernchef Dr. Flick nach einem Vermerk von Brauchitschs an Wacker angeregt, wegen der im Hinblick auf ihre Genehmigung gefährdeten Anträge Feldmühle und Grace einen weiteren Antrag zu stellen, um den befaßten Ministerien »etwas zum Ablehnen« zu geben. Wörtlich hielt von Brauchitsch hierzu fest:

»Um der Sache Fm eine größere Chance einzuräumen, hat Dr. F. K. Flick eine — wie mir scheint — grandiose Idee geboren. Wir sollten — ohne sachlichen Hintergrund — einen Antrag nach § 4 zur Beteiligung an einer US-amerikanischen Papierfabrik nachschieben. Dann gäbe es etwas abzulehnen, und zwar im §-4-Bereich und außerdem würde es die Behörde schwerer haben, im Bereich der Fm zwei Ablehnungen auszusprechen...«

In der Folgezeit nahm der Konzernchef Dr. Flick den Gedanken eines solchen »Deal« wieder auf und hielt in einem Vermerk vom 11. Mai 1981 folgendes fest:

»... es war ein großer Fehler, sich in den Fällen USF und Gerling nicht vorher eine schriftliche Zusage geben zu lassen... vB soll jetzt sofort zu M und L hingehen, wobei überlegt werden soll, ob nicht Aufteilung — nämlich daß Kl. zu La hingeht. Im Zuge der USF-Abgabe muß es dann ja möglich sein, die Genehmigung für Gerling zu besorgen, wie denn sonst...«
(vB = von Brauchitsch, M = Matthöfer, L = Lambsdorff, Kl = Klaus Götte, La = Lahnstein)

• *»Endgültige Hausnummer 100–130«*

Am 21. Dezember 1978 ließ Manfred Nemitz vom Flick-Konzern — nach einer Notiz des Sekretariats von Eberhard von

Brauchitsch — telefonisch durchgeben, er bitte von Brauchitsch, »in der Angelegenheit der 20 Weihnachtskarten mit Herrn Diehl zu sprechen. Die Hausnummer würde noch fehlen«.

Der Mehrheitsbericht verweist hier auf die Aussage des Zeugen von Brauchitsch — nachdem der Zeuge Nemitz in seiner Vernehmung vor dem Untersuchungsausschuß ein umfassendes Aussageverweigerungsrecht geltend gemacht hat —, welcher erklärte, Rudolf Diehl habe eine Adressenkartei gehabt. Von daher könne es sich durchaus um die Versendung von Weihnachtskarten gehandelt haben. Von Brauchitsch erklärte, er sehe keinen Zusammenhang mit der Eintragung vom 22. Dezember 1978 »v. B. ohne Angabe ü. Nemitz 20000«, die Diehl in der Liste »inoffizielle Zahlungen an die FDP« festhielt.

Der Mehrheitsbericht kommt schließlich zu dem Ergebnis, er habe nicht geklärt, ob der Eintragung von Diehl vom 22. Dezember 1978 eine oder mehrere Barspenden an die FDP an eine oder mehrere Mitglieder dieser Partei zugrunde lägen. Angesichts dessen sei auch der tatsächliche Sinn des Anrufes von Manfred Nemitz bei von Brauchitsch vom 21. Dezember 1978 für den Ausschuß nicht aufklärbar.

Entgegen dem Resümee der Mehrheit gibt es in den Unterlagen des Ausschusses jedoch deutliche Hinweise, daß es sich bei der »Hausnummer« in der »Angelegenheit der 20 Weihnachtskarten« mit an Sicherheit grenzender Wahrscheinlichkeit um Spenden an FDP-Politiker gehandelt hat, wovon auch von Brauchitsch entgegen seinem Bekunden Kenntnis gehabt haben muß. In den Unterlagen findet sich nämlich eine Notiz aus dem Sekretariat von Brauchitschs, welche sich ebenso auf eine »Hausnummer« bezieht. Unter dem Datum vom 26. Februar 1975 ist hierin festgehalten: »Memo für Telefonat mit Herrn Kobold: Endgültige Hausnummer 100–130.« Dies läßt die Schlußfolgerung zu, daß die Bezeichnung »Hausnummer« ein fester Begriff im Sprachgebrauch von Brauchitschs ist und nicht etwa auf Adressen für Weihnachtskarten zu beziehen ist. Vielmehr wurde der Begriff als Pseudonym für Spenden an Parteien und Politiker benutzt. Bereits am 5. Juni 1974 hatte von Brauchitsch für Kaletsch notiert:

»Ich übermittele Ihnen beiliegend Kopie des Briefes von Konrad Henkel vom 31. Mai mit der Zu-/Absagenliste für den 19. Juni. Nach meinem heutigen Gespräch mit Herrn Kobold werden außer Ihnen und mir die Herren van Delden, Otto Henkel, Quandt mit Goltz und Schickedanz mit Laschet zur Vorbesprechung um 16.30 Uhr gebeten (Haus Hösel)... Ich habe mich einverstanden erklärt, einen einführenden Satz zur Problematik der Finanzierung von ›Nebenorganisationen‹ zu machen.«

Unter dem Datum vom 28. Februar 1985 findet sich in einem weiteren Sekretariatsvermerk aus dem Büro von Brauchitsch ein Hinweis auf die Bedeutung der »Hausnummer«:

»Mitgabe zum Termin 4. März bei Dr. Henkel erster Dienstag, 4. 3., abschließende Hausnummer von Herrn Kobold in Sachen Projekt ›R‹.
2. CDU-Metzkausen, 2 × 5, (Flick und Henkel).«

Aufschlußreich zur Frage des Gegenstandes von Gesprächen im »Höseler Kreis« — in offensichtlicher Verbindung zu Gesprächen von Brauchitschs mit Konrad Henkel und Kobold — ist eine weitere Notiz aus dem Sekretariat von Brauchitsch, in der unter dem 15. Juli 1974 notiert wurde:

»Memo für nächsten Henkel-Kreis. Kiep soll grobe Einnahmen- und Ausgabenrechnung für Hösel (nächstes Gespräch) vorbereiten (Abgestimmt mit Laschet).«

Weitere Aufklärung hätte nur die Fortsetzung der Vernehmung des Zeugen Kiep sowie die Vernehmung Dr. Konrad Henkels ergeben, was jedoch durch den von der Ausschußmehrheit herbeigeführten vorzeitigen Abbruch der Beweisaufnahme vereitelt wurde. Der Zeuge Kiep konnte vor dem Untersuchungsausschuß zu den oben zitierten Vermerken nicht befragt werden, da diese Unterlagen dem Ausschuß bei der Vernehmung des Zeugen noch nicht zur Verfügung standen. Ein hierauf von mir im Untersuchungsausschuß eingebrachter Antrag auf erneute Ladung des Zeugen Kiep im Hinblick auf die sich aus den nachgelieferten Akten neu ergebenden Tatsachen fand keine Mehrheit.

3. Die Verfassung unserer Republik
Politische Bewertung und Schlußfolgerungen

Verhältnis von Wirtschaft und Politik

Die vom Untersuchungsausschuß festgestellten Tatsachen vermitteln einen Einblick in ein engmaschiges Geflecht von Beziehungen zwischen dem Flick-Konzern und Politikern aus CDU, CSU, FDP und SPD. Über ein weitverzweigtes Kapillarsystem wurden den genannten Parteien und einzelnen Politikern, die dem Flick-Konzern besonders genehm waren, finanzielle Transfusionen zugeleitet, die sie in zunehmende Abhängigkeit von ihren Geldgebern brachten. Vorgehens- und Verhaltensweisen der Geschäftsleitung des Flick-Konzerns und einer großen Zahl von Politikern widersprechen so deutlich den Grundregeln der Demokratie, daß sie teilweise sogar von der Ausschußmehrheit in sachter Form »mißbilligt« werden.

Für die Beurteilung des Sachverhalts genügt eine isolierte Betrachtungsweise jedoch nicht, sondern Struktur und Funktionsweise der Beziehungen zwischen Flick-Konzern und Politikern können nur auf dem Hintergrund der historischen Entwicklung und des gesellschaftlichen Umfeldes begriffen werden. Angesichts der Krise, in die die von Flick alimentierten Parteien geraten sind, wurde der Versuch unternommen, den Schaden durch die These zu begrenzen, die Flick-Affäre sei ein Ausnahmefall, ein politischer Unfall, während an guten Sitten, Demokratietreue und Ehrbarkeit nirgendwo sonst zu zweifeln sei. Mit großem Pathos wurde beschworen, die Republik sei nicht käuflich. Auch der Mehrheitsbericht behauptet, die in den Medien erhobenen schwerwiegenden Vorwürfe hätten sich nicht bestätigt. Das Agieren des Flick-Konzerns, die Einnistung seiner Lobby in Parteien und politischen Institutionen, Herr-

schaftsanspruch und Herrschaftsgebaren von Flick und seiner Bevollmächtigten sind aber keineswegs eine exotische Ausnahmeerscheinung, sondern symptomatisch für eine gesellschaftliche Fehlentwicklung in sehr viel größeren Dimensionen. Kennzeichnend dafür ist das sich immer mehr vergrößernde bedrohliche Übergewicht großer Konzerne und Banken. Sie haben sich zu Machtzentren ausgebildet, die die Gefahr der Zerstörung der demokratisch-parlamentarischen Institutionen von innen heraus begründen. Wenn die Innenansicht der politischen Institutionen ergibt, wofür die Untersuchungen des Ausschusses einige Belege liefern, daß manche Politiker nur noch als Handlanger von Kapitalinteressen fungieren, die von ihren politischen Geldgebern »an die Leine« gelegt werden können, steht jedenfalls die Substanz der Demokratie auf dem Spiel. Das Volk wird das Vertrauen in die demokratischen Institutionen verlieren, wenn nicht grundlegende Änderungen vollzogen werden.
Sicherlich unter einem anderen Blickwinkel und auf der Grundlage wirtschaftspolitischer Vorstellungen, die die GRÜNEN nicht teilen, kam die »Frankfurter Allgemeine Zeitung« in einem Kommentar über Fusionen im Medienbereich zu ähnlich kritischen Überlegungen:

»Die Konzentration von Macht ist Gift für eine freie Ordnung... Das Schlimmste, nämlich die Formierung eines in seinen Auswirkungen nicht abzuschätzenden Bündnisses von Mächtigen, ist nicht auszuschließen. Das wäre ein politisches Verhängnis.«[1]

Leider übersieht die »Frankfurter Allgemeine Zeitung«, daß dieses »in seinen Auswirkungen nicht abzuschätzende Bündnis von Mächtigen« längst besteht. Das Beziehungsgeflecht zwischen Flick-Konzern und Politik, dessen Relief aufgrund der Beweiserhebungen des Ausschusses in Umrissen erkennbar wurde, ist exemplarisch für das unmittelbare Hineinwirken »der Wirtschaft« in die Politik. Daß sich der Flick-Konzern in mancher Hinsicht dabei besonders exponiert hat, vermag an dieser Feststellung nichts zu ändern.

• *Historische Entwicklung*

Bereits in der Weimarer Republik haben Großunternehmen erfolgreich rechtsgerichtete Parteien für ihre wirtschaftlichen Interessen in Dienst genommen. Die dabei angewandten Methoden ähneln in verblüffender Weise den Aktivitäten, die mit der Flick- und Parteispendenaffäre aufgedeckt worden sind.
Eine ausführliche Beschreibung der Beziehungen zwischen der Großindustrie und bestimmten Parteien während der Weimarer Zeit ist innerhalb des Ausschußberichts weder möglich noch notwendig. Immerhin wurde schon damals eine »Staatsbürgerliche Vereinigung« gegründet, deren Bestrebungen der Leiter des IG-Farben-Konzerns, Carl Duisberg, in der Gründungsversammlung folgendermaßen zusammenfaßte:

> »In der Behandlung wichtiger wirtschaftlicher Fragen muß eine Änderung eintreten. Wie man es machen muß, das kann man in Amerika sehen. Die ganze Politik dort wird von einem Gremium von Wirtschaftlern gemacht. Wenn größere Fragen zur Entscheidung stehen, dann treten sie zusammen, sprechen diese durch und setzen Richtlinien fest, nach denen wird dann gearbeitet. Aber wie soll man die Sache in Deutschland machen? Alle diese Dinge werden im Reichstag entschieden. Darum können und müssen wir auf die Parteipolitik einwirken. Aber einzuwirken mit der Vernunft auf die Parteien, das hat man allgemein aufgegeben. Nur durch planmäßige Beeinflussung lassen sich alle Schwierigkeiten überwinden. Zur Durchsetzung der Gedanken und Pläne der staatspolitischen Vereinigung aber gehört Geld.«[2]

Das finanzielle Wohlwollen industrieller Kreise wandte sich Anfang der dreißiger Jahre verstärkt den Nationalsozialisten zu. Vor allem Schwerindustrie und Banken förderten mit riesigen Summen die NSDAP. Allein aus der Ruhr-Industrie erhielt die NSDAP in den Jahren 1930 bis 1932 jährlich eine Summe von schätzungsweise 2 Millionen Reichsmark.[3] Als Anfang 1933 die Nationalsozialisten nach einer Serie kostspieliger Wahlkämpfe in eine kritische finanzielle Situation gerieten, wurden ihre Finanzen mit Hilfe höchst einflußreicher industrieller Gönner saniert. Die Appelle von Hitler und Göring an die »Opferbereitschaft« der Industrie blieben nicht ungehört. Am 20. Februar 1933 versammelten sich etwa 25 führende Industrielle im Dienstsitz des früheren Reichstagspräsidenten Göring. Nach einer

Ansprache Hitlers nahm Göring das Wort und wies auf die Notwendigkeit hin, den Wahlfeldzug auf eine Weise zu finanzieren, die es überflüssig mache, Steuergelder für politische Zwecke zu verwenden, und fuhr fort:

»Das erbetene Opfer wird der Industrie sicherlich um so leichter fallen, wenn sie weiß, daß die Wahlen am 5. März die letzten innerhalb von 10 Jahren, voraussichtlich aber von 100 Jahren sein werden.«[4]

Am 1. Juni 1933 wurde eine einheitliche Regelung der Spendenfonds festgelegt, die jeden Unternehmer mit einer Parteispende zugunsten der NSDAP in Höhe von 5 Promille der Jahres-, Lohn- und Gehaltssumme 1932 belegte. Diese Sammlung ging unter dem Namen »Adolf-Hitler-Spende der deutschen Wirtschaft« in die Geschichte ein.[5] Sie war die finanzielle Vorbereitung und Voraussetzung für die unermeßlichen Verbrechen, die Hitler, Himmler, Göring, Goebbels und zahllose andere Kriminelle begangen haben.

Viele Großindustrielle, die das Nazi-Terrorregime unterstützt und sich zugleich kräftig bereichert haben, konnten ihre Millionen- und Milliardenvermögen über den Zusammenbruch des Dritten Reiches hinwegretten. Ihre Aktienpakete blieben ihnen erhalten oder wurden ihnen wieder zurückgegeben. Ihre wirtschaftlichen Machtpositionen wurden auch durch die 1948 durchgeführte Währungsreform nicht beeinträchtigt, sondern eher verstärkt. So hielten sich die Finanziers und Profiteure der Nazi-Verbrechen an die bereits 1926 von dem liberalen Finanzsoziologen Prof. Goldscheid in seinem Beitrag zum »Handbuch der Finanzwissenschaften« beschriebene Regel, wonach »die Besitzenden die Kosten des Krieges wie die aller seiner zerstörerischen Nachwirkungen auf die Besitzlosen überwälzen wollen«. Der von den Nazis entfesselte Zweite Weltkrieg kostete nahezu fünfundfünfzig Millionen Menschen das Leben und verursachte Kriegsausgaben und Kriegsschäden in Höhe von rund 1350 Milliarden Dollar.[6] Einige haben an dieser Katastrophe glänzend verdient.

Nicht wenige dieser Industriellen und Bankiers nutzten ihre

fortbestehenden wirtschaftlichen Machtpositionen auch nach Gründung der Bundesrepublik Deutschland, um Einfluß auf die ihnen nahestehenden Parteien zu gewinnen. Bereits im Sommer 1949 — wenige Monate vor der ersten Bundestagswahl — schlossen Wirtschaftsverbände das »Pyrmonter Abkommen«, dessen Inhalt in einem unter »Vertraulich! Persönlich!« von dem Hauptgeschäftsführer der Wirtschaftsvereinigung Bauindustrie in Düsseldorf herausgegebenen Rundschreiben vom 10. Juni 1949 wie folgt wiedergegeben wurde.

»Aufgrund eines Abkommens zwischen den Wirtschaftsverbänden und den die Wirtschaftspolitik des Herrn Prof. Erhard tragenden Parteien haben sich die Verbände verpflichtet, für den Wahlfonds dieser Parteien einen Betrag von insgesamt 2 Millionen DM aufzubringen. Auf den Sektor Bauindustrie entfallen insgesamt davon 600 000 DM. Die aufkommenden Gelder werden nach folgendem Schlüssel auf die Parteien verteilt:
65 % erhält die CDU
25 % erhält die FDP
10 % erhält die Deutsche Partei...«[7]

Das Pyrmonter Abkommen zum Zweck der massiven Stützung einer Rechtskoalition stand in engem Zusammenhang mit der Abkehr der CDU von ihrem »Ahlener Programm« und dem Übergang zu den »Düsseldorfer Leitsätzen«.[8] In Bayern vollzog sich eine ähnliche Entwicklung. Anfangs bestand in der Programmdiskussion der CSU noch die Tendenz, »unbegrenzten Wirtschaftsliberalismus« ebenso wie »kollektivistische Planwirtschaft« abzulehnen. Während »eine besondere Förderung des Klein- und Mittelbetriebes in Landwirtschaft, Handwerk, Handel, Gewerbe und Industrie und dessen Schutz gegen Auflösung und Aufsaugung« verlangt wurde, betonte das Grundsatzprogramm der CSU 1946 zugleich, daß »der wirtschaftliche Großbetrieb — unter keinen Umständen zu einem selbstsüchtigen und kapitalistischen Profitunternehmen ausarten«[9] darf. Innerhalb weniger Jahre entwickelte die CSU jedoch unter wachsendem Einfluß von Franz Josef Strauß das Profil einer Industriepartei.

»Die offensichtliche Wahrnehmung von Unternehmerinteressen durch Franz Josef Strauß findet ihren Widerhall einerseits in positiver publizistischer Hervorhebung seiner Person und Partei durch offizielle Publikationsorgane der Unternehmerschaft, andererseits in einer — auch in der Wissenschaft — verbreiteten Qualifizierung der CSU als ›Industriepartei‹. Diese Einschätzung resultierte aus der Tatsache, daß ein erheblicher Teil der CSU-Finanzierung als Folge des aktiven unternehmerfreundlichen Verhaltens der Partei von der spendenbereiten Wirtschaft aufgebracht wird.«[10]

Der Öffentlichkeit blieben die Industriespenden für die Rechtsparteien weitgehend verborgen. Mit Recht rügte seinerzeit der SPD-Vorstand in der Denkschrift »Unternehmermillionen kaufen politische Macht« einen Verstoß gegen Artikel 21 GG, wonach die Parteien über die Herkunft ihrer Mittel öffentlich Rechenschaft geben müssen. Aber Verfassung, Strafgesetze und Steuervorschriften kümmerten Spender und Spendenempfänger wenig. Nach dem Pyrmonter Abkommen und der erfolgreich zugunsten der Rechtskoalition verlaufenen Bundestagswahl des Jahres 1949 wurden zahllose Fördergesellschaften zur Finanzierung der Rechtsparteien gegründet. »Als Dachorganisation fungierte ein Zentralkuratorium der Fördergesellschaften in Köln, welches das durch Umlage bei den Verbandsmitgliedern gesammelte Geld nach einem bestimmten — manchmal vom Wohlverhalten der einzelnen Parteien abhängigen — Verteilungsschlüssel an die Koalitionsparteien weiterleitete.«[11]
Für die Bundesebene wurde mit der Gründung der berüchtigten »Staatsbürgerlichen Vereinigung 1954 e. V.« die Spendenbeschaffung zentralisiert und erheblich ausgeweitet.[12] Aufgabe dieser neuen Vereinigung war es, die »fünfzig bis sechzig Großunternehmen, vornehmlich der Schwerindustrie, Banken und Versicherungen sowie des Handels, gezielt um Spendenbeiträge anzugehen und mit dem Ertrag die Regierungsparteien auf Bundesebene zu unterstützen, während die bisherigen Landes-Fördergesellschaften ihre Sammlungen bei der übrigen Wirtschaft fortführten, um damit die Landesverbände mit zu unterhalten.«[13] Die Spendenvereine wurden entweder als Berufsverbände oder »gemeinnützige« Organisationen deklariert. Sie sollten in dreifacher Weise den beteiligten Unternehmern von Nutzen sein:

Steuerersparnis
Ihre Zuwendungen, als Mitgliedsbeitrag oder gemeinnützige Spenden getarnt, zahlten die Unternehmer zunächst an eine als Berufsverband oder gemeinnützige Vereinigung deklarierte Fördergesellschaft. Die als Mitgliedsbeiträge oder gemeinnützige Spenden getarnten Geldbeträge wurden steuermindernd bei der Einkommen- bzw. Körperschaftssteuer geltend gemacht. Die Fördergesellschaften leiteten dann ihrerseits die Beiträge — nicht selten entsprechend den Einzelanweisungen des Spenders — an die gewünschte Partei weiter.

Anonymität
Über die Fördergesellschaften erhielten die Rechtsparteien Geldmittel erheblichen Umfanges, ohne daß ihre eigentlichen Geldgeber bekannt wurden. In den Rechenschaftsberichten der Parteien erschienen allenfalls die Namen der Fördergesellschaften. Entgegen dem Verfassungsgebot des Artikels 21 Abs. 1 Satz 4 GG blieben damit die Spender anonym.

Politischer Einfluß
Durch die Konzentration und straffe Organisation der verdeckten Parteienfinanzierung erhöhten sich die Einflußmöglichkeiten der Wirtschaftsverbände. Schätzungen ergaben, daß die Wirtschaftsverbände die Rechtsparteien beispielsweise im Wahljahr 1957 mit insgesamt 41,3 Millionen Mark gefördert haben.[3]1[4]
Mit dem Anwachsen des Anteils der Unternehmerverbände an dem Finanzierungsaufkommen der begünstigten Parteien wuchs auch deren politischer Einfluß. »Er reichte von einer generellen Beeinflussung der Koalitionspolitik über die Mitwirkung bei der Kandidatenaufstellung bis zur Einflußnahme auf einzelne Sachentscheidungen.«[15]
Wie massiv und direkt aus den beteiligten Wirtschaftskreisen mittels Auf- oder Zudrehen des Geldhahnes der sogenannten Fördergesellschaften auf die Politik Einfluß ausgeübt wurde, beweist ein Bericht der Zeitung »Der Tagesspiegel«:

»Ärger zwischen Fördergesellschaften und FDP hatte es bereits in den Monaten vor der Krise bei anderen Gelegenheiten gegeben, als bestimmte Gesellschaften beispielsweise Zuschüsse für einen Landtagswahlkampf von der vorherigen Zusage einer Koalition mit der CDU oder von persönlichen Forderungen abhängig machen wollten, und als sie die Begleichung von Wahlschulden der FDP, zu der sie sich verpflichtet hatten, bis nach der Regierungsbildung verzögerten, um ein Druckmittel in der Hand zu behalten.«[16]

Der Sturz der nordrhein-westfälischen Landesregierung des damaligen CDU-Ministerpräsidenten Arnold im Jahre 1956 blieb für die FDP nicht ohne finanzielle Folgen. Ab Mitte Februar 1956 wurden die Zahlungen der Staatsbürgerlichen Vereinigung 1954 e. V. und der Landesfördergesellschaften in Hessen und Nordrhein-Westfalen für die FDP eingestellt. Der damalige FDP-Vorsitzende Thomas Dehler prangerte das finanzielle Erpressungsmanöver mit folgenden Worten an: »Das ist der schlimmste Kapitalismus, wenn man mit Geld politischen Einfluß nehmen will.«[17]

Im Gründungsjahr der Staatsbürgerlichen Vereinigung 1954 e. V. veränderten die Rechtsparteien gegen den Widerstand der SPD die Vorschriften des Einkommensteuergesetzes und des Körperschaftssteuergesetzes. Ab 1954 wurden erstmals Spenden an politische Parteien bis zur Höhe von 5 % des Gesamtbetrages der Einkünfte bzw. des Einkommens oder 2 ‰ der Summe der gesamten Umsätze und der im Kalenderjahr aufgewendeten Löhne und Gehälter als Sonderausgaben abziehbar. Diese Steuerbegünstigung von Großspenden wurde mit Beschluß des Bundesverfassungsgerichtes vom 24. Juni 1958 auf eine von der SPD-geführten hessischen Landesregierung eingereichte Normenkontrollklage wegen Verstoßes gegen das Grundrecht der Chancengleichheit für verfassungswidrig erklärt. Das hinderte die beteiligten Unternehmerkreise nicht, das Netz der Fördergesellschaften weiter auszubauen und sich illegal Steuervergünstigungen dadurch zu verschaffen, daß die Parteispenden als Zuwendungen an vermeintlich gemeinnützige Organisationen deklariert wurden.
Über die Staatsbürgerliche Vereinigung 1954 e. V. wurden in den Jahren 1969 bis 1980 auf dem Umweg über obskure Institute in der Schweiz und in Liechtenstein allein 214 Millionen Mark in die Kassen von CDU/CSU und FDP geleitet. Die dadurch

bewirkten Steuerhinterziehungen haben ein Volumen von mehreren Millionen DM.
Auch die Bayerische Staatsbürgerliche Vereinigung galt als »eine für die Sammlung von steuerabzugsfähigen Wahlgeldern für rechtsgerichtete Parteien bestehende Institution«, wie aus einem von der Staatsanwaltschaft sichergestellten »Streng vertraulichen« Vermerk eines Flick-Unternehmens aus dem Jahre 1976 hervorgeht. In einem an den Vorstand der Firma Krauss Maffei AG gerichteten Schreiben vom 22. Juni 1966 definierte der Vorsitzende der Bayerischen Staatsbürgerlichen Vereinigung, Prof. Dr. Rodenstock, deren Aufgabe wie folgt:

»Die CSU hat in wirtschafts- und sozialpolitischen Fragen im allgemeinen für die Wünsche der Wirtschaft mehr Verständnis gezeigt als die CDU und einen entsprechenden Einfluß auf die Entscheidungen des Bundestags und der Bundesregierung ausgeübt. Die gleiche Feststellung kann hinsichtlich der FDP gemacht werden. Die Wirtschaft ist daher an einem möglichst großen Wahlerfolg dieser ihr nahestehenden Parteien interessiert.«

Die Bayerische Staatsbürgerliche Vereinigung hatte allerdings im Unterschied zur Staatsbürgerlichen Vereinigung 1954 e. V. keinen Gemeinnützigkeitsstatus und stellte auch nicht entsprechende Spendenquittungen aus. In dem vorerwähnten Schreiben vom 22. Juni 1966 hat Prof. Dr. Rodenstock auch »vorsorglich« darauf hingewiesen, daß aufgrund des Urteils des Bundesverfassungsgerichts vom 24. Juni 1958 Spenden an die Bayerische Staatsbürgerliche Vereinigung »nicht mehr als Betriebsausgaben abgesetzt werden können«.
Die Bayerische Staatsbürgerliche Vereinigung war jedoch nicht nur eine Organisation zur Sammlung und Anonymisierung, sondern nach Hinweisen in den Akten des Untersuchungsausschusses und anderen Recherchen hat sie auch eng mit Organisationen zusammengearbeitet, die als Geldwaschanlagen dienten. So wurde in einem bei einer Flick-Untergesellschaft aufgefundenen Vermerk festgehalten, daß zur Erlangung einer steuerlichen Begünstigung die Zahlung an einen anderen Verein möglich sei, der die Spende dann an die Bayerische Staatsbürgerliche Vereinigung weiterleitet. Nach diesem Muster sollen erhebliche Zahlungen von der Staatsbürgerlichen Vereinigung 1954 e. V., die

steuerbegünstigte Spendenquittungen ausstellen konnte, an die Bayerische Staatsbürgerliche Vereinigung geleistet worden sein, die größtenteils, um keinen Argwohn bei steuerlichen Überprüfungen zu erwecken und die Spuren zu verwischen, in bar abgewickelt wurden.[18]

Es entstanden eine große Anzahl von Vereinen mit klangvollen Namen, die in ähnlicher Weise zum Teil über das Ausland unter Umgehung des Verfassungsgebots in Artikel 21 GG, des Parteiengesetzes und der Steuervorschriften Spenden in die Kasse der Parteien transferierten. Darüber hinaus wurde eine Reihe anderer Modelle zur Umgehung der erwähnten Verfassungs- und Gesetzesbestimmungen entwickelt. Dazu gehört das sogenannte Kaskaden-System, mit dem Spenden über Berufsverbände und andere Unterorganisationen in die Parteikassen geschleust wurden, verdeckte Parteienfinanzierung durch Übernahme von Inserats-, Druck- oder Materialkosten, die als Betriebsausgaben verbucht wurden, und der »Gutachtenkauf« als Steuerhinterziehungsmodell, das erst durch die beharrlichen Ermittlungen des Steuerbeamten Klaus Förster enttarnt wurde. Beim letztgenannten Steuerhinterziehungsmodell zahlten die beteiligten Unternehmen hohe Geldbeträge für Scheingutachten, die als fingierte Betriebsausgaben ertragsmindernd verbucht wurden, an parteinahe Institute, die ihre Einkünfte an die jeweilige Partei transferierten.[19]

Nachdem die steuerliche Außenprüfung bei der CDU-eigenen Unionsbetriebs-GmbH zur Aufdeckung des Steuerhinterziehungsmodells (Gutachtenkauf) über die »Europäische Unternehmensberatungsanstalt« in Vaduz/Liechtenstein geführt hatte, leitete die Staatsanwaltschaft in den Jahren 1977 und 1978 Ermittlungsverfahren wegen des Verdachts der Steuerhinterziehung gegen 105 deutsche Unternehmen ein, was beträchtliche Unruhe bei den beteiligten Unternehmen und Parteien auslöste. Das Bonner Büro des Flick-Konzerns notierte in dieser Zeit als Tagesordnungspunkt für eine Rücksprache mit Herrn von Brauchitsch »Allparteienaffäre um 90 noble Spender«. Vor allem für die CDU hatten die Ermittlungsverfahren verheerende politische Auswirkungen. Die Spendeneinnahmen gingen im Jahr

1978 drastisch zurück. Die CDU mußte hohe Kredite aufnehmen, was einem mit der Überprüfung der Finanzlage beauftragten Gutachter zu der Feststellung veranlaßte, die Überschuldung habe ein Maß erreicht, das eine Beschäftigung mit dem Konkurs und Vergleichsrecht erforderlich mache.[20] Die Überschuldung brachte die CDU in gesteigerte Abhängigkeit von Großspendern und den kreditgewährenden drei Großbanken. Folgerichtigerweise kam bereits damals auf seiten der CDU der Gedanke an eine Amnestie auf. Eine Entlastung versprach sich die CDU auch von einer von der CDU-Regierung Niedersachsen eingereichten Verfassungsklage, die jedoch im Jahr 1979 vom Bundesverfassungsgericht abgewiesen wurde. Um den finanziellen Bankrott abzuwenden, suchte die CDU nach Möglichkeiten zur Aufbesserung ihrer Kasse durch üppigere staatliche Bezuschussung und die Einführung steuerlicher Anreize für Großspenden. Die SPD war diesem Vorhaben zunächst nicht zugänglich. Als sich die Finanzsituation auf seiten der SPD in den folgenden Jahren ebenfalls verschlechterte, änderte sie ihre Haltung und stimmte Ende 1983 einer Anhebung der Wahlkampfkostenpauschale und der steuerlichen Privilegierung von Großspenden zu.
Sämtliche Parteien, mit Ausnahme der GRÜNEN, hatten sich in der Vergangenheit zunehmend verschuldet. Im Wahljahr 1980 finanzierten die Parteizentralen 38 % ihrer Ausgaben über Kredite.[21] Die gesamte Neuverschuldung der 1980 im Bundestag vertretenen Parteien betrug 77,3 Millionen DM, zu der 1981 noch eine weitere Verschuldung von 24 Millionen DM hinzukam. Die von dem damaligen Bundespräsidenten Prof. Dr. Karl Carstens einberufene Sachverständigenkommission gelangte daher in ihrem Bericht vom 18. April 1983 zu folgender Schlußfolgerung:

»Die Finanzierung durch Kredite hat damit bei den Parteizentralen ein Ausmaß erreicht, das geeignet ist, die Funktionsfähigkeit und Unabhängigkeit der Parteien erheblich zu beeinträchtigen.«[22]

Der Flick-Konzern hat in der langen Tradition der Beeinflussung politischer Entscheidungsprozesse durch Spenden eine herausragende Rolle gespielt.

Der Begründer des Flick-Konzerns, Friedrich Flick, war einer der finanziellen Sponsoren der Massenmörder Hitler und Himmler und ihrer Gefährten. Er war Wehrwirtschaftsführer und gehörte dem »Freundeskreis des Reichsführers SS Heinrich Himmler« an, auf dessen Sonderkonto er jährlich 100000 Reichsmark überwies. Insgesamt spendete Friedrich Flick in den Jahren 1933 bis 1945 den Nazi-Verbrechern die gewaltige Summe von 7,65 Millionen Reichsmark.[23] Diese Spenden waren für ihn eine lohnende Investition. (»Der Wirtschaftsführer denkt sehr häufig nicht in den Grundsätzen der bedingungslosen Unterstützung, sondern in denen der Investitionspolitik«, Gustav Stein, Vorstandsmitglied der Staatsbürgerlichen Vereinigung 1954 e. V. und Hauptgeschäftsführer des Bundesverbandes der Deutschen Industrie in einem SPIEGEL-Gespräch.[24]) Als Gönner und zugleich Nutznießer des Nazi-Terrorregimes verdiente Flick an der »Arisierung« jüdischen Vermögens, an der Versklavung und Ausbeutung von Kriegsgefangenen, KZ-Häftlingen und Fremdarbeitern. Er erzielte Supergewinne aus der Rüstungsproduktion.

»Flick bewarb sich offiziell im November 1933 um Rüstungsaufträge und suchte persönlich das Reichswirtschaftsministerium auf, um die Herren von der Leistungsfähigkeit seines Unternehmens zu überzeugen. Bereits Anfang 1934 durfte Flick die ersten Granaten, Bomben und Geschützrohre für die neuen Machthaber fertigen. In seinem Bewerbungsschreiben hatte der tüchtige Konzernherr mit Nachdruck darauf verwiesen, daß seine mitteldeutschen Firmen besonders günstig hinsichtlich des ›A-Falls‹ lagen. Gemeint war: Falls es Krieg gab, befanden sich Flicks Fabriken weit ab vom Schuß.«[25]

»Es dauerte nicht lange, bis Flick mit Adolf Hitler Freundschaft schloß. Als Belohnung erhielt er von Göring im Namen der ›Arisierung‹ Rechte zur Übernahme jüdischer Beteiligungen an der Kohleförderung in der Tschechoslowakei wie auch an Erzminen in Lothringen. Nachdem die deutschen Truppen die Ostgebiete besetzt hatten, standen Flick die Tore der dortigen Industrie mitsamt ihren Arbeitern offen. Flick traf sich regelmäßig zu wirtschaftspolitischen Diskussionen mit Himmler und spendete ansehnliche Geldsummen für die SS, die an hohe SS-Offiziere weitergeleitet wurden. Es gab keinen größeren Gönner als den treuen Friedrich Flick. Die 100000 RM, die jedes Jahr an Himmler gingen, wurden von Flicks Cousin, Konrad Kaletsch, überwiesen, der der SS versicherte, daß sie mit weiterer Unterstützung rechnen könne. Kaletsch, der 1937 der NSDAP beitrat, war ein

Vertrauter des Konzernherrn. Den Nazis war Flick ein loyaler Zeitgenosse. Wenn die Einsatzgruppe des Generals Ohlendorf von der Ostfront zurückkehrte, um dem ›Freundeskreis des Reichsführers SS Heinrich Himmler‹ Bericht zu erstatten, befand sich auch Flick unter dem erlauchten Publikum. Sein Name wie auch der seines Cousins Kaletsch standen ganz oben auf der Verteilerliste eines geheimen Berichts vom 19. November 1941, in dem es heißt: ›Die Stadt ist judenfrei, wie auch schon die Städte Kiev, Kriwoi, Rug und andere Orte, durch die wir gekommen sind. Was nicht geflohen ist, wurde liquidiert.‹ Himmler lud Flick auch zu einer Besichtigung von Konzentrationslagern ein.«[26]

»Als Flick im Juli 1943 seinen 60. Geburtstag feierte, hatte der Konzernschmied das größte private Industrie-Imperium im Reiche Adolf Hitlers errichtet. Sein Konzern war umfangreicher als der des legendären Gustav Krupp von Bohlen. Flick produzierte mehr Kanonen, mehr Stahl und auch mehr Kohle. ›Niemand‹, so feierte ihn Goebbels' Wochenzeitung Das Reich, ›hat die Ernennung zum Wehrwirtschaftsführer mehr verdient als Friedrich Flick.‹«[27]

Nach der Niederwerfung des Nazi-Terrorregimes wurde Flick interniert und im Jahre 1947 von dem Militärgerichtshof in Nürnberg zu einer Gefängnisstrafe von sieben Jahren verurteilt. Er wurde im Gefängnis Landsberg am Lech inhaftiert, wo viele »Prominente« des Dritten Reichs untergebracht waren. Er begann im Gefängnis mit dem Wiederaufbau seines Industrieimperiums, von dem wertvolle Teile erhalten geblieben waren. Als er 1950 vorzeitig aus der Haft entlassen wurde, verfügte er — zwei Jahre nach der Währungsreform und ein Jahr nach Gründung der Bundesrepublik Deutschland — wieder über ein Vermögen von mehreren hundert Millionen DM.

Das Einflußpotential des Flick-Konzerns in der Bundesrepublik Deutschland

• *Kontinuität nach 1945*

Innerhalb weniger Jahre gelangte Friedrich Flick nach Entlassung aus dem Gefängnis Landsberg wieder zu einer Machtfülle, die zu einer »markanten Bedrohung unserer gesellschaftlichen und staatlichen Ordnung« wurde.[28] Aus dem während seiner

Haftzeit vorbereiteten Verkauf seiner Kohlenzechen erlöste Flick rund 250 Millionen DM an liquiden Mitteln, mit denen er Beteiligungen in der Auto- und Kunststoffproduktion sowie der Papier-, Zellstoff- und Chemieindustrie erwarb. Auf diese Weise kam fast die Hälfte des Aktienkapitals der Daimler-Benz AG, über 80% der Dynamit-Nobel AG und 100% der Feldmühle AG in den Besitz von Flick.
Beraten wurde Friedrich Flick von einem früheren Landsberger Mithäftling, Dr. Otto Ambros.[29] Otto Ambros gehörte früher dem Vorstand der IG Farben-Industrie an. Die IG-Direktoren wählten ihn zum Leiter der Buna-Anlage in Auschwitz, in dem KZ-Häftlinge als Sklavenarbeiter zum Tagespreis von 3 Reichsmark, der an die SS zu entrichten war, arbeiten mußten. Kinder kosteten pro Tag 1,50 Reichsmark.[30] Über die Tätigkeit von Ambros in Auschwitz gibt folgendes Schreiben Auskunft:

»Dr. Otto Ambros — Ludwigshafen a. Rh., 12. April 1941
An die Herren
Direktor Dr. ter Meer
Direktor Dr. Struß
IG.-Frankfurt

Sehr geehrte Herren,
in Anlage übersende ich Ihnen die Berichte über unsere Baubesprechungen, die regelmäßig wöchentlich einmal unter meiner Leitung stattfinden.
Sie entnehmen daraus die organisatorische Regelung und vor allem den Beginn unserer Tätigkeit im Osten.
Inzwischen fand auch am 7. April die konstituierende Gründungssitzung in Kattowisz statt, die im großen und ganzen befriedigend verlief.
Gewisse Widerstände von kleinen Amtsschimmeln konnten schnell beseitigt werden.
Dr. Eckell hat sich dabei sehr bewährt und außerdem wirkt sich unsere neue Freundschaft mit der SS sehr segensreich aus.
Anläßlich eines Abendessens, das uns die Leitung des Konzentrationslagers gab, haben wir weiterhin alle Maßnahmen festgelegt, welche die Einschaltung des wirklich hervorragenden Betriebes des KZ-Lagers zugunsten der Buna-Werke betreffen.
Ich verbleibe mit besten Grüßen
Ihr gez. Otto Ambros«.[31]

Ein Mann, der »Widerstände von kleinen Amtsschimmeln« zu beseitigen wußte und eine »segensreiche Freundschaft mit der

SS« gepflegt hatte, war Friedrich Flick sehr willkommen, um sein Industrie-Reich wiederaufzurichten.

»Zwischen der IG und der SS bestand von Beginn an engste Zusammenarbeit. Die zwei Organisationen ergänzten einander in Auschwitz. Während die IG die Baracken baute, lieferte die SS das ›Mobiliar‹ (die Pritschen). Die SS stellte die Bewacher, denen die IG ihren Werkschutz (eine Art ›Fabrikpolizei‹) zur Seite stellte. Die IG bat um die Bestrafung von Häftlingen, die ihre Vorschriften übertraten, die SS vollstreckte sie. Die SS ernährte die Häftlinge mit der Auschwitzer Standardkost und die IG gab noch etwas ›Buna-Suppe‹ dran, um die Arbeitsleistung zu sichern.
Auch gesellschaftlich stand man auf gutem Fuß... Doch das Engagement der IG ging weit über die organisatorische Zusammenarbeit und die herzlichen gesellschaftlichen Beziehungen hinaus; die IG machte sich in ihrer Fabrik Methoden und Mentalität der SS zu eigen.
Weit davon entfernt, sich aufgrund ihrer Beschäftigung in Buna irgendwie beschützt zu wissen, mußten sich die Häftlinge zu Tode rackern. Schon in der Konstruktionsphase übernahmen die IG-Vorarbeiter das ›Arbeitstempo‹ der SS — etwa das Zementabladen im Laufschritt. Eines Tages im Jahre 1944 wurde eine große Gruppe frisch eingetroffener Häftlinge mit einer Rede begrüßt, in der ihnen mitgeteilt wurde, daß sie sich jetzt im Konzentrationslager der IG-Farben Industrie befänden. Sie seien nicht hergebracht worden um zu leben, sondern um ›im Beton zu verrecken‹. Diese Begrüßungsrede bezog sich nach Auskunft eines Überlebenden auf die Gepflogenheit der IG-Farben, die Leichen von Häftlingen in Gräben zu werfen, die für Kabelleitungen bestimmt waren. Diese Leichen wurden dann... unter Beton begraben... Eines Tages begaben sich zwei Buna-Häftlinge, Dr. Raymond van den Straaten und Dr. Fritz Löhner-Beda an ihre Arbeit, als eine aus IG-Farben-Größen bestehende Besuchergruppe des Weges kam. Einer der Direktoren wies auf Löhner-Beda und sagte zu einem SS-Begleiter: ›Diese Judensau könnte auch rascher arbeiten.‹ Darauf bemerkte ein anderer IG-Direktor: ›Wenn die nicht mehr arbeiten können, sollen sie in der Gaskammer verrecken.‹ Nachdem die Inspektion vorbei war, wurde Dr. Löhner-Beda aus dem Arbeitskommando geholt, geschlagen und mit Füßen getreten, daß er als Sterbender zu seinem Lagerfreund zurückkam und sein Leben in der IG-Fabrik Auschwitz beendete.
Insgesamt gingen etwa 35000 Häftlinge durch Buna. Mindestens 25000 starben. Die Lebenserwartung eines jüdischen Häftlings in der IG Auschwitz betrug drei oder vier Monate.«[32]

Wegen seiner Verbrechen wurde Ambros vom amerikanischen Militärgericht in Nürnberg als Kriegsverbrecher verurteilt, jedoch ebenfalls vorzeitig aus der Haft entlassen. Er erschien Friedrich Flick als geeigneter Berater für seinen Konzern. Zwei

Schwerverbrecher zimmerten am Fundament für den Neuaufbau des größten privaten Industriekonzerns der Bundesrepublik. Allein dieser Vorgang ist eine Monströsität und wirft einen tiefen Schatten auf die bundesrepublikanische Gesellschaft.
Die Ausschußmehrheit war völlig desinteressiert daran, etwas über Ambros in Erfahrung zu bringen, und ließ Fragen an Zeugen zu diesem Thema nicht zu, obwohl Ambros später auch als Berater von dem Konzernerben Friedrich Karl Flick sowie dem amerikanischen Industriellen Peter Grace hinzugezogen wurde. Ambros hat, wie sich aus den sichergestellten Akten erkennen läßt, bei dem Erwerb der Grace-Beteiligung aus dem Erlös des Daimler-Aktienpaketes mitgewirkt.
Nur am Rande sei erwähnt, daß Ambros später, wie viele andere Nazi-Verbrecher, in zahlreichen bedeutenden Industrieunternehmen hochdotierte Aufsichtsratsposten übernehmen konnte, so u. a. der Bergwerksgesellschaft Hibernia AG, der internationalen Galalith-Gesellschaft AG, der Pintsch Bamag AG und der Süddeutschen Kalk-Stickstoffwerke AG. Er unterhielt gute Beziehungen zur chemischen Industrie, u. a. der BASF und der Knoll AG in Ludwigshafen.
Für die Beurteilung der Rolle des Flick-Konzerns innerhalb der bundesrepublikanischen Gesellschaft ist es von keineswegs nebensächlicher Bedeutung, zu welchen Personen und Gruppen innerhalb des wirtschaftlichen Sektors Beziehungen bestanden. Das in wenigen Jahren rasch angewachsene Vermögen verlieh Friedrich Flick eine dominierende wirtschaftliche Macht, die er im Sinne der Spendentradition des Hauses Flick auch im politischen Raum zu nutzen verstand. Die Tatsache, daß ein Förderer und Nutznießer der NS-Verbrechensherrschaft bereits ein Jahr nach Gründung der Bundesrepublik Deutschland und alsbald nach Entlassung aus der Haft mit dem phantastischen Startkapital von 250 Millionen DM liquiden Mitteln seine Ränke von neuem beginnen konnte, ist ein Vorgang, der mit dem Wort »Skandal« nur höchst unzulänglich beschrieben wird. Er beweist, daß die gesellschaftlichen Strukturen der Bundesrepublik Deutschland, die Flicks Wiederaufstieg zuließen und begünstigten, große Demokratie-Defizite aufweisen.

Die Rechtstitel Flicks, der an den unsäglichen Verbrechen der Nazis mitschuldig ist, waren blutbefleckt und hätten von der neugegründeten Bundesrepublik Deutschland nicht anerkannt werden dürfen. Statt dessen nahm Flick »Recht und Gesetz«, auf das sich später auch sein Erbe gern berief, für den Fortbestand seiner Eigentumstitel in Anspruch, kaufte Aktienpakete und eignete sich mit diesen die Erträge der Arbeit von Hunderttausenden Menschen an, die an den Fließbändern und in den Büros der Daimler-Benz-Werke und in anderen Betrieben arbeiteten. Nach Artikel 20 des Grundgesetzes ist die Bundesrepublik Deutschland als sozialer und demokratischer Rechtsstaat gegründet worden. Die Machtfülle, die der Flick-Konzern in der Bundesrepublik Deutschland erringen konnte, steht in einem diametralen Gegensatz zu diesen Verfassungsprinzipien. Nach gängiger und vordergründiger Meinung gilt das Flick-Vermögen als legal erworben. Angesichts der düsteren und kriminellen Vergangenheit der Finanzmacht des Flick-Konzerns ist der fehlende Bruch mit der Kontinuität der Flick-Herrschaft der schlimmste Tatbestand, den der Ausschuß feststellen konnte, schlimmer noch als jeglicher späterer Rechtsbruch, an dem der Flick-Konzern beteiligt war.

• *Enge Beziehungen des Flick-Konzerns zu Parteien und Politikern von CDU/CSU und FDP*

Mit frappierender Geschwindigkeit gelang es Friedrich Flick, aufgrund der von ihm wieder errungenen wirtschaftlichen Machtposition vielfältige Kontakte zu den politischen Parteien zu knüpfen, deren Förderung seinen wirtschaftlichen und politischen Intentionen entsprach. Aus dem dem Ausschuß vorliegenden Aktenmaterial ergibt sich ein Hineinwirken des Flick-Konzerns in die Parteien, das deren Unabhängigkeit in erheblichem Maße gefährdete. Deutlich wurde ein sehr differenziertes Verhältnis zwischen dem Flick-Konzern und einzelnen Parteien. Dabei hielt sich Friedrich Flick ebenso wie sein Sohn Dr. Friedrich Karl Flick im Hintergrund, von wo er mit seinen Direktiven das Geschehen steuerte. Es gehörte zu den Attitüden

oder zur Vorsicht und damit zur Erreichung besserer Effizienz, die Einflußnahmen nicht nach außen in Erscheinung treten zu lassen.
Das engste Verhältnis bestand nach dem vom Untersuchungsausschuß gewonnenen Beweisergebnis zwischen dem Flick-Konzern und der Industrie-Partei CSU. Den CSU-Vorsitzenden und bayerischen Ministerpräsidenten Dr. h. c. Strauß verband eine persönliche Freundschaft zu Friedrich Flick und dessen Erben Dr. Friedrich Karl Flick. Die Zuwendungen der Firma Flick an die CSU begannen bereits im Jahre 1949 »aus ganz gewissem Grund«[33], also zu einem Zeitpunkt, als Friedrich Flick noch im Landsberger Gefängnis einsaß. Den »ganz gewissen Grund«, der zum Beginn der Flick-Dotationen an die CSU führte, hat Strauß dem Untersuchungsausschuß nicht offenbart. Von Bedeutung ist in diesem Zusammenhang, daß einer der engsten Mitarbeiter von Friedrich Flick, Rechtsanwalt Dr. Wolfgang Pohle, der ihn bereits während der Landsberger Haftzeit häufig besuchte, politisch aktiv wurde. Während der Nazi-Herrschaft war Wolfgang Pohle engster Mitarbeiter des Mannesmann-Generaldirektors Wilhelm Zangen, der seinerzeit die »Reichsgruppe Industrie« und den »Hauptausschuß für Rüstung und Kriegsproduktion im Ministerium von Albert Speer« leitete. Pohle wurde bald nach 1945 Generalbevollmächtigter des Flick-Konzerns und zugleich Vorsitzender des wirtschaftspolitischen Ausschusses der rheinischen CDU. Später wechselte er zur CSU, wurde zu deren Schatzmeister bestellt und mit einem sicheren Listenplatz in den Bundestag entsandt. Mit ihm verschaffte sich der Flick-Konzern einen unmittelbaren Zugang zur CSU und in den Bereich der Politik.
Am besten wird das enge Verhältnis zwischen dem Flick-Konzern und der CSU durch folgenden Satz aus einem Schreiben des Zeugen von Brauchitsch an den Generalsekretär der CSU, Dr. Stoiber, vom 2. Juli 1980 charakterisiert:

»Jede Hilfestellung für Franz Josef Strauß ist für uns das Vorrangigste, was nur denkbar ist.«

Die richtige Abstufung der Beziehungen des Flick-Konzerns zu den übrigen Parteien läßt sich vielleicht am ehesten aus einem Vermerk des Zeugen von Brauchitsch für Dr. Flick vom 27. Oktober 1976 herleiten, in dem es hieß:

»Nach Gesprächen in Bonn habe M... den Eindruck, daß steuerliche Wünsche zweckmäßigerweise über die FDP lanciert werden mit gewissen flankierenden Hilfen bei der CDU. Vor der Regierungsbildung sei bei der SPD auf diesem Gebiet nicht mit Gehör zu rechnen.«

Wie aus diesem Vermerk zu entnehmen ist, galt für den Flick-Konzern die FDP sozusagen als die klassische Industrie-Partei, bei der die Interessen des Flick-Konzerns am besten aufgehoben waren. Das erklärt die vielfältigen und engmaschigen Verbindungen zu den Freien Demokraten, die Flick mit Millionensummen gestützt hat. Mit einem gewissen Recht haben die als Zeugen gehörten FDP-Politiker darauf verwiesen, daß sie für irgendwelche Wünsche des Flick-Konzerns generell nicht geneigt gemacht werden mußten, weil diese Geneigtheit ohnehin und prinzipiell bereits vorhanden war. Es gab eine kontinuierliche und intensive Zusammenarbeit mit der FDP, die möglicherweise in der Person des Zeugen Dr. Friderichs kulminierte, der sich »Tag und Nacht« für den Flick-Konzern (Vermerk von Brauchitsch vom 9. Januar 1975) bereithielt. Das schließt jedoch nicht aus, daß die FDP-Politiker sehr deutlich und ohne große Zurückhaltung gegenüber dem Flick-Konzern finanzielle Forderungen geltend gemacht haben.
Ob die vormaligen Minister Graf Lambsdorff und Friderichs bei der Spendenakquisition säuberlich zwischen ihren Partei-Interessen und ihren Verpflichtungen aus dem Ministeramt unterschieden haben, kann hier nicht abschließend beurteilt werden. Beide frühere Minister haben Anspruch auf Respektierung der Unschuldsvermutung zu ihren Gunsten. Es wäre zwar durchaus zulässig gewesen, daß der Untersuchungsausschuß eine Bewertung der Aussagen der Zeugen Graf Lambsdorff und Dr. Friderichs auch hinsichtlich der von ihnen bestrittenen Zahlungen während ihrer Amtszeit vornimmt. Soweit hier zu den Zahlungen an die Zeugen Graf Lambsdorff und Dr. Friderichs Stellung genommen wird, soll das nur als eine vorläufige Beurteilung

vorbehaltlich weiterer Erkenntnisse in dem Strafverfahren und ohne negative oder positive Präjudizierung der strafrechtlichen Vorwürfe zugunsten oder zu Lasten der genannten Personen verstanden werden.

Wenn von Brauchitsch in dem zitierten Vermerk darauf hinweist, daß die CDU nicht der erste Adressat für steuerliche Wünsche war, sondern nur für »gewisse flankierende Hilfen« in Betracht kam, hängt das sicherlich damit zusammen, daß die CDU keine homogene Partei ist. Zu Teilen der CDU, vor allem zu ihrer Führung, unterhielt der Flick-Konzern ebenso enge Beziehungen wie zur CSU und FDP. Gleichwohl war der Einfluß des Flick-Konzerns auf die Politik der CDU nicht unbegrenzt, wie mit Recht von deren Generalsekretär Dr. Geißler in der umstrittenen Frage der Mitbestimmung hervorgehoben worden ist. Dennoch konnte der Flick-Konzern innerhalb der CDU an vielen Fäden ziehen. Der CDU-Vorsitzende Dr. Kohl beteiligte den Flick-Konzern in der Person des Zeugen von Brauchitsch an vielen sachlichen und personellen Entscheidungen seiner Partei. Ebenso ist der Fall Dr. Barzel ein beredtes Beispiel für die verschwiegene Indienstnahme eines führenden CDU-Politikers.

Wie aus dem eingangs zitierten Vermerk hervorgeht, galt das Interesse des Flick-Konzerns der SPD nur dann, wenn diese in der Regierung war, weil erst nach der Regierungsbildung auf »Gehör zu rechnen« war. Das beleuchtet die zweideutige Haltung der SPD während ihrer Regierungszeit, in der sich manche SPD-Politiker, vor allem die Friedrich-Ebert-Stiftung, auf zwielichtige Geschäfte mit dem Flick-Konzern eingelassen haben. Daß die traditionsreiche SPD sich sogar zum hundertsten Jahrestag der Sozialistengesetze die sehr bescheidene Summe von 10000 DM vom Flick-Konzern auszahlen ließ, beweist, daß der SPD die Sensibilität, die sie zur Zurückweisung vor allem dieser wie auch aller anderen Flick-Spenden hätte veranlassen sollen, verlorengegangen ist.

Während sich die genannten politischen Parteien als wenig widerstandsfähig und -willig gegenüber einer penetranten und teils mit Pressionen, teils mit finanziellen Verlockungen arbeitenden Einflußnahme des Flick-Konzerns erwiesen haben, war die Resistenz auf seiten der Beamtenschaft weitaus größer. Daß manche politischen Beamten ohne Schwierigkeiten auf die politischen Vorgaben und Wünsche ihrer Minister einzustimmen waren und darauf reagiert haben, ist nicht ungewöhnlich. In dem einen oder anderen Fall wäre jedoch deutlichere Distanz gegenüber manchem Ansinnen des Flick-Konzerns wünschenswert und geboten gewesen. Die sorgfältige und kritische Überprüfung der Anträge des Flick-Konzerns in den Bescheinigungsverfahren hat darunter gelitten.

• *Einflußmethoden*

Der Flick-Konzern hat ein vielseitiges Instrumentarium entwikkelt, um mit Erfolg Einfluß auf politische und behördliche Entscheidungen zu nehmen.
Es gelang dem Flick-Konzern, sich über diskrete Verbindungen Informationen zu beschaffen, die weit über die Auskünfte hinausgingen, die ein gewöhnlicher Antragsteller über Meinungsbildungsprozesse in den Ministerien erhalten kann. Ähnliche Informationsdrähte des Flick-Konzerns führten in die genannten Parteien. Der Flick-Konzern hatte Informanten, die ihm unmittelbar von Fraktionssitzungen der SPD oder aus dem Ministerium von Dr. Friderichs berichteten. Der CDU-Vorsitzende Dr. Kohl informierte den Flick-Konzern über interne Entscheidungen seiner Partei sowie über Vorstellungen hinsichtlich der Besetzung hoher Staatsämter, z. B. des Amtes des Bundestagspräsidenten. Die Vorrechte, die dem Flick-Konzern eingeräumt wurden, müssen als demokratieschädlich und demokratiefremd eingestuft werden.
Das gleiche gilt für die Tatsache, daß sich Bundesminister Dr. Friderichs dazu bereitfand, seine Öffentlichkeitsarbeit im Rahmen der Bescheinigungsverfahren mit dem Flick-Konzern abzustimmen. Auch diese Verhaltensweise läßt die notwendige Distanz zu einem Antragsteller vermissen.
Auf verschwiegenen Wegen gelang es dem Flick-Konzern nicht nur, Informationen zu gewinnen, sondern auch umgekehrt

zielgerichtet bestimmte Informationen zu »infiltrieren«. Auch diese Form der Einflußnahme gefährdet eine korrekte Arbeit von Parlament und Regierung.

Wichtigstes Instrument des Flick-Konzerns, um politischen Einfluß bei Parteien und Politikern zu gewinnen und zu sichern, war nach bewährtem Muster die Vergabe von Spenden in Millionenhöhe. Mittels Spendenvergabe hat sich der Flick-Konzern so systematisch Einflußfelder verschafft, daß ungeachtet der Frage, ob in dem einen oder anderen Fall der Straftatbestand der Bestechung oder der Bestechlichkeit verwirklicht ist, von *politischer Korruption* großen Ausmaßes gesprochen werden muß.

Das konspirative Geld, das der Flick-Konzern verteilt hat, verschaffte den begünstigten Parteien einen erheblichen finanziellen Vorsprung vor ihren politischen Konkurrenten. Die Tatsache, daß dies vor der Öffentlichkeit geheimgehalten wurde, ist ein massiver Eingriff in den demokratischen Willensbildungsprozeß.

Der verheerende Eindruck, den die Diehl-Liste vermittelt, daß Politiker und Parlamentarier sozusagen nach Katalogpreis vom Flick-Konzern eingekauft worden sind, hat der Demokratie schweren Schaden zugefügt, selbst wenn es sich nur um den bösen Schein handeln sollte.

Als besonders anrüchig muß es gelten, daß hochrangige Politiker, vor allem der CDU, CSU und FDP, sich nicht gescheut haben, sehr hohe Geldbeträge in bar ohne Quittung entgegenzunehmen. Nach den Aufzeichnungen des Flick-Konzerns sollen mindestens einige dieser Beträge aus einer »schwarzen Kasse« gezahlt worden sein. Die Parteien hätten damit in erheblichem Umfang an Steuerbetrug partizipiert.

Anstößig ist die Abwicklung des Spendenverkehrs als Bargeldzahlungen ohne Quittung nicht nur deshalb. Wie urkundlich belegt ist, ging der Wunsch nach Barzahlung von den Empfängern aus (Dr. Friderichs an von Brauchitsch am 18. Juli 1980: »Zahlung, wenn möglich, in bar.«). Welchen Sinn sollte die Barzahlung ohne Quittung aus der Sicht des Empfängers haben, wenn nicht den, daß die Beträge nicht ordnungsgemäß verbucht

werden sollten? So hat vor allem der bayerische Ministerpräsident und CSU-Vorsitzende Dr. h. c. Strauß, der die höchsten Barspenden erhalten hat, nicht zu erläutern vermocht, warum ihm die Summe von zweimal je 250000 DM und einmal 200000 DM in bar ohne Quittung ausgehändigt worden sind und was mit diesen ungewöhnlich hohen Barbeträgen im einzelnen geschehen ist. Ähnlich verhält es sich im Fall von Bundeskanzler Dr. Kohl, dem laut Diehl-Liste im Laufe der Jahre insgesamt über 500000 DM in bar ausgezahlt worden sein sollen.
Erheblich verschlimmert sich das Bild durch die mutmaßlich kriminelle Kooperation hinsichtlich der Spendenwaschanlagen, an denen auch der Flick-Konzern beteiligt war. Aufgrund der dem Ausschuß vorliegenden Urkunden kann es als gesicherte Tatsache gelten, daß der Flick-Konzern mittels Steuerhinterziehungsmodellen CDU und FDP erhebliche Gelder zugewendet hat, obwohl der Ausschuß diesen Zahlungen nur gelegentlich nachgegangen ist. Es hat den Anschein, daß manche Unternehmer sich an illegaler Spendensammlung nicht aus eigener Initiative, sondern auf Anstiftung hochrangiger Politiker eingelassen haben. Falls das zutrifft, muß das Fehlverhalten der Politiker als sehr viel gravierender angesehen werden als das von Unternehmern, die zu einem illegalen Spendenweg überredet wurden.
Folgende Beispiele illustrieren, wie Politiker mit Unternehmen aus dem Flick-Konzern bei der illegalen Umwegfinanzierung zusammengearbeitet haben:

Fall 1

Am 6. August 1980 richtete der Abgeordnete Möllemann (FDP) ein persönliches Schreiben an ein Vorstandsmitglied der Firma Krauss Maffei AG in München, das auszugsweise folgenden Inhalt hatte:

»Lieber Herr Dr....,
bezugnehmend auf unser Telefongespräch vom Freitag, dem 1. August d. J., darf ich mich heute erneut an Sie wenden. Sie sagten mir in diesem Gespräch zu, meinen Wahlkampf im Münsterland finanziell zu unterstützen. Es gibt dafür zwei Möglichkeiten: Zum einen eine Überweisung auf das Wahlkampfkonto... — das wäre die von mir bevorzugte Lösung. Zum

zweiten könnten Sie auf das Konto... eine Überweisung, die allerdings nur den Vermerk ›Spende‹ enthalten dürfte, vornehmen; Inhaber der Kontos ist der Club für europäische Wirtschaftspolitik. Wenn Sie die Möglichkeit zwei bevorzugen, möchte ich Sie allerdings bitten, dem Club über meine Bonner Anschrift eine präzise Mitteilung dahingehend zu machen, daß der von Ihnen überwiesene Betrag den Wahlkampf des Abgeordneten Möllemann unterstützen soll.
In der Hoffnung, nach diesem Schreiben eine Ihnen angemessene Unterstützung bei den Bemühungen zur Stärkung des liberalen Elements in der Bundesrepublik zu erfahren, verbleibe ich mit freundlichen Grüßen
Ihr
gez. Möllemann«

Im Jahr zuvor hatte sich Möllemann ebenfalls an den Vorstand der Firma Krauss Maffei AG mit der Bitte um eine Spende an die Gesellschaft für Sicherheit und Zusammenarbeit in Europa e. V. (GSZE) mit folgenden Worten gewandt (Schreiben vom 24. Januar 1979):

»Die Notwendigkeit und Bedeutung einer liberalen Außen- und Sicherheitspolitik bzw. deren Ausgestaltung und Intensivierung im Blick auf ein sich einigendes Europa stehen wohl außer Frage. Wir wären Ihnen deshalb sehr dankbar, wenn Sie sich bereitfinden könnten, die Zielsetzung der GSZE durch eine finanzielle Spende zu unterstützen. Unsere Gesellschaft ist als gemeinnützig anerkannt.«

Die Firma Krauss Maffei leistete daraufhin zunächst eine einmalige Spende in Höhe von 3000 DM. In einem Schreiben an den Zeugen Nemitz vom 20. März 1979 fragte der Vorstand von Krauss Maffei dann nach der Notwendigkeit der Spende:

»Ich hätte die Frage an sie gerichtet, ob die Gesellschaft, kurz GSZE genannt, durch uns finanziell unterstützt werden muß. In unserem Spendenetat ist nichts vorgesehen, zumal wir ja einiges sehr unmittelbar für die Durchsetzung unserer Verkaufsziele aufzuwenden haben.«

Fall 2

Am 1. März 1976 richtete der damalige Bundesminister für Ernährung, Landwirtschaft und Forsten, Josef Ertl, ein Schreiben an den Vorstandsvorsitzenden der Krauss Maffei AG, das — auszugsweise — folgenden Wortlaut hatte:

»Angesichts der bevorstehenden Bundestagswahl darf ich mich mit einer besonderen Bitte an Sie wenden. Die FDP hat mit ihrer Regierungsmann-

schaft in Bonn bewiesen, daß liberale Politik gemacht und dirigistischen sowie sozialistischen Tendenzen wirkungsvoll begegnet wird. Nicht zuletzt das Mitbestimmungsgesetz und die Entscheidungen in der Wirtschafts- und Steuerpolitik zeigen den Willen und die Kraft der FDP sich mit ihren liberalen Auffassungen durchzusetzen. Noch nie war die Eigenständigkeit der FDP und ihre Durchsetzungskraft so groß wie jetzt.
Die Bundestagswahlen am 3. Oktober 1976 werden entscheidende Akzente setzen. Es wird darauf ankommen, liberale Politik für weitere vier Jahre abzusichern. Garant dafür ist allein die FDP. Ohne sie ist liberale Politik nicht abgesichert.
Nur die FDP kann Polarisierung und Konfrontation mit allen verhängnisvollen politischen Folgen verhindern.
Daraus ergibt sich die Notwendigkeit, die FDP zu stärken. Das setzt voraus, daß die FDP einen aktiven Wahlkampf um jede liberale Wählerstimme führt. Die dafür erforderlichen erheblichen Finanzmittel können wir leider aus eigener Kraft nicht aufbringen. Ich wende mich daher mit meiner Bitte um Unterstützung an weitblickende Persönlichkeiten aus Wirtschaftskreisen, die nicht zuletzt die Leistungen der FDP im allgemeinen und ihrer Bundesminister im besonderen zu beurteilen und zu bewerten wissen.
Für etwaige Rückfragen steht Ihnen mein Beauftragter, Herr Theo Baarfuß, gern zur Verfügung...
gez. J. Ertl«

Im Anschluß daran schloß die Firma Krauss Maffei mit der »Wirtschafts- und Sozialpolitik Vertriebs-GmbH« am 10. Mai 1976 einen »Beratungs- und Informationsvertrag«, in dem ein Pauschalhonorar in Höhe von 15 000 DM zuzüglich Mehrwertsteuer vereinbart wurde, was am Tage des Vertragsschlusses der Krauss Maffei in Rechnung gestellt und von dieser als Betriebskosten verbucht wurde. Mit Schreiben vom 20. Dezember 1976 dankte Bundesminister Ertl für »die Unterstützung seiner Aufgaben im Zusammenhang mit der Bundestagswahl«. Ähnliche Verträge wurden auch in den Jahren 1977 und 1978 sowie in früheren Jahren abgeschlossen.

Fall 3

Unter dem 18. Dezember 1970 fertigte das Vorstandssekretariat der Feldmühle AG folgenden Vermerk:

»Betr. Spende an die ›Studien- und Fördergesellschaft der Schleswig-Holsteinischen Wirtschaft‹ Rendsburg (CDU/Dr. Narjes)...
Nach einer Rückfrage bei Dr. Narjes bzw. Herrn Hahne/Studien- und

Fördergesellschaft ... soll die vorgesehene Spende folgendermaßen überwiesen werden:
50000 DM auf Konto Nr.... mit Vermerk: Beitragszahlung Feldmühle AG/Norddeutsche Papierwerke Flensburg; 50000 DM auf Konto Nr.... Vermerk: Beitragszahlung Feldmühle/Norddeutsche Papierwerke Uetersen. Es darf also nicht das Wort ›Spende‹ erscheinen. Damit diese ›Beitrags‹-Zahlung gerechtfertigt ist, erhalten wir von der Studien- und Fördergesellschaft ein Schreiben, in dem die Beiträge für Flensburg; und Uetersen (beide Werke sind wirklich Mitglied dieser Studiengesellschaft) erhöht werden. Der Betrag der VG wäre dann an *FM* rückzuerstatten.«

In einem späteren Schreiben vom 21. Mai 1971 an den Vorstand der Feldmühle AG bestätigte die »Studien- und Fördergesellschaft der Schleswig-Holsteinischen Wirtschaft e. V.«, daß die Beiträge zu der Gesellschaft, da sie als Berufsverband von der Finanzverwaltung anerkannt sei, steuerlich absetzbar sind. Hinsichtlich der Überlegungen, die bei dem Flick-Unternehmen angestellt wurden, notierte ein Vertreter der Feldmühle AG am 25. Mai 1971 folgendes:

»Herrn Diehl/Friedrich Flick KG
Betr.: Sonderzahlungen an die Studien- und Fördergesellschaft der Schleswig-Holsteinischen Wirtschaft e. V. Rendsburg
Wir haben mit der oben genannten Gesellschaft die Frage diskutiert, inwieweit die einmaligen Zahlungen als Beratungskosten erhoben werden können. Wie Sie aus dem beiliegenden Schreiben ersehen, bestehen bei der Gesellschaft Schwierigkeiten, Beratungskosten steuerfrei einzunehmen, so daß u. E. nur eine Zahlung über ›Mitgliedsbeiträge‹ zu einer steuerlichen Absetzbarkeit für die VG und die FM führen kann.
Ich wäre Ihnen dankbar, wenn Sie uns kurz Ihre Gedanken zu diesem Problem mitteilen könnten, damit wir im Gleichschritt vorgehen.«

Fall 4

Unter dem 14. Mai 1974 hielt das Mitglied der Geschäftsführung des Flick-Konzerns, Kaletsch, über eine Besprechung mit dem CDU-Schatzmeister Leisler-Kiep am Vortage folgendes fest:

»Wir hatten gestern abend eine eingehende Besprechung mit L.-K. Abgesehen von verschiedenen grundsätzlichen Fragen über die Entwicklung der letzten Jahre (insbesondere 1972 bis zur Gegenwart) haben wir auch die aus der neuesten Entwicklung resultierenden zukünftigen Überlegungen eingehend erörtert.
Die letzte Zahlung an L.-K. wurde geleistet mit einem Betrag von DM 0,5

Mio. im Jahre 1973, die jedoch aus einer verbindlichen Zusage als Restzahlung aus der bereits im ersten Halbjahr 1972 getroffenen Absprache resultierte (Begegnung in Hösel; ca. 1. Quartal 1972).
Grundsätzlich wurde vereinbart, daß sich unser diesbezügliches Gespräch nur auf die VG (Konzernspitze einschließlich FM und DN) bezieht, daß also eine direkte Inanspruchnahme von L.-K. in bezug auf FM und DN nicht in Betracht kommt. Außerdem wurde mit L.-K. abgestimmt, daß er die Gruppe Bds ebenfalls nicht anspricht, weil hier anderweitige besondere Verbindungen zu berücksichtigen sind. Ferner scheidet für die Überlegungen von L.-K. selbstverständlich die MH aus, weil diese in bezug auf die CSU die Repräsentantin unserer Gruppe ist.
Um Herrn L.-K. die zukünftige Arbeit und Übersicht zu erleichtern, haben wir mit ihm vereinbart, daß wir ihm in 1974, und zwar speziell für 1974 einen Betrag von DM 0,5 Mio. zur Verfügung stellen.
Da sich die weitere Entwicklung zur Zeit noch nicht übersehen läßt, sind wir mit L.-K. dahin gehend verblieben, daß wir für das Jahr 1975 eine endgültige und verbindliche Zusage noch nicht geben. Wir erklärten uns jedoch bereit, ihm Akonto des Betrages, der für 1975 zu einem späteren Zeitpunkt vereinbart werden soll, schon in 1974 einen Teilbetrag von DM 0,1 Mio. zu zahlen, der dann in 1975 Akonto dessen, was dann weiter vereinbart werden wird, anzurechnen ist.
Wir zahlen also an L.-K., jetzt im Jahre 1974 einen Gesamtbetrag von DM 0,5 Mio., und zwar aus Gründen der Abzugsfähigkeit über die Staatsbürgerliche Vereinigung.
Um Mißverständnissen auszuweichen und sicherzustellen, daß der Betrag in die Dispositionen von L.-K. kommt, werden wir einen auf die Staatsbürgerliche Vereinigung ausgestellten Verrechnungsscheck mit einem an die Staatsbürgerliche Vereinigung gerichteten Brief an Herrn L.-K. persönlich schikken, so daß L.-K. in der Lage ist, diesen Brief mit dem Verrechnungsscheck an die Staatsbürgerliche Vereinigung selbst zu übermitteln.«
[Die Hervorhebungen in dem zitierten Vermerk stammen vom Autor. Mit den Abkürzungen sind gemeint: L.-K. = Leisler-Kiep, FM = Feldmühle AG, DN = Dynamit Nobel AG, Bds = Buderus AG, MH = Firma Maxhütte.]

Politiker, die in eine mutmaßliche kriminelle Kooperation der genannten Art verstrickt sind, verlieren nicht zuletzt dadurch ihre Unabhängigkeit und politische Integrität.

• *Einflußfelder und Einflußziele des Flick-Konzerns*

Die Aktivitäten des Flick-Konzerns erstreckten sich auf zahlreiche Einflußfelder und Einflußziele.

Im Vordergrund des Interesses der Mehrheit des Untersuchungsausschusses standen die Einflußnahmen des Flick-Konzerns während der Bescheinigungsverfahren, die von der Geschäftsleitung generalstabsmäßig konzipiert und durchgeführt wurden. Die von dem Flick-Konzern während dieser Zeit geleisteten Spendenzahlungen hatten mit Sicherheit wenigstens eine Art von klimatischer Wirkung, um die beteiligten Politiker auf eine wohlwollende Haltung einzustimmen. Die Opposition, soweit der Zeuge von Brauchitsch bei Teilen der Bundestagsfraktion Aufsässigkeiten vermutete, wurde durch ein Gespräch mit dem CDU-Vorsitzenden Dr. Kohl ruhiggestellt. Sicherlich haben die fortlaufenden Spendenzahlungen an die CDU das Gewicht der Hinweise des Zeugen von Brauchitsch gegenüber Dr. Kohl verstärkt, selbst wenn sich die Spenden nicht sonderlich ausgeweitet haben.

Besonders auffallend ist der Anstieg der Spendenzahlungen an die SPD-nahe Friedrich-Ebert-Stiftung während der Bescheinigungsverfahren, wie in dem Mehrheitsbericht mit Recht hervorgehoben wird. Daß der Firmeninhaber Dr. Friedrich Karl Flick die Spendenzahlungen keineswegs ohne sachlichen Bezug zum Erfolg seiner Steuerstundungsanträge sah, ergibt sich aus dem Vermerk, in dem er sich darüber beklagte, die bisherigen »Freundlichkeiten in Bonn« hätten ihm nichts genutzt.

Der Flick-Konzern scheute sich im übrigen nicht, auch mit kleineren Beträgen zur Stelle zu sein, wenn er sich davon etwas versprach. So soll der persönliche Referent des damaligen Wirtschaftsministers Dr. Friderichs nach den aufgefundenen Unterlagen einen Betrag in Höhe von 500 DM erhalten haben. Wegen des vorzeitigen Abbruchs der Beweisaufnahme ließ sich dieser Vorgang nicht abschließend klären.

Auch in anderen Einzelfällen, in denen es um behördliche Entscheidungen ging, hat sich der Flick-Konzern seiner weitreichenden politischen Einflußmöglichkeiten bedient. Ein Beispiel ist das Werk Baienfurt. Dem Flick-Konzern gelang es, sich einer Umweltschutzauflage durch Hilfestellung eines Ministers zu entledigen, das diesem durch eine von ihm gewünschte Spende an einen Verein entgolten wurde.

Der Flick-Konzern hat sich auch massiv mittels der für ihn verfügbaren Spendendestinatäre in Gesetzgebungsentscheidungen und sogar personelle Entscheidungen eingemischt, vor allem auf dem Gebiet des Steuer- und Unternehmensrechts. Die Erfolge auf diesem Gebiet bleiben jedoch teilweise begrenzt. Schließlich hat der Flick-Konzern durch gezielte Förderung bestimmter Parteiflügel oder Einzelkandidaten auf das parteipolitische Profil Einfluß genommen. Im Fall der FDP hat das, wie die Entwicklung der letzten Jahre beweist, nicht geringe Auswirkungen gehabt.
Welches Ausmaß die Aktivitäten des Flick-Konzerns erreicht haben, wird ansatzweise aus den Berichten des »Bonner Büros« erkennbar. Zugleich hat der Flick-Konzern aufgrund seiner wirtschaftlichen Machtposition unmittelbar die Bildung oder Ablösung von Regierungen beeinflußt. Der Wechsel von der früheren SPD/FDP- zur heutigen CDU/CSU/FDP-Regierung wurde vom Flick-Konzern tatkräftig unterstützt, nachdem frühere Bemühungen in dieser Richtung zunächst erfolglos geblieben waren.

Rechtliche Beurteilung

Die demokratiegefährdenden Einflußnahmen des Flick-Konzerns auf die Politik konnten ihre volle Wirkung nur deshalb entfalten, weil der Öffentlichkeit die Spendenmillionen, die Flick an die Parteien gezahlt hat, nicht bekanntgegeben wurden. Die Parteivorsitzenden und Schatzmeister von CDU, CSU, FDP und SPD mußten zugestehen, daß sie in den vergangenen Jahrzehnten fortgesetzt bewußt gegen die ihnen in Artikel 21 des Grundgesetzes in Verbindung mit § 25 des Parteiengesetzes auferlegte Verpflichtung verstoßen haben, über die Herkunft ihrer Einnahmen öffentlich Rechenschaft zu legen und Spender mit einem Spendenaufkommen von jährlich mehr als 20000 DM in den Rechenschaftsberichten namentlich aufzuführen. Zu Unrecht behandelt die Ausschußmehrheit dies als ein Randproblem. Nach der Rechtsprechung des Bundesverfassungsgerichts handelt es sich um ein zentrales Gebot der Verfassung, dem die betroffenen Parteien zuwidergehandelt haben. Das Bundesverfassungsgericht hat in seinem Urteil vom 24. Juli 1979 folgendes festgestellt:

»Das Grundgesetz verwehrt Spenden an politische Parteien grundsätzlich nicht. Artikel 21 GG gewährleistet den Parteien Freiheit vom Staat, nicht jedoch absoluten Schutz vor dem Einfluß finanzkräftiger Einzelpersonen, Unternehmen und Verbände. Der Gefahr, daß anonyme Großspender durch ins Gewicht fallende finanzielle Zuwendungen auf die längerfristige Zielsetzung der begünstigten Partei oder sie berührende innerparteiliche Entscheidungen von Einzelfragen einzuwirken versuchen, um so indirekt mehr oder minder großen Einfluß auf die staatliche Willensbildung zu gewinnen, begegnet das Grundgesetz durch das in Artikel 21 Abs. 1 Satz 4 GG an die Parteien gerichtete Gebot, über die Herkunft ihrer Mittel öffentlich Rechenschaft zu geben... Diesem Verfassungsgebot kommt *zentrale Bedeutung* zu. Es zielt darauf ab, den Prozeß der politischen Willensbildung für den Wähler durchschaubar zu machen und ihm offenzulegen, welche Gruppe, Verbände oder Privatpersonen durch Geldzuwendungen auf die Parteien politisch einzuwirken suchen. Der Wähler soll über die Herkunft der ins Gewicht fallenden Spenden an politische Parteien korrekt und vollständig unterrichtet werden und die Möglichkeit haben, daraus seine Schlüsse zu ziehen.«[24]

Daß die Parteien dieses zentrale Verfassungsgebot systematisch (Schutzschrift des Verteidigers von Graf Lambsdorff vom 30. November 1982: »Es ist für einen Schatzmeister einer Partei üblich, der Bitte, den Spender ungenannt zu lassen, zu entsprechen«!) verletzt haben, ist eine Mißachtung der Verfassung, des Bundesverfassungsgerichts, demokratischer Grundprinzipien und nicht zuletzt des Volkes, das über die Geldquellen der Parteien getäuscht und damit bei den Wahlentscheidungen in die Irre geführt wurde.
Die betroffenen Parteien suchen sich durch den Hinweis zu entschuldigen, daß auch ihre Konkurrenzparteien die Pflicht zur Rechenschaftslegung nicht erfüllt hätten. Das ist aber keine taugliche Entschuldigung, weil ein Verfassungsverstoß nicht dadurch besser wird, daß auch andere ihn begehen.
Der Name Flick findet sich nicht in einem einzigen Rechenschaftsbericht der Parteien, die Flick-Spenden in Millionenhöhe erhalten haben. Bei Offenlegung dieser Spenden wäre sein Einfluß auf die betroffenen Parteien sichtbar und dadurch, wenn nicht verhindert, so doch wenigstens begrenzt worden.

Nicht auszuschließen ist im übrigen, daß Spenden in erheblicher Größenordnung in die Rechenschaftsberichte — abgesehen von der Namensnennung — überhaupt nicht aufgenommen worden sind. Da die betroffenen Parteien Spenden in Millionenhöhe vom Flick-Konzern in bar und ohne Quittung vereinnahmt haben, war ihre ordnungsgemäße Verbuchung nicht sichergestellt. Wenn im Mehrheitsbericht Barspenden ohne Quittung als nicht »unüblich« hingestellt werden, haben die jeweiligen Parteien möglicherweise erheblich mehr an Barspenden von anderer Seite erhalten, als bisher aus den Flick-Unterlagen bekanntgeworden ist.
Daß die Parteien im großen Umfang konspiratives Geld über Spendenwaschanlagen in ihre Kassen geleitet haben, ist ein Verstoß gegen Artikel 21 GG und abgesehen von der möglichen Verwirklichung von Steuerstraftatbeständen, über die hier nicht zu befinden ist, eine fortgesetzte und bewußte Mißachtung des Grundsatzes der Chancengleichheit, der ebenfalls Verfassungsrang hat.
Die unentwegt behauptete Legende vom unklaren Rechtszustand ist ein gezieltes Täuschungsmanöver, um sich von der verfassungsrechtlichen und strafrechtlichen Verantwortung freizuzeichnen. Spätestens nach dem Beschluß des Bundesverfassungsgerichts vom 10. Juli 1958 bestand absolute Klarheit darüber, daß Spenden, die steuerbegünstigt an eine gemeinnützige Organisation gegeben werden, »weder unmittelbar noch mittelbar einer politischen Partei zufließen dürfen«.[35] Dieser Rechtssatz war ebenso klar wie die Vorschrift im § 242 StGB, wonach Diebstahl strafbar ist. Alle wortreichen Auslassungen über angebliche Rechtsungewißheit sind der ebenso dreiste wie untaugliche Versuch, sich nachträglich auf ein fehlendes Unrechtsbewußtsein herauszureden. Daß es ein sehr ausgeprägtes Unrechtsbewußtsein gab, läßt sich aus den zahlreichen Dokumenten, die dem Untersuchungsausschuß zugänglich geworden sind, unschwer erkennen. Vor allem ist sonst nicht erklärbar, warum die Spendenumwege so sorgfältig getarnt wurden und erst Ende der siebziger Jahre aufgrund von staatsanwaltschaftlichen Ermittlungen nach und nach an das Tageslicht kamen.

Nicht zuletzt wird die Behauptung vom fehlenden Unrechtsbewußtsein durch die Anstrengungen widerlegt, im Wege einer Amnestierung die strafrechtlichen Vorwürfe zu bereinigen.
Es ist eine interessante Betrachtungsweise, wenn Rechtsanwalt Felix in einem Interview der »Tageszeitung« behauptete, für den spendenwilligen Unternehmer seien die Parteien als »halbstaatliche« Institutionen »exterritorial« gewesen. Die Parteien sind selbstverständlich nicht »exterritorial« und können für sich keinen rechtsfreien Raum beanspruchen. Es mag für die einzelnen Unternehmer ein Milderungsgrund sein, daß sie von Politikern und Parteien zu illegaler Spendenfinanzierung animiert worden sind. Das hat aber mit einem »unklaren Rechtszustand« überhaupt nichts zu tun. Die Verantwortung der Parteien wird dadurch nicht verringert, sondern eher vergrößert.
Im übrigen gibt es einen aus Sicht der Ausschußmehrheit gewiß unverdächtigen Zeugen, den Vorsitzenden der Bayerischen Staatsbürgerlichen Vereinigung e.V., Prof. Dr. Rolf Rodenstock, der in einem Rundschreiben vom Februar 1982, das sich in Kopie bei den sichergestellten Unterlagen befindet, folgendes bemerkte: »Die Rechtslage der Möglichkeiten und Grenzen finanzieller Unterstützung von Parteien und Politikern ist eindeutig.«
Die Änderung des Parteiengesetzes und steuerrechtlicher Vorschriften Ende 1983 war daher *keine* Bereinigung eines angeblich unklaren Rechtszustandes, sondern im wesentlichen lediglich
— die Einführung von Sanktionen im Falle von Rechtsverstößen, die in der Vergangenheit von Parteien nicht freiwillig eingehalten worden waren,
— die Belohnung der betroffenen Parteien für Rechtsverstöße der Vergangenheit durch Erhöhung der Wahlkampfkostenpauschale und
— die Einführung der verfassungswidrigen Steuerbegünstigung von Großspenden an Parteien.
Die Untersuchungen des Ausschusses haben ergeben, daß die betroffenen Parteien keinerlei Bereitschaft zeigen, wenigstens nachträglich ihre Verpflichtungen aus Artikel 21 zu erfüllen und die Spendenzuflüsse aus Mitteln des Flick-Konzerns und ande-

rer Großspender offenzulegen. Zwar forderte der Berichterstatter der CDU/CSU im Untersuchungsausschuß, Bohl, noch in einem Interview vom 14. September 1985, die SPD müsse endlich die Herkunft der Summe von 7,6 Millionen DM bekanntgeben, die im Rechenschaftsbericht über die Einkünfte der SPD als Spende des früheren Schatzmeisters Nau erscheinen. So berechtigt diese Forderung ist, könnte ihr nur dadurch Glaubwürdigkeit verliehen werden, daß die CDU, CSU und FDP ihrerseits mindestens für die letzten fünf, besser für die zurückliegenden zehn Jahre, die ihnen zugeflossenen Großspenden ordnungsgemäß veröffentlichen.
Die einzige Vorschrift, an die sich die betroffenen Parteien hinsichtlich der Parteispenden gehalten haben, war die Vorschrift im Parteiengesetz, die es ihnen erlaubt, nach Ablauf von fünf Jahren Buchhaltungsunterlagen zu vernichten. Hier wäre zu empfehlen, von dem Recht zur Aktenvernichtung so lange keinen Gebrauch zu machen, als die Rechenschaftsberichte der letzten fünf Jahre nicht vollständig vorliegen.

Schlußfolgerungen

»Die völlige Trennung zwischen Moral und Politik gehört zu den hauptsächlichen Verirrungen und Übeln unserer Zeit.« *Wladimir Solowjow*

• *Rückkehr zum Recht*

Eine der ersten, einfachsten und wichtigsten Konsequenzen, die aus den vom Untersuchungsausschuß gewonnenen Erkenntnissen zu ziehen wäre, bestünde in der Bereitschaft der betroffenen Parteien, sich für die Zukunft auf die Achtung von Verfassung und Gesetz zu verpflichten. Solange sich die betroffenen Parteien in dieser Hinsicht zögerlich oder ausweichend verhalten, ist es müßig, neue Gesetze zu verabschieden, weil zu befürchten ist, daß auch diese wie früher von den betroffenen Parteien umgangen werden, wenn es um ihre materiellen Interessen geht.
Eine günstige Prognose hinsichtlich einer Besserung im Verhal-

ten der betroffenen Parteien hätte zur Voraussetzung, daß sie sich zur längst überfälligen umfassenden Aufklärung hinsichtlich ihres verfassungswidrigen und illegalen Finanzgebarens in der Vergangenheit entschließen. Dazu gehört insbesondere

— die Vorlage korrekter und vollständiger Rechenschaftsberichte über die Einnahmen mindestens in den vergangenen zehn Jahren einschließlich der Namhaftmachung bisher anonym gebliebener Spender,

— die rückhaltlose Offenlegung illegaler Spendentransfers unter Angabe der Personen, die davon Kenntnis hatten, dazu angestiftet oder in sonstiger Weise daran mitgewirkt haben,

— die Unterstützung der Strafverfolgungsbehörden bei der Aufklärung von Steuerstraftaten im Zusammenhang mit verdeckter Parteienfinanzierung.

Leider ist kaum zu hoffen, daß sich die betroffenen Parteien auf diese Forderungen einlassen werden. Skepsis gegenüber ihrem künftigen Verhalten ist daher angebracht, es sei denn, daß sie von der Öffentlichkeit energisch zur Erfüllung ihrer Verpflichtung aus Artikel 21 Grundgesetz, die nicht verjährt, angehalten werden. Bisher haben sich die betroffenen Parteien auf ein wechselseitiges Schwarzes-Peter-Spiel beschränkt. So vermißt die CDU/CSU (Presseerklärung vom 18. Februar 1986) bei der SPD »Reue, Einsicht und Besserung«, sträubt sich aber ihrerseits bis heute dagegen, eigenes Fehlverhalten in der Vergangenheit einzugestehen und Auskunft darüber zu geben, wieviel Millionen DM an illegalen Spenden sie über die Staatsbürgerliche Vereinigung 1954 e.V. und andere Spendenwaschanlagen erhalten hat, welche CDU- und CSU-Politiker an den illegalen Spendentransaktionen mitgewirkt und davon Kenntnis hatten und wer im einzelnen ihre finanziellen Sponsoren waren. Umgekehrt hat bis heute die SPD, die immerhin den Mut zu einigen selbstkritischen Sätzen in ihrem Minderheitenvotum gefunden hat, sich ihrerseits bisher nicht dazu aufraffen können, alle Großspenden offenzulegen, die sie in der Vergangenheit erhalten hat.

• *Ausgabenreduzierung*

Die notwendige Unabhängigkeit politischer Parteien kann nur gewahrt bleiben, wenn sie sich in ihren Ausgaben so beschränken, daß sie nicht auf finanzielle Unterstützung durch Großspender oder Kredite finanzkräftiger Unternehmen und Banken angewiesen sind.
Die betroffenen Parteien müssen sich auf die Grundregel besinnen, die jeder einzelne zu beachten hat, daß nicht mehr ausgegeben werden kann, als Einnahmen vorhanden sind. Leider haben die betroffenen Parteien selbst diese Regel nicht für sich als verbindlich anerkennen wollen. Im Gegenteil, weil sie mit ihrem Geld nicht auskamen, haben sie sich Geld auf illegalem Weg beschafft.
Bedauerlicherweise hat die vom damaligen Bundespräsidenten einberufene Sachverständigenkommission in ihrem »Bericht zur Neuordnung der Parteienfinanzierung« die illegale Spendenbeschaffung nicht nur nicht kritisiert, sondern sogar mit folgender fragwürdiger Argumentation zu entschuldigen versucht:

»Es ist aber einer freiheitlichen Demokratie in höchstem Grade unwürdig, die sie tragenden politischen Parteien in eine Situation zu versetzen, die sie zwingt, entweder auf ihnen zugedachte Spenden verzichten oder stets am Rande der Legalität operieren zu müssen.«

In diesem Satz offenbart sich ein nahezu katastrophales Verfassungs- und Rechtsverständnis, das leider seine Entsprechung in vielen Verlautbarungen aus den betroffenen Parteien hat. Was soll aber »unwürdig« daran sein, wenn die Parteien gezwungen werden, sich bei der Spendenbeschaffung an Verfassung, Strafgesetz und Steuervorschriften zu halten? Darf den Parteien nicht zugemutet werden, was Gesetzgeber, Gerichte und Finanzbehörden jedem einzelnen abverlangen, Gesetz und Recht zu respektieren? Ist es nicht eher »unwürdig«, daß sich die betroffenen Parteien in der Vergangenheit in kriminelle Machenschaften verstrickt und damit erheblichen Schaden für den Rechtsstaat angerichtet haben? Zur Festigung der freiheitlichen Demokratie haben die betroffenen Parteien, die sich so gern als staatstragend ausgeben, durch ihre Spendenpraktiken keinesfalls beigetragen.

• *Neue Verhaltensregeln für Abgeordnete*

Eine Verschärfung der Anzeigepflicht der Mitglieder des Deutschen Bundestages hinsichtlich ihrer Einkommens- und Vermögensverhältnisse, vor allem über unentgeltliche Zuwendungen, die sie während der Mandatszeit erhalten, ist geboten.
Die Fraktion DIE GRÜNEN im Deutschen Bundestag hat dazu in der »Kommission des Ältestenrates für die Rechtsstellung der Abgeordneten« den Antrag eingebracht, die Anzeigepflicht nach § 44a des Abgeordnetengesetzes dahingehend zu erweitern, daß die Mitglieder des Deutschen Bundestages dem Bundestagspräsidenten Angaben über ihre sämtlichen neben der Mitgliedschaft im Deutschen Bundestag ausgeübten Tätigkeiten sowie über ihre gesamten Einkommens- und Vermögensverhältnisse zu machen haben.

• *Wiedereinführung des Straftatbestandes der Abgeordnetenbestechung?*

Zu prüfen wäre die Wiedereinführung einer Vorschrift, die die Abgeordnetenbestechung unter Strafe stellt. Seit 1953 ist die Abgeordnetenbestechung, die immerhin in Großbritannien als Kapitalverbrechen gilt, in der Bundesrepublik Deutschland nicht mehr strafbar. Im Hinblick auf die erheblichen Abgrenzungsprobleme müssen jedoch die Möglichkeiten, zu einer klaren und praktikablen Regelung zu gelangen, in welchen Fällen Zuwendungen an Abgeordnete als Bestechung strafbar sein sollen, eher zurückhaltend bewertet werden.

• *Änderung der Vorschrift in § 6b EStG*

Für eine steuerfreie Wiederanlage von Veräußerungsgewinnen aus dem Verkauf von Anteilen an Kapitalgesellschaften in Anteile anderer Kapitalgesellschaften ist nach § 6b Abs. 1 Nr. 5 eine Bescheinigung des Bundesministers für Wirtschaft im Benehmen mit dem Bundesminister der Finanzen, dem Bundesminister für Arbeit und Sozialordnung und der von der Landesregierung

bestimmten Stelle darüber notwendig, »daß der Erwerb der Anteile unter Berücksichtigung der Veräußerung der Anteile volkswirtschaftlich besonders förderungswürdig...« ist.
Diese Bescheinigung für die steuerfreie Reinvestition der Gewinne aus der Veräußerung der Anteile der Daimler-Benz AG zu erhalten, war Anlaß der gesteigerten politischen Einflußnahmetätigkeit des Hauses Flick. Dieses Bescheinigungsverfahren steht deshalb im Mittelpunkt der Änderungsanträge der Fraktionen der CDU/CSU, FDP und SPD. Nach Meinung der GRÜNEN darf sich die Überprüfung der gegenwärtigen Regelung des § 6b EStG jedoch nicht auf das Bescheinigungsverfahren beschränken, sondern muß eine grundsätzliche Beurteilung dieser Vorschrift umfassen. Ihrer Beurteilung legen die GRÜNEN andere Maßstäbe zugrunde mit der Folge, daß sich ihre Vorschläge zur Änderung des § 6b EStG wesentlich von denen der anderen Fraktionen unterscheiden.
Nach den Vorschriften des EStG unterliegen Gewinne aus der Veräußerung von Anlagegütern bei den Gewinneinkunftsarten grundsätzlich der Einkommen- und Körperschaftsteuer. Die Gewinne ergeben sich aus der Differenz zwischen dem Verkaufserlös und dem Buchwert der Anlagegüter. Nach den Bewertungsvorschriften des EStG sind für den Buchwert die Anschaffungs- und Herstellungskosten, bei abnutzbaren Wirtschaftsgütern die Anschaffungs- und Herstellungskosten vermindert um die Absetzungen für Abnutzung nach § 7 EStG, maßgeblich. Weil diese Differenz zwischen Verkaufswert und Buchwert erst im Zeitpunkt der Veräußerung aufgedeckt wird, trägt dieser Unterschiedsbetrag die Bezeichnung »stille Reserve«.
Die Gewinne aus der Veräußerung bestimmter Anlagegüter werden nach § 6b EStG jedoch dann nicht im Zeitpunkt ihrer Realisierung besteuert, wenn sie in bestimmte Anlagegüter reinvestiert werden. § 6b EStG stellt mithin eine Steuervergünstigung dar, die folgerichtig auch als solche im Subventionsbericht der Bundesregierung aufgeführt wird.
Gerechtfertigt wird diese Steuervergünstigung mit dem Argument, daß ohne sie ein Strukturwandel der Wirtschaft behindert

werde. Diese Argumentation unterstellt, daß jede Übertragung stiller Reserven auf ein anderes Anlagegut zu einem Wandel in der Wirtschaftsstruktur führt und daß dieser Wandel volkswirtschaftlich positiv zu bewerten ist, also einen subventionswürdigen Tatbestand darstellt. Es wird weiterhin unterstellt, daß die privatwirtschaftlich gelenkte Verwendung finanzieller Ressourcen a priori von größerem volkswirtschaftlichen Nutzen ist als eine staatliche Verwendung der potentiellen Steuermittel. Diese Annahmen müssen vor dem Hintergrund zunehmender Konzentrationsprozesse in der Wirtschaft, wachsender Arbeitslosigkeit und steigender Umweltschäden jedoch in Frage gestellt werden. Demnach stimmen einzelwirtschaftlich sinnvolle Entscheidungen nicht in jedem Fall mit dem volkswirtschaftlichen Interesse überein.

Dieser Überlegung trägt die bestehende Vorschrift des § 6b EStG insofern Rechnung, als nicht jede Übertragung stiller Reserven von einem auf ein anderes Anlageobjekt steuerlich begünstigt wird. Insbesondere kann eine Wiederanlage der Veräußerungsgewinne in Anteile von Kapitalgesellschaften nur insoweit steuerfrei erfolgen, als diese Gewinne aus der Veräußerung von Kapitalbeteiligungen entstanden sind. Eine Übertragung der Gewinne aus der Veräußerung von abnutzbaren Wirtschaftsgütern in Anteile an Kapitalgesellschaften wird dagegen nicht begünstigt.

Für diese Einschränkung sind vor allem zwei Argumente bedeutsam:

— Anders als bei einer Reinvestition stiller Reserven in abnutzbare Anlagegüter wirkt sich § 6b EStG bei der Reinvestition in Kapitalbeteiligungen nicht als zeitlich befristete Steuerstundung, sondern als dauerhafte Steuereinsparung aus. Dies ist die Folge der Regelung, daß nach § 6 Abs. 1 EStG die Veräußerungsgewinne von den Anschaffungs- und Herstellungskosten des Reinvestitionsobjektes abgezogen werden können. Mit der Begrenzung der in der Steuerbilanz zu berücksichtigenden Anschaffungs- und Herstellungskosten verringert sich bei abnutzbaren Wirtschaftsgütern auch das berücksichtigungsfähige Abschreibungsvolumen, wodurch sich ebenfalls die steuermindernden

jährlichen Abschreibungsbeträge reduzieren. Der Steuervorteil aus der Übertragung der stillen Reserven wird im Laufe der Abnutzung des Wirtschaftsgutes dadurch kompensiert, daß die steuerpflichtigen Periodengewinne höher ausgewiesen werden. Demgegenüber unterliegen Kapitalbeteiligungen keiner Abnutzung, Absetzungsbeträge für Abnutzung fallen bei der laufenden Gewinnermittlung nicht an, wodurch die Steuerbegünstigung nach § 6b EStG bis zur Wiederveräußerung der Kapitalbeteiligung beim Anteilseigner verbleibt. Bei einer erneuten Veräußerung der Reinvestitionsanlage können die entstandenen stillen Reserven zudem kumuliert werden, wodurch der Anteil des steuerbegünstigten Kapitals an den Kapitalbeteiligungen wächst. — Durch die Möglichkeit, stille Reserven auf neue Kapitalbeteiligungen zu übertragen, wird die Tendenz zur Verflechtung von Unternehmen gestärkt, die in der Bundesrepublik Deutschland mit Konzentrationsprozessen verbunden ist. Wie die Erfahrungen zeigen, ist die Ausdehnung der Marktmacht einzelner Unternehmen nicht nur wettbewerbsmäßig nachteilig, sondern verstärkt auch ihren politischen Einfluß, was nicht nur der Demokratie, sondern auch dem Versuch, die Umwelt- und Sozialverträglichkeit der Wirtschaft zu verbessern, schadet.
Dem Umstand, daß der volkswirtschaftliche Nutzen einer Reinvestition von Veräußerungsgewinnen in Anteile an Kapitalgesellschaften fraglich ist, trägt § 6b Abs. 1 Ziffer 5 insofern Rechnung, als hier die Bescheinigung — und damit die Prüfung — über die besondere volkswirtschaftliche Förderungswürdigkeit als Voraussetzung genannt wird.
Dieses Kriterium ist in der Vorschrift des EStG jedoch nicht konkretisiert. Die Ausfüllung des unbestimmten Rechtsbegriffs »volkswirtschaftliche Förderungswürdigkeit« bleibt den für die Bescheinigung der besonderen volkswirtschaftlichen Förderungswürdigkeit zuständigen Verwaltungsorganen überlassen. Die Bewilligung der Steuervergünstigung obliegt mithin einem besonderen Willensbildungsprozeß der Behörde. Der Fall Flick hat die Gefahr deutlich werden lassen, daß ein solcher besonderer Willensbildungsprozeß auch der besonderen Einflußnahme der Antragsteller unterliegt.

Deshalb ist das Bescheinigungsverfahren in den Mittelpunkt der Diskussion um eine Änderung des § 6b geraten. Mit einer Aufhebung oder Änderung des Bescheinigungsverfahrens wird jedoch die Problematik des Steuerprivilegs nicht angegangen. Dieser Problematik werden deshalb die von den Fraktionen der CDU/CSU, FDP und SPD angekündigten Änderungsvorschläge nicht gerecht.

Die von den Koalitionsfraktionen angekündigten Änderungsvorschläge beschränken sich auf § 6b Abs. 1 Nr. 5 EStG. Als Konsequenz aus der Arbeit des 1. Untersuchungsausschusses wird gefordert, die steuerbegünstigte Reinvestition von Veräußerungsgewinnen in Anteile von Kapitalgesellschaften künftig zuzulassen, ohne daß es eines besonderen Genehmigungsverfahrens bedarf. Damit soll die Rechtslage der Tatsache angeglichen werden, daß die Wirtschaft über genügend politischen Einfluß verfügt, um das Ergebnis eines Genehmigungsverfahrens ohnehin in ihrem Sinne zu steuern. Der Verzicht auf das Bescheinigungsverfahren orientiert sich demnach anpassungsbereit an den bestehenden Machtkonstellationen in der Bundesrepublik Deutschland. Der Gefahr der Bestechung und Bestechlichkeit soll dadurch aus dem Weg gegangen werden, daß der »Gestaltungsspielraum des Unternehmens« (Solms) erweitert wird. Das Kriterium eines allgemeinwirtschaftlichen Nutzens soll entfallen, vielmehr wird auch bei der Wiederanlage in einer Kapitalbeteiligung der volkswirtschaftliche Nutzen a priori zugestanden. Obwohl gerade die Wiederanlage der Gewinne aus dem Verkauf der Daimler-Benz-Aktien in Anteile der Firma Grace gezeigt hat, daß ein volkswirtschaftlicher Nutzen nicht eingetreten ist, wird diese Erfahrung nicht in die Änderungsvorschläge einbezogen. Der Reformvorschlag der Koalitionsparteien ist daher Ausdruck einer Wirtschaftsideologie, nach der generell die volkswirtschaftliche Überlegenheit des einzelwirtschaftlichen Kalküls gegenüber staatlicher Einflußnahme auf die Verwendung von Finanzmitteln unterstellt wird.
Bedingung für den Erhalt der Steuervergünstigung soll lediglich weiterhin die sogenannte Aktivitätsklausel bleiben, nach der die

Kapitalgesellschaft, an der Anteile erworben werden, mit mindestens 50 Prozent ihres Umsatzes produktiv tätig sein muß. Als neue Bedingung soll eingeführt werden, daß die neu erworbenen Anteile mindestens 10 Prozent der der Kapitalgesellschaften betragen. Begründet wird diese Bedingung damit, daß vermieden werden soll, »Streubesitz« in die Vergünstigungen einzubeziehen. Damit wird ein bestimmter Grad der Konzentration für die Gewährung der Steuervergünstigung vorausgesetzt. Das widerspricht den eigenen wettbewerbspolitischen Absichtserklärungen der Regierungsparteien.
Zudem soll die für das Gros der Wiederanlageobjekte bestehende Begrenzung der Steuervergünstigung von 80 Prozent des Veräußerungsgewinns auf 100 Prozent angehoben werden, wodurch das Subventionsvolumen für die Wirtschaft — entgegen allen von den Regierungsparteien im Wahlkampf für die Bundestagswahl 1983 gemachten Versprechen — wieder einmal aufgestockt würde. Die Regierungsparteien rechnen dementsprechend mit einem drastischen Anstieg der Fälle, in denen § 6b EStG in Anspruch genommen wird, falls ihre Änderungsvorschläge Gesetz werden.
Die Spendentätigkeit des Flick-Konzerns hätte mit der Verwirklichung des Vorschlages der Koalitionsfraktionen sonst einen zusätzlichen Erfolg errungen. Interessierten Industriekreisen wird die von der Ausschußmehrheit angestrebte Ausdehnung des Steuerprivilegs nach § 6 EStG sehr willkommen sein.

Auch die Vorschläge der SPD beschränken sich auf eine Änderung von Nummer 5 des § 6b EStG. Die SPD bejaht im Grundsatz die Steuervergünstigung für eine Wiederanlage der Veräußerungsgewinne in Kapitalbeteiligungen. Das Problem, daß es sich hierbei nicht um eine zeitlich begrenzte Steuerstundung, sondern um eine Steuerbefreiung handelt, und die Tatsache, daß die Steuervergünstigung den Konzentrationsprozeß in der Wirtschaft fördert, berücksichtigt der SPD-Vorschlag nicht, sondern es wird in Übereinstimmung mit den Koalitionsfraktionen davon ausgegangen, daß § 6b EStG grundsätzlich wirtschaftspolitisch wünschenswert ist. Argumentiert wird damit, daß durch die Möglichkeit einer steuerfreien Übertragung von stillen Reserven Arbeitsplätze gesichert werden und raumordnungs- wie umweltpolitisch erwünschte Verlagerungen von Betriebsstandorten erleichtert werden können. Raumordnungs- und umweltpolitische Aspekte werden jedoch nur als möglich und wünschbar erwähnt, als Kriterien für die Gewährung der Steuervergünstigung erscheinen sie in dem Änderungsvorschlag dagegen nicht. Damit wird auch eine gegenteilige Wirkung des Veräußerungs- und Reinvestitionsvorgangs — z. B. die Entnahme von Kapital aus einer strukturschwachen Region oder die Hinlenkung in ökologisch bedenkliche Produktionen — in Kauf genommen. Allein das arbeitsmarktpolitische Argument läßt der Änderungsvorschlag gelten. Als Indikator dafür, daß ein positiver Arbeitsplatzeffekt aus der Wiederanlage resultiert, wird in dem Vorschlag jedoch lediglich angeführt, daß die Reinvestition nicht im Ausland erfolgen dürfe und die Reinvestition in Kapitalanteile erfolgen müsse, die mit einer Erstausgabe oder einer Kapitalerhöhung verbunden sind.

Diese Voraussetzung kann jedoch nicht generell als Indikator für einen positiven Arbeitsplatzeffekt gesehen werden. Vielmehr kann das Kapital aus einer Kapitalerhöhung ebenso wie für Erweiterungsinvestitionen auch für Rationalisierungsinvestitionen verwendet werden.

Der SPD-Vorschlag reiht Ziffer 5 den Ziffern 1 bis 4 von § 6 EStG also insofern ein, als sichergestellt ist, daß durch die Wiederanlage der Veräußerungsgewinne Investitionen erfolgen und reine Finanzanlagen ausgeschlossen sind. Den Nachweis des positiven Arbeitsplatzeffektes bleibt der Vorschlag jedoch schuldig. Als zweiter Aspekt ist bei dieser vorgeschlagenen neuen Bedingung problematisch, daß die Kapitalerhöhung einer Gesellschaft die Marktmacht derselben stärkt und somit die Vergünstigung des § 6b EStG mit einer potentiell konzentrationsfördernden Entwicklung zwangsläufig verknüpft wird.

Bedingung für die Gewährung des Steuerprivilegs soll weiterhin sein, daß nicht nur die Gewinne, sondern der gesamte Erlös reinvestiert wird. Unter dem arbeitsmarktpolitischen Aspekt kann diese Bedingung ihre Berechtigung haben. Fragwürdig ist jedoch, daß damit der Grad der Verflechtung der Wirtschaft zumindest festgeschrieben wird. Mit dem Ziel der Dekonzentration und der Entflechtung ist diese Bedingung nicht zu vereinbaren.

In dem SPD-Vorschlag wird also insgesamt davon ausgegangen, daß in jedem Fall der marktwirtschaftliche Regelungsmechanismus zu den von der SPD genannten Zielfunktionen im Sinne eines Strukturwandels, das heißt Arbeitsplatzsicherung sowie Raumordnungs- und Umweltverträglichkeit führt. Auf eine konkrete Steuerung der Investitionen mit dem Instrument des § 6b EStG wird verzichtet. Dabei ist die Verwirklichung der raumordnungspolitischen Zielvorgabe schon allein deshalb mehr als fraglich, weil die Veräußerungserlöse zumeist in bestehende Tochterunternehmen investiert werden, eine Verlagerung von Betriebsstätten also nicht stattfindet. Ebenso ist keineswegs wahrscheinlich, daß die umweltpolitische Zielsetzung erreicht wird. Der Verkauf von Anteilen und der Erwerb neuer Anteile bewirkt noch keine Verbesserung der Umweltverträglichkeit der Produktion oder der Produktpalette. Dies ist selbst dann nicht der Fall, wenn die Kapitalerhöhung, die investiert wurde, für Umweltschutzanlagen verwendet wird. Mit dieser Maßnahme ist nicht gewährleistet, daß bei der Gesellschaft, deren Anteile verkauft wurden, eine ökologisch positive Änderung stattfindet. Dort kann ohne weiteres die umweltschädliche Produktion unverändert weitergehen.

Die konzentrationsfördernde Tendenz des § 6b EStG Abs. 1 Nr. 5 bleibt in dem SPD-Vorschlag unangetastet. Damit wird die Tatsache, daß diese Regelung insbesondere Großunternehmen zugute kommt, weiterhin in Kauf genommen. Regelungen, die diese Wirkung eingrenzen, z. B. eine absolute mengenmäßige Begrenzung der steuerfrei reinvestierbaren Gewinne, finden sich in dem SPD-Vorschlag nicht, so daß er hinter Anträgen, die auf SPD-Parteitagen gestellt wurden — z. B. auf dem Parteitag in Hamburg 1979 von der Landesorganisation Hamburg und von dem Bezirk Hessen-Süd —, zurückbleibt.

Die GRÜNEN stimmen mit den anderen Parteien darin überein, daß die Entscheidung über die Gewährung einer Subvention nicht von einem besonderen Willensbildungsprozeß abhängig sein darf, zumal nicht einem solchen, dem es an klar definierten Tatbestandsmerkmalen mangelt. Der Fall Flick lehrt, daß spezifische politische Willensbildungsprozesse für Steuervergünstigungen dem besonders intensiven Einfluß der Wirtschaft unterliegen. Dabei ist zu bedenken, daß der parlamentarische Willensbildungsprozeß ohnehin gerade im Bereich der Steuerpolitik wesentliches Zielobjekt der Einflußnahme seitens der Wirtschaft ist. Ein zusätzliches Bescheinigungsverfahren, wie es das geltende Recht vorschreibt, bietet zusätzliche Möglichkeiten zur Erlangung von Sonderprivilegien. Deshalb sollte das Bescheinigungsverfahren wegfallen. Daraus folgt aber um so dringlicher, die Berechtigung der Steuervergünstigung nach § 6b EStG zu überprüfen. Dabei ist die Frage zu untersuchen, ob durch § 6b EStG ein positiv zu beurteilender Strukturwandel zustande kommt, der nach grünen Kriterien 1. eine Verbesserung der Umwelt- und Sozialverträglichkeit sowie 2. eine Dekonzentration und Entflechtung der Wirtschaft zur Folge haben muß. Außerdem ist 3. die Vergünstigung unter dem Gesichtspunkt der steuerlichen Gleichbehandlung zu beurteilen.

Die GRÜNEN teilen nicht die Einschätzung, daß eine Reinvestition von Veräußerungsgewinnen ein a priori subventionswürdiger Tatbestand ist. Es ist eine unbewiesene Unterstellung, daß die Reinvestitionen von Veräußerungsgewinnen notwendigerweise einen Strukturwandel zur Folge haben und daß dieser Vorgang in jedem Fall volkswirtschaftlich von Nutzen ist. Ein Wechsel der Eigentümer ist nicht gleichzusetzen mit einem Wandel in der Produktions- oder Produktstruktur der Wirtschaft. Gerade im Fall Flick hat sich gezeigt, daß die Wiederanlage von Veräußerungsgewinnen in Kapitalbeteiligungen sich als Ringtausch vollziehen kann, bei dem die Eigentumsverhältnisse verändert werden, ohne daß ein Wandel in der Produktionsstruktur eintritt.

Aber selbst ein Wandel in der Wirtschaftsstruktur kann nicht als grundsätzlich positiv anerkannt werden. Die fortschreitende

Umweltzerstörung und die anhaltende Arbeitslosigkeit signalisieren, daß einzelwirtschaftlich scheinbar sinnvolle Entscheidungen nicht in jedem Fall positive Ergebnisse für die Volkswirtschaft zeigen.
Bei der Beurteilung von Strukturveränderungen sollte ausschlaggebend sein, ob dadurch die ökologischen und sozialen Bedingungen verbessert werden. Eine Steuervergünstigung nach § 6b EStG sollte in diesem Sinne nur dann gewährt werden, wenn der Veräußerungs- und Wiederanlagevorgang dazu beiträgt, die Arbeitslosigkeit abzubauen sowie Umwelt- und Gesundheitsbeeinträchtigungen zu verringern.
Es ist zu prüfen, ob durch die Steuervergünstigung nach § 6b EStG Investitionsentscheidungen gefördert werden, die diese Zielsetzung unterstützen. Eine aufgrund des einzelwirtschaftlichen Rentabilitätskalküls getroffene Veräußerungsentscheidung und Reinvestition steht nicht notwendigerweise im Einklang mit den genannten gesamtwirtschaftlichen Zielsetzungen. Das kann um so weniger angenommen werden, als diese Entscheidungen nicht der betrieblichen Mitbestimmung unterliegen. Bei einer erweiterten Mitbestimmung, wie sie von den GRÜNEN gefordert wird, wäre jedoch eher gewährleistet, daß sowohl die Belange der Unternehmer als auch der Region und der Umwelt in die Entscheidung einbezogen werden.
Für eine Reform des § 6b EStG hieße dies, daß abzuwägen wäre, ob die genannten Ziele besser durch eine Besteuerung von Veräußerungsgewinnen und einer direkten staatlichen Disposition der Mittel im Sinne des gewünschten Lenkungseffektes zu erreichen sind oder durch die Steuerbegünstigung der reinvestierten Veräußerungsgewinne. Die Steuervergünstigung sollte nur dann gewährt werden, wenn der Nachweis erbracht ist, daß durch die Veränderung der Wirtschaftsstruktur deren Umwelt- und Sozialverträglichkeit verbessert wird.

Die derzeitige Wirtschaftsentwicklung in der Bundesrepublik Deutschland ist gekennzeichnet durch eine zunehmende Konzentration und Verflechtung der Unternehmen. Dies ist nicht nur aus wettbewerblichen Gesichtspunkten negativ zu beurteilen. Durch die Verknüpfung von wirtschaftlicher und politischer Macht führt die zunehmende Konzentration dazu, daß soziale und ökologische Verbesserungen im Bereich der Wirtschaft unterbleiben oder erschwert werden. Grüne Wirtschaftspolitik zielt darauf ab, nicht nur das Entstehen marktbeherrschender Unternehmen zu verhindern, sondern auch eine Umkehr der Konzentrationsprozesse im Sinne einer Entflechtung der Konzerne in Gang zu bringen. Für die Reform des § 6b EStG bedeutet dies, daß eine steuerfreie Wiederanlage von Veräußerungsgewinnen in Kapitalbeteiligungen wegen derer konzentrationsfördernder Wirkung ausgeschlossen werden muß.

Das Steuerprivileg des § 6b EStG verleiht dem Steuerpflichtigen bei der Wiederanlage in Kapitalbeteiligungen eine zeitlich unbefristete Steuervergünstigung, bei der Wiederanlage in Wirtschaftsgüter, die der Abnutzung unterliegen, eine Steuerstundung, bei der mindestens ein Zinsgewinn als Vorteil dem Steuerpflichtigen zufällt. Gerechtfertigt wird diese Steuerprivilegierung u. a. mit dem Hinweis darauf, daß wegen der Bewertungsvorschriften des EStG, nach denen die Anschaffungs- oder Herstellungskosten und nicht die Wiederbeschaffungskosten maßgeblich sind, auch Scheingewinne besteuert werden. Der ermittelte Gewinn aus der Veräußerung von Anlageobjekten umfaßt nämlich auch inflationsbedingte Preissteigerungen der Anlagegüter. Durch eine Besteuerung von Scheingewinnen tritt ein Substanzverlust auf der Vermögensseite ein. Durch die Steuerbefreiung nach § 6b EStG können dagegen Betriebsvermögen steuerfrei ohne Inflationsverluste vermehrt werden.
Unter dem Postulat der Gleichbehandlung ist diese Wirkung des § 6b EStG mit der Besteuerung anderer Einkünfte, die nicht Gewinneinkünfte sind, zu vergleichen. Auch für diese ist der Nominalwert des Einkommens für die Bemessung der Steuerschuld maßgeblich. Betroffen hiervon ist die Gesamtheit der Arbeitnehmer, die einem steigenden Grenzsteuersatz allein deshalb unterliegen, weil sie zum Ausgleich von Preissteigerungen Lohnerhöhungen erhalten. Insoweit muß aufgrund der Besteuerung eine Reallohnminderung hingenommen werden. In den

letzten Jahren ist ungeachtet sinkender Reallöhne für die Arbeitnehmer die Lohnsteuerbelastung gestiegen. Dies ist insbesondere auch vor dem Hintergrund zu sehen, daß insgesamt bei den Gewinneinkunftsarten die Möglichkeit, steuermindernde Ausgaben geltend zu machen, die auch dem Privatbereich dienen, um vieles höher ist als für die Bezieher von Einkommen aus unselbständiger Arbeit.
Das Nominalwertprinzip kann deshalb nach Auffassung der GRÜNEN das Steuerprivileg nach § 6b EStG nicht rechtfertigen. Um die Besteuerung von Scheingewinnen zu verhindern, wären relative Freibeträge, deren Höhe an Preissteigerungen gekoppelt ist, ein geeigneteres Instrument. Unter dem Gesichtspunkt der Steuergerechtigkeit kann deren Einführung nur im Zusammenhang mit Indexierungsmaßnahmen gefordert werden, die auch die Besteuerung von allein inflationsbedingten Einkommensteigerungen für die Arbeitnehmer verhindern. Exklusive Steuervergünstigungen für Gewinneinkunftsarten sind abzulehnen.
Für die Reform des § 6b EStG werden seitens der GRÜNEN deshalb im einzelnen folgende Forderungen erhoben:
— Ziffer 5 in § 6b Abs. 1 Satz 2 EStG ist ersatzlos zu streichen. Die steuerfreie Übertragung von Gewinnen aus der Veräußerung von Anteilen an Kapitalgesellschaften auf andere Kapitalbeteiligungen sollte wegen ihres besonderen steuerlichen Entlastungseffekts und ihrer konzentrationsfördernden Wirkung künftig nicht mehr möglich sein.
— Die weiteren steuerfreien Übertragungsmöglichkeiten von Veräußerungsgewinnen nach § 6b Abs. 1 Satz 2 Nr. 1 bis 4 sind grundsätzlich in Frage zu stellen. Es ist zu prüfen, ob hierdurch Investitionen begünstigt werden, die sich positiv auf die Beschäftigungs- oder Umweltsituation auswirken. Hierzu sollte die Bundesregierung dem Parlament noch in dieser Legislaturperiode einen Bericht über die begünstigten Veräußerungs- und Reinvestitionsgeschäfte vorlegen. Kann der Nachweis nicht geführt werden, daß die Steuervergünstigung nach § 6b Nr. 1 bis 4 ein Strukturwandel im Sinne der genannten Zielsetzungen fördert, sollte § 6b EStG vollständig aufgehoben werden.

— Die GRÜNEN verkennen nicht das Problem, daß das Einkommensteuergesetz Veräußerungsgewinne ungleich behandelt. Eine ungleiche Behandlung liegt insbesondere im Hinblick darauf vor, ob sich das Veräußerungsobjekt im Privat- oder Betriebsvermögen befindet und welcher Art das Veräußerungsobjekt ist. Dabei hat der Gesetzgeber bereits heute dem Gewinn aus der Veräußerung von Kapitalbeteiligungen eine Sonderstellung eingeräumt. So unterliegen auch die Veräußerungsgewinne von im Privatvermögen befindlichen Kapitalbeteiligungen (§ 17 EStG) der Besteuerung gemäß § 34 Abs. 2 EStG, wenn der Veräußerer am Kapital der Gesellschaft wesentlich beteiligt war. Private Veräußerungsgeschäfte werden im übrigen nur dann steuerlich erfaßt, wenn sie als Spekulationsgeschäfte definiert werden. Die hierfür maßgeblichen Fristen zwischen der Anschaffung und Veräußerung der Anlagegüter sind nach § 23 EStG wesentlich kürzer bemessen, als sie dem tatsächlichen Spekulationsgeschäftsverhalten entsprechen. Um die Besteuerung von Veräußerungsgewinnen gerechter zu gestalten, müssen die maßgeblichen Fristen nach § 23 EStG angemessen verlängert werden.

• *Neutralisierung der Kapitalmacht von Großunternehmen und Banken*

Der Fall Flick ist exemplarisch für die unheilvollen demokratiegefährdenden Auswirkungen der Zusammenballung wirtschaftlicher Macht in Großkonzernen und Großbanken. Innerhalb des Sondervotums ist eine eingehende Analyse und Kritik der bestehenden Gesellschaftsstruktur sowie die Darstellung von Konzepten für deren Überwindung nicht möglich. Das Sondervotum beschränkt sich daher auf die Benennung möglicher Wege zur Weiterentwicklung der Gesellschaft im Sinne des vom Grundgesetz aufgegebenen demokratischen und sozialen Rechtsstaates.
Folgende kurzfristige, mittelfristige oder längerfristige Maßnahmen kommen in Betracht:
— Verschärfung des Kartellrechts

— Novellierung des Kreditwesengesetzes
— Erweiterung der betrieblichen Mitbestimmungs- und Mitwirkungsrechte der Arbeitnehmer
— Neubestimmung des Eigentumsrechts im Sinne einer funktionalen Ausdifferenzierung von Eigentumsarten.[36]

• *Stärkung der Minderheitenrechte in Untersuchungsausschüssen*

In einer Verfahrensordnung für Untersuchungsausschüsse nach Artikel 44 Grundgesetz sollten die Minderheitenrechte verstärkt werden. Insbesondere bedarf es einer klaren Regelung, daß die von der Ausschußminderheit, die über das Quorum nach Artikel 44 GG verfügt, verlangte Beweiserhebung notfalls auch durch eigene Rechtsmittelbefugnisse durchgesetzt werden kann.

Anhang

Strafanzeige gegen Bundeskanzler Dr. Helmut Kohl wegen des Verdachts der uneidlichen Falschaussage (§ 153 StGB) in zwei Fällen

Vorbemerkung

Wer vor Gericht als Zeuge vernommen wird, muß bei der Wahrheit bleiben, sonst setzt er sich selbst strafrechtlicher Verfolgung aus. Das weiß jeder. Gleiches gilt für Zeugenaussagen vor einem parlamentarischen Untersuchungsausschuß.
Bundeskanzler Dr. Kohl wurde bei Beginn seiner Zeugenaussage darüber ausführlich belehrt. Er sei als Zeuge verpflichtet, die Wahrheit zu sagen, seine Aussage müsse also richtig und vollständig sein, erfuhr Dr. Kohl seinerzeit von dem Ausschußvorsitzenden Dr. Langner. Auch hinsichtlich des Straftarifs wollte der Ausschußvorsitzende den Zeugen Dr. Kohl nicht im unklaren lassen. Wer vor dem Untersuchungsausschuß uneidlich vorsätzlich falsch aussage, werde im Regelfall mit einer Freiheitsstrafe von drei Monaten bis zu fünf Jahren oder mit Geldstrafe bestraft, so zitierte Langner aus § 153 des Strafgesetzbuches. Für den Fall einer fahrlässigen uneidlichen Falschaussage verhieß der Ausschußvorsitzende dem Zeugen Dr. Kohl eine Freiheitsstrafe bis zu einem Jahr oder Geldstrafe. Damit hatte allerdings der Ausschußvorsitzende ein wenig übertrieben. Denn strafbar ist nur eine vorsätzliche, nicht aber eine fahrlässige uneidliche Falschaussage, im Unterschied zu einer Aussage unter Eid, bei der auch Fahrlässigkeit eine Bestrafung zur Folge hat.
Wenn die Belehrung des Zeugen Dr. Kohl nicht just for show war, begründete dies für jedes einzelne Mitglied des Untersuchungsausschusses das Recht und die Pflicht, dem Verdacht einer

vorsätzlichen Falschaussage nachzugehen und die Tatsachen, auf die sich der Verdacht stützte, der zuständigen Staatsanwaltschaft zur weiteren Prüfung mitzuteilen. Nicht mehr und nicht weniger ist Gegenstand der von mir erstatteten Strafanzeigen.

Der Sachvortrag in beiden Strafanzeigen begründet in schlüssiger Weise den Verdacht der vorsätzlichen Falschaussage, deshalb sind sowohl von der Staatsanwaltschaft in Koblenz als auch in Bonn Ermittlungen eingeleitet worden. Sicherlich haben Ermittlungen der Staatsanwaltschaft gegen einen amtierenden Bundeskanzler eine besondere Brisanz. Soll aber darauf verzichtet werden, dem Verdacht einer Straftat nachzugehen, weil der Beschuldigte ein hohes Staatsamt innehat? Das müßte vor allem fatale Auswirkungen auf das Untersuchungsrecht des Parlaments nach Artikel 44 des Grundgesetzes haben. Nur wenn die Zeugen ihre Wahrheitspflicht vor dem Parlamentarischen Untersuchungsausschuß ernst nehmen, kann dieser seiner Aufgabe gerecht werden. Die Strafandrohung bei Verletzung der Wahrheitspflicht verliert ihre Wirkung, wenn sie im Verdachtsfall nicht zu entsprechenden Konsequenzen führt.

Die Strafanzeige ist nicht aufgrund einer Augenblickseingebung, sondern nach mehrmonatiger und sorgfältiger Prüfung im Zusammenhang mit der Vorlage des Sondervotums eingereicht worden. Im Verlauf der mehrmonatigen Prüfung hat sich der Verdacht einer Falschaussage verdichtet, nicht zuletzt aufgrund von Urkunden und Informationen, die mir erst nach Abschluß der Zeugenvernehmungen vor dem Flick-Untersuchungsausschuß zugänglich wurden.

Es ist im übrigen eine Doppelanzeige, die sich einerseits auf die Aussage von Dr. Kohl vor dem Bonner Flick-Untersuchungsausschuß und auf dessen Aussage vor dem Mainzer Parteispenden-Untersuchungsausschuß bezieht. Die Verbindung beider Anzeigen erschien mir notwendig und gerechtfertigt, weil das Aussageverhalten des Zeugen wechselseitig für die Beurteilung seiner Bekundungen vor dem jeweiligen Ausschuß indizielle Bedeutung hat.

Sowohl die Staatsanwaltschaft Bonn als auch die Staatsanwaltschaft Koblenz haben inzwischen die Ermittlungen eingestellt.

Nach dem Ergebnis der Ermittlungen waren die Zeugenaussagen von Dr. Kohl jedenfalls teilweise objektiv unrichtig, jedoch sehen ihn die Staatsanwaltschaften vom Vorwurf der vorsätzlichen *Falschaussage entlastet. Ich werde gegen die Einstellungsbescheide Beschwerde einlegen.*

Bonn, im August 1986 *Otto Schily*

Otto Schily
Mitglied des Deutschen Bundestages

1) Staatsanwaltschaft Bonn
Oxfordstraße 19

5300 Bonn 1

2) Staatsanwaltschaft Mainz
Ernst-Ludwig-Str. 7

6500 Mainz

Betr.: Zeugenaussagen von Bundeskanzler Dr. Helmut Kohl vor dem 1. Untersuchungsausschuß des Deutschen Bundestages/10. Wahlperiode (Flick-Untersuchungsausschuß) vom 7. November 1984 und vor dem Untersuchungsausschuß »Parteispenden« (UA 10/1) des Landtages Rheinland-Pfalz/10. Wahlperiode (Untersuchungsausschuß Rheinland-Pfalz) vom 18. Juli 1985

Sehr geehrte Damen und Herren,

als Abgeordneter des Deutschen Bundestages (Fraktion DIE GRÜNEN IM BUNDESTAG) und aufgrund meiner Tätigkeit im Flick-Untersuchungsausschuß erstatte ich Strafanzeige gegen Bundeskanzler Dr. Helmut Kohl wegen des Verdachts der uneidlichen Falschaussage (§ 153 StGB) in zwei Fällen aufgrund nachstehenden Sachverhalts:

I.

(Vernehmung Dr. Kohl vor dem 1. Untersuchungsausschuß des Deutschen Bundestages

1) Dr. Kohl wurde am 7. November 1984 vor dem Flick-Untersuchungsausschuß als Zeuge vernommen. Seine Befragung erstreckte sich u. a. auf die Zahlungen, die der Zeuge vom Flick-Konzern erhalten hat. Der Zeuge ging in diesem Zusammenhang auch auf die Eintragungen in der sogenannten Diehl-Liste ein, in der Spenden des Flick-Konzerns und deren Empfänger von dem früheren Buchhalter des Flick-Konzerns, Diehl, notiert worden sind.
Im einzelnen hat Dr. Kohl zu dem Spendenthema im Rahmen seiner Zeugenaussage u. a. folgendes bekundet:

»Vors. *Dr. Langner:* Ich möchte einmal auf die Spenden zu sprechen kommen, Herr Bundeskanzler.

Herr Diehl, ein Mitglied der Geschäftsführung bei Flick und dort zuständig für die Buchhaltung, hat Aufzeichnungen über Spenden des Konzerns gemacht. Dabei hat er auf Quittungsrückseiten und in Listen auch Politikernamen angeführt, denen er Beträge zugeordnet hat. In einem laufenden Strafverfahren soll geklärt werden, ob zwei ehemaligen Bundesministern zugeordnete Beträge zugeflossen sind. Jedenfalls müssen ja eine Staatsanwaltschaft und ein Gericht davon ausgehen, daß es sich da um richtige Zuordnungen handelt.

Der Zeuge Brandt hat hier bekundet, daß er drei Zahlungen, die ihm zugeordnet sind, nicht erhalten hat. Ebenso haben andere Politiker verneint, diese Zahlungen erhalten zu haben. Insoweit haben allerdings richterliche Vernehmungen nicht stattgefunden, sondern nur staatsanwaltschaftliche.

Sie dagegen haben bei der Staatsanwaltschaft — Sie bezogen sich jetzt schon das eine Mal auf Ihre staatsanwaltschaftliche Vernehmung — bekundet, Sie könnten sich an einzelne Spenden, die Sie für Ihre Partei entgegengenommen haben, erinnern.

Deshalb möchte ich dazu gern einige Einzelheiten wissen. Zunächst die allgemeine Frage, ob Sie sich an Einzelheiten heute erinnern können, wie denn das so war.

Z. *Dr. Kohl:* Ich bin gern bereit, darüber vielleicht in einem Zusammenhang vorzutragen.

Ich bin natürlich am 5. 7. 1982 — — Als ich mit dem Staatsanwalt sprach, habe ich auf die Frage: ›Ist es Ihnen möglich, an Hand der Ihnen vorgelegten Aufstellung‹ — das ist die Diehl-Liste — ›bei den Institutionen Ihrer Partei nach dem Eingang derartiger Beträge zu forschen?‹ zugesagt. Ich habe dann in einem Brief vom 22. September 1982, der auch Ihnen vorliegt, die Frage beantwortet.

Zunächst einmal zur Diehl-Liste. Ich kann über die Diehl-Liste, die ich natürlich nicht kenne — außer dem, was mir die Staatsanwaltschaft vorlegte —, keine eigene Meinung äußern, auch nicht, was andere betrifft.

Ich sehe mit einem gewissen Erstaunen, wie da die Namen kommen und gehen. Ich habe zu keinem Zeitpunkt einen Zweifel daran gelassen, daß wir und ich für meine Partei im Sinne der Weiterleitung an meine Partei vom Hause Flick Parteispenden bekommen haben. Wie ich vermute – die Liste beginnt mit 1974 —. Ich habe noch einmal mit dem Landesgeschäftsführer gesprochen. Ich könnte mir vorstellen, daß wir auch bei der Landtagswahl, die davor lag — die Landtagswahl war 1975 —, schon eine Spende bekommen haben.

Sie kennen die Bestimmungen des Parteiengesetzes. Daran halten sich ja alle Parteien. Entsprechend diesen Bestimmungen ist die Aufbewahrungspflicht für Unterlagen nach fünf Jahren erloschen. So wurde natürlich auch — —

(Unruhe bei der SPD und den GRÜNEN)

Ich denke, wir sollten erst einmal warten, bis bei allen Parteien fünf Jahre vorbei sind; dann sprechen wir uns wegen dieses Punktes wieder.

(Zuruf)

— Damit bin ich auch einverstanden.

Ich kann nach den Unterlagen bis 1976 über die einzelnen Positionen nichts sagen. Aber ich bin mir ganz sicher, daß die Zahlungen für 1975 und 1976 — die Zahlen sind ja höher als in den übrigen Jahren — wahrscheinlich so waren. Ich kann es aus eigenem Bekunden nicht mehr sagen. Der Landesgeschäftsführer, mit dem ich eingehend darüber gesprochen habe, hat auch nur eine Erinnerung in dem Sinne, daß da Spenden gekommen sind. Denn das war eine sehr wichtige Landtagswahl und eine sehr wichtige Bundestagswahl...

...

In der Zeit danach — das sind dann die Summen vom 10. 5. 1977 in Ihrer Liste bis zum 30. 1. 1980 — habe ich in meinem Brief angegeben, daß mir am 5. Juli 1977 50000 DM, daß mir am 9. März 1979 55000 DM bestätigt wurden — das ist offenkundig die Addition der beiden Beträge von 30000 und 25000 DM — und daß am 24. April 50000 DM bestätigt wurden.

Alle Spenden für die Bundespartei stehen zur Verfügung der Schatzmeisterei der CDU.

Die Vollständigkeit der Erfassung — um das gleich mit zu beantworten — wird laufend durch einen vereidigten Wirtschaftsprüfer — das ist Herr Dr. Horst Weihrauch in Frankfurt — kontrolliert. Nach unseren Spendenrichtlinien sind alle Parteimitglieder verpflichtet, empfangene Spenden an eine Parteigliederung abzuliefern. Es ist dann ihre Sache, an welche sie sie geben. Ich habe als Heimatabgeordneter des Wahlkreises Ludwigshafen und Landesvorsitzender und späterer Ministerpräsident selbstverständlich auch immer meinen eigenen Landesverband mit solchen Spenden bedacht. Ich habe auch dementsprechend, bevor ich nach Bonn wechselte, derartige Spenden meinem Landesverband zur Verfügung gestellt.

Bei Spenden, die in bar geleistet werden, wird der Eingang von Herrn Weihrauch laufend geprüft. Nach diesem Modus wurde auch in den speziellen Fällen mit den von Herrn Brauchitsch übergebenen Spenden verfahren. Herr Weihrauch hat mir ebenso wie der Generalbevollmächtigte unserer Schatzmeisterei, Herr Dr. Lüthje, im Zusammenhang mit meiner Aussage in meinem Brief an die Staatsanwaltschaft vom 22. September 1982 die ordnungsmäßige Zuführung der Mittel an das Spendenaufkommen der Schatzmeisterei ausdrücklich bestätigt. Die Bestätigung erfolgte mündlich. Bevor ich diesen Brief geschrieben habe, habe ich mich noch einmal — deswegen hat es etwas gedauert, bis ich den Brief beantwortet habe, weil ich beide Herren zur Urlaubszeit nicht gleich erreicht habe — bei Herrn Weihrauch wie auch Dr. Lüthje noch einmal verläßlicht, ob dies zutreffend ist.«

Beweis: Protokoll Nr. 50 des Flick-Untersuchungsausschusses vom 7. November 1984 Seite 50 bis 54 (im folgenden gekennzeichnet Protokoll 1. UA BT 50/50—54). Protokollauszüge sind in Fotokopie als *Anlage 1* beigefügt

Den Erhalt von 2 Beträgen a) 30000 DM am 6. 12. 77 und b) 25000 DM entweder am 11. 8. 78 oder 19. 1. 79 hat Dr. Kohl in Abrede gestellt.

Zu a): Zu der Eintragung in der Diehl-Liste »6. 12. 77 30000 DM wg. Kohl« erklärte Dr. Kohl in derselben Vernehmung:

»Letzte Bemerkung: Da fehlt eine Summe von 30000, die nach der Diehl-Liste an mich gegeben worden ist. *Von dieser Summe weiß ich nichts.* Das ist die Summe vom 6. 12. 77.
Vors. *Dr. Langner:* Wegen 6. 12. 77 kann Herr Lüthje *keinen Eingang feststellen?*
Z. *Dr. Kohl: Nein. Wir wissen nichts davon.* Aber nachdem diese Liste offensichtlich viele Löcher aufweist, ist es durchaus *denkbar,* daß sie auch dieses Loch aufweist. Denn bei uns wäre es mit Sicherheit aufgenommen worden...«

Beweis: Protokoll 1. UA BT 50/54 — *Anlage 1*

Ferner bekundete er:

»Ich habe weiter darauf hingewiesen, daß die Spende vom 6. 12. 77 — 30000 DM — nach unseren Unterlagen von uns nicht vereinnahmt wurde. Da die Diehl-Liste offensichtlich nach den Bekundungen vieler Zeugen hier — der Kollege Brandt hat ja eine neue Variation in die Debatte gebracht, daß diese Spenden ›wegen‹ bedeuten, daß das zur Bekämpfung des hier Angeführten sein mußte —, da andere öffentliche Erklärungen vom Hause Flick erhalten haben, daß solche Spenden nie geflossen sind, gehe ich davon aus, daß diese *Liste* natürlich *so nicht stimmt.*
Ich kann *das bestätigen,* was mich betrifft. *Das habe ich getan...«*

Beweis: Protokoll 1. UA BT 50/174 — *Anlage 1*

Schließlich erklärte Dr. Kohl im Zusammenhang mit der Eintragung vom 6. 12. 77 noch folgendes:

»Abg. *Schily (GRÜNE):* Vielleicht hilft es Ihrem Gedächtnis etwas, wenn ich Ihnen vorhalte lt. Beweismittelordner XVI/119 eine Notiz vom 16. 12. 77. Da sollen Sie an einer Jagd teilgenommen haben.
Z. *Dr. Kohl:* Auch diese Frage ist bereits mehrmals beantwortet worden. An dem fraglichen Termin fand der Jagdabend, den ich vorhin eingehend beschrieben habe, statt. Ich halte es für völlig ausgeschlossen — in Kenntnis gerade dieses Abends, an dem ein riesiges Polizeiaufgebot sich

da im Soonwald befand, weil terroristische Verbrecher in diesem Jahr die Bundesrepublik heimgesucht haben —, daß dort eine Geldübergabe stattfindet. Allein schon das halte ich für ganz unwahrscheinlich. Es entspricht eben nicht der Lebenserfahrung oder wie Sie es —
Abg. *Schily* (GRÜNE): Also gut, wie war es dann —
Dr. Kohl: Es entspricht nicht der Lebenserfahrung, Herr Kollege, bei solchen Gelegenheiten das zu machen. Ich habe schon gesagt: Die 30000 DM sind bei uns nicht eingegangen.«

Beweis: Protokoll 1. UA BT 50/175—176 — *Anlage 1*

b) Gegenstand der Befragung von Dr. Kohl war außerdem eine weitere Zahlung in Höhe von 25000 DM, die in der Diehl-Liste unter dem 11. 8. 78 eingetragen ist.

Dr. Kohl bekundete zu dieser Zahlung u. a. folgendes:

»Abg. *Schily* (GRÜNE): Wir sind schon einmal kurz darauf eingegangen: 11. 8. 1978. Diese Zahlung findet sich ja auch nicht in Ihrer Aufstellung.
Z. *Dr. Kohl:* Doch, natürlich. Diese Zahlung findet sich natürlich in meiner Aufstellung. Wenn Sie die Zahlen 25000 und 30000 addieren, ergibt das nach den Grundrechenarten die Summe, die darin steht am 9. März.«

Beweis: Protokoll 1. UA BT 50/176 — *Anlage 1*

Dr. Kohl bezog sich in seiner Antwort auf die Aufstellung, die er seinerzeit mit Schreiben vom 22. September 1982 der Staatsanwaltschaft übermittelt hatte. In dieser Aufstellung wurden 3 Barzahlungen bestätigt, und zwar: 5. Juli 1977 50000 DM, 9. März 1979 55000 DM, 24. April 1980 50000 DM.

Beweis: Schreiben Dr. Kohl vom 22. September 1982 (Band VIII, Blatt 43f. der Akten der Staatsanwaltschaft Bonn »Friderichs u. a.« 50 Js 36/82), das als *Anlage 2* in Ablichtung beigefügt wird.

Auf weiteres Befragen erklärte Dr. Kohl:

»Abg. *Schily* (GRÜNE): Sie meinen, das ist eine Zahlung, die haben Sie zum Teil in 1978 und zum Teil in 1979 erhalten?
Z. *Dr. Kohl:* Das meine ich nicht so, das ist so.«

Beweis: Protokoll 1. UA BT 50/176—177 — *Anlage 1*

Dr. Kohl wurde von verschiedenen Ausschußmitgliedern ausführlich zu den Eintragungen vom 11. August 1978 und 19. Januar 1979 befragt. Die Einzelheiten ergeben sich aus den als *Anlage 1* in Ablichtung beigefügten Auszügen des Protokolls vom 7. 11. 1984, insbesondere aus den Seiten 50/157—200.

Dr. Kohl bestritt bei der Befragung zunächst, im Jahre 1979 über die von ihm genannten 30000 DM Zahlungen erhalten zu haben:

»Abg. *Schily* (GRÜNE): Wissen Sie etwas von einer Zahlung am 19. Januar über diese 30000 DM hinaus?
Z. *Dr. Kohl:* Nein.«

Beweis: Protokoll 1. UA BT 50/182 — *Anlage 1*

Auf einen späteren Vorhalt wollte er nicht ausschließen, daß sich der Betrag von 55000 DM nicht auf die Jahre 1978 und 1979 verteilt, sondern insgesamt im Jahre 1979 an ihn gezahlt worden sei:
»Abg. *Bohl* (CDU/CSU): Könnte es z. B. sein, Herr Bundeskanzler, daß aus 1977, Mai, 50000 bei Diehl diese 50000 hier sind, daß sowohl die 30000 aus 1977 als auch die 25000 aus 1978 gar nicht zu Ihnen gekommen sind und im Jahre 1979 nicht 30000, wie bei Diehl steht, sondern insgesamt 55000 zu Ihnen gekommen sein können?
Z. *Dr. Kohl:* Das schließe ich natürlich nicht aus.«

Beweis: Protokoll 1. UA BT 50/191—192 — *Anlage 1*

Mit dieser Antwort verblieb Dr. Kohl dabei, daß er jedenfalls insgesamt nur 55000 DM erhalten hat, entweder in zwei Beträgen 25000 DM in 1978 und 30000 DM in 1979, oder möglicherweise insgesamt 55000 DM in 1979.

Schließlich erklärte er auf zusätzliches Befragen:

»Abg. *Dr. Struck* (SPD): Es schließt sich die Frage an, weil ja auch ein Betrag von 30000 DM ›wegen Biedenkopf‹ eingetragen worden ist bei diesem Datum — —
Z. *Dr. Kohl:* Der ist bei mir nicht eingangen.
Abg. *Dr. Struck* (SPD): — — Ob bei Ihnen in der Schatzmeisterei, Herr Zeuge, auch herauszufinden ist — das war jetzt meine Bitte —, ob diese 30000 DM in Verbindung mit Ihrem Namen oder in Verbindung mit dem Namen Biedenkopf dort irgendwo verbucht sind, ob das überprüft werden könnte.
Z. *Dr. Kohl:* Das kann ich gerne fragen. Aber ich bin ganz sicher, wenn eine Spende dieser Art eingegangen wäre, hätten die Herren das natürlich schon von sich aus gesagt...«

Beweis: Protokoll 1. UA BT 50/194 (200) — *Anlage 1*

Dr. Kohl äußerte sich auch zu der Abwicklung der Spendenübergabe:

»Vors. *Dr. Langner:* Wie war das eigentlich, wenn man als Parteivorsitzender bei Herrn von Brauchitsch eine Spende entgegennahm? Wurde da ein Treffen eigens für die Spende verabredet oder hat er solche Kuverts bei Gelegenheit anderer Besprechungen übergeben?
Z. *Dr. Kohl:* Ich habe wie viele andere Herrn von Brauchitsch immer wieder angesprochen — denn unsere finanzielle Lage war ja alles andere als üppig — uns, wenn möglich, zu helfen. Das ist ja nicht mit den eben genannten Daten begonnen worden, sondern wie ich schon gesagt habe, zu Beginn der siebziger Jahre. Herr von Brauchitsch hatte dann aus seinen Gründen den Weg gewählt, diese Spenden bar zu überbringen. Es ist kein Datum ausgemacht worden. Wenn er kam oder jemanden vorbeischickte, hat er diese Spenden mir übergeben. Ich habe die Spenden entgegengenommen und bei der nächsten Gelegenheit, wenn ich Herrn Dr. Lüthje traf, wenn der einen Termin bei mir hatte, ihm übergeben. Das war nicht am gleichen Tag, sondern meistens wesentlich später.«

Beweis: Protokoll 1. UA BT 50/54 — *Anlage 1*

Angaben — auch nicht nur andeutungsweise — darüber, daß die in der Diehl-Liste unter der Bezeichnung »wg. Kohl« notierten Beträge, insbesondere die strittigen Beträge vom 6. 12. 1977 in Höhe von 30000 DM sowie vom 11. 8. 1978 in Höhe von 25000 DM und vom 19. 1. 1979 in Höhe von 25000 DM, in seinem Namen von Dritten entgegengenommen oder abgeholt worden sind, machte Dr. Kohl nicht.

Beweis: Protokoll 1. UA BT 50/1—288, um dessen Beiziehung gebeten wird

2) Hinsichtlich der Frage, ob Dr. Kohl die strittigen Beträge vom 6. 12. 77 über 30000 DM und vom 11. 8. 78 über 25000 DM erhalten hat, liegen folgende Erkenntnisse vor:
   a) Aus den Unterlagen, die dem 1. Untersuchungsausschuß nach der Vernehmung von Dr. Kohl am 7. November 1984 vom Landgericht Bonn übersandt wurden, ergibt sich, daß eine enge Mitarbeiterin von Dr. Kohl, Frau Juliane Weber, am 6. Dezember 1977 den Zeugen von Brauchitsch für kurze Zeit aufgesucht hat. In einem Vermerk für Herrn von Brauchitsch vom 5. Dezember 1977 heißt es unter Ziff. 7:

   »Frau Weber/Sekr. Dr. Kohl fragt an, ob es Ihnen recht ist, wenn sie morgen, Dienstag, 6. 12., gegen 16.00 Uhr bei Ihnen kurz vorbeikommt./h.«

Beweis: Akten der Staatsanwaltschaft Bonn 50 Js 36/82 Band XXXIV Blatt 77a

Der zeitliche Zusammenhang der Eintragung in der Diehl-Liste vom 6. 12. 77 mit dem kurzen Aufenthalt von Frau Weber bei Herrn von Brauchitsch am gleichen Tage rechtfertigt die Schlußfolgerung, daß Frau Weber am 6. 12. 77 den Betrag von 30000 DM in Empfang genommen hat.

Beweis: 1) wie vor
2) Zeugnis a) Frau Juliane Weber, zu laden über das Bundeskanzleramt
b) Eberhard von Brauchitsch, dessen Anschrift der Staatsanwaltschaft Bonn bekannt ist

b) Der Zeuge von Brauchitsch hat in der Hauptverhandlung des gegen ihn gerichteten Strafverfahrens vor der 7. Strafkammer des Landgerichts Bonn erklärt, Frau Weber habe »schon mal für Herrn Kohl Geld empfangen«.

Beweis: 1) Zeugnis von Brauchitsch
2) Auskunft der 7. Strafkammer des Landgerichts Bonn und der Sitzungsvertreter der Staatsanwaltschaft Bonn in dem genannten Strafverfahren

c) Auch aus weiteren Aufzeichnungen aus dem Sekretariat und in dem Kalender von Herrn von Brauchitsch ist ersichtlich, daß Frau Juliane Weber im zeitlichen Zusammenhang mit Eintragungen in der Diehl-Liste unter der Bezeichnung »wg. Kohl« mit Herrn von Brauchitsch zusammengetroffen ist und möglicherweise weitere Zahlungen entgegengenommen hat.
aa) In einem Vermerk vom 2. September 1975 für Herrn von Brauchitsch heißt es unter Ziff. 3:

»Min.Präs. Kohl wird gegen Mittag wieder anrufen./h.«

Beweis: Akten der SEA Bonn — XXXIV, Blatt 17

Am gleichen Tage verzeichnet das Sekretariat von Brauchitsch unter der Uhrzeit 19.35 Uhr einen Anruf von Dr. Kohl.

Beweis: Wie vor — Blatt 18

In der Diehl-Liste findet sich unter dem Datum vom 3. 9. 1975 folgende Eintragung:

»Ka wg. Kohl ü/vB 50000«

Beweis: Die bei den Akten der Staatsanwaltschaft in Bonn 50 Js 36/82 befindliche Diehl-Liste, um deren Beiziehung gebeten wird

Für den 4. 9. 75 soll im Kalender von Herrn von Brauchitsch ein Besuch von Frau Juliane Weber eingetragen sein.

Beweis: Der bei den vorstehend genannten Akten der Staatsanwaltschaft Bonn befindliche Kalender von Herrn von Brauchitsch

In einem Vermerk vom 8. September 1975 notiert das Büro von Herrn von Brauchitsch

»R/Kaletsch
w/Spendenaufstellung für FK«

Beweis: Akten StA Bonn 50 Js 36/82 Band XXXIV Blatt 19

bb) Unter dem 13. Juli 1976 ist in der Diehl-Liste eine Zahlung »wg. Kohl« in Höhe von 50000 DM notiert worden.
Beweis: Diehl-Liste

Das Büro von Herrn von Brauchitsch verzeichnet unter dem 14. 7. 1976 einen Anruf um 9.20 Uhr von Dr. Kohl.

Beweis: Akten StA Bonn 50 Js 36/82 — Band XXXIV, Blatt 51

Im Kalender von Herrn von Brauchitsch soll ein Besuch von Frau Weber am 15. Juli 1976 festgehalten worden sein.

Beweis: Kalender von Brauchitsch

cc) Im zeitlichen Zusammenhang mit der »wg. Kohl« unter dem 10. 5. 77 vermerkten Zahlung in Höhe von 50000 DM steht ein Besuch von Frau Weber, der laut Kalender von Brauchitsch am 12. 5. 1977 stattgefunden haben soll.

Beweis: Diehl-Liste und Kalender von Brauchitsch

dd) Für den 17. 1. 1979, 19.00 Uhr, und 18. 1. 1979, 14.45 Uhr, notiert das Büro von von Brauchitsch Anrufe von Dr. Kohl.

Beweis: Akten der StA Bonn 50 Js 36/82 Blatt 148 und 149

Im Kalender von Brauchitsch soll für den 19. Januar 1979, 11.30 Uhr, ein Besuch von Frau Weber eingetragen sein.

Beweis: Kalender von Brauchitsch

Unter dem 19. Januar 1979 sind in der Diehl-Liste folgende Zahlungen vermerkt:
»wg. Kohl 30000 DM«
»wg. Biedenkopf 30000 DM«

Beweis: Diehl-Liste

d) In einem Vermerk für Herrn von Brauchitsch vom 11. August 1978 hält dessen Büro unter Ziff. 8 folgendes fest:

»Herr Dr. Kohl bittet um Ihren Rückruf, wenn möglich bis kurz vor 11.00 — sonst meldet er sich am Nachmittag wieder.../h.«

Beweis: Akten StA 50 Js 36/82 Band XXXIV, Blatt 137

Unter dem gleichen Datum ist in der Diehl-Liste eine Zahlung in Höhe von 25000 DM »wg. Kohl« verzeichnet.

Beweis: Diehl-Liste

Ebenfalls unter dem 11. 8. 78 fertigt das Büro von Brauchitsch einen Vermerk für Frau Dr. von Brauchitsch mit folgendem Inhalt an:

»Am Dienstag, 15. 8., kommt um 18.00 Herr Dr. Kohl (alleine) nach Metzkausen.«
Beweis: Akten StA 50 Js 36/82 Band XXVI Blatt 156

Das Datum vom 11. August 1978 trägt auch folgender Vermerk von Dr. Walter Schmitz (Bonner Büro des Flick-Konzerns) für Herrn von Brauchitsch:

»Betrifft Ihr Gespräch mit Herrn Dr. Kohl am 15. August 1978. Sie hatten mich um einen ›Fahrplan‹ gebeten. Beigefügt lege ich ein Papier vor, in dem die folgenden Themen behandelt sind:

— Konjunkturprogramm der Bundesregierung
— zur Struktur des Konrad-Adenauer-Hauses
— Verfassungsbeschwerde gegen das Mitbestimmungsgesetz
— Vierte Partei
— Medienpolitik (WDR)
— CDU-Grundsatzprogramm
— Bürokratisierung (CDU-Kongreß)
gez. Walter Schmitz«

Beweis: Akten StA Bonn 42 Js 657/82 BMO 11 Blatt 413

Der Vermerk vom 11. 8. 78 korrespondiert mit einer Notiz von Herrn von Brauchitsch für Dr. Walter Schmitz vom 17. 8. 78:

»Mein Gespräch mit Kohl war nicht sehr ergiebig. Bei Ihrem nächsten Besuch in Düsseldorf sollten wir hierüber sprechen.
gez. von Brauchitsch«

Beweis: Wie vor – BMO 11 Blatt 412

e) Hinsichtlich der Zahlungen vom 19. Januar 1979 ließ der Zeuge von Brauchitsch in einer Schutzschrift seines Verteidigers vom 1. Dezember 1982 folgendes vortragen:

»Ursprünglich war auch der von meinem Mandanten am 19. 1. 1979 ›wegen Biedenkopf‹ erhobene Betrag von 30000 DM zur Weiterleitung an Herrn Köppler und bei ihm zur Finanzierung eines ähnlichen Zweckes bestimmt. Die insoweit vorgesehene Maßnahme entfiel jedoch, nachdem mein Mandant sich den Betrag zu ihrer Finanzierung bereits aus der Dispositionskasse hatte aushändigen lassen. Er gab diesen Betrag deshalb nur noch in Höhe von 5000 DM zur Finanzierung allgemeiner Parteiausgaben an Herrn Köppler weiter und ließ die verbleibenden 25 000 DM zusammen mit den gleichfalls am 19. 1. 79 ohnehin zu diesem Zweck erhobenen 30000 DM Anfang März 1979 *Herrn Dr. Kohl* (Unterstreichung durch den Unterzeichneten) aushändigen.«

Beweis: Akten StA Bonn – 50 Js 36/82 Band IX, Blatt 80

f) Der Zeuge Dr. Biedenkopf hat in seiner Vernehmung vor der Bonner Staatsanwaltschaft am 14. 6. 82 sowie in einem Schreiben an die Bonner Staatsanwaltschaft vom 7. 7. 82 bestätigt, daß er die unter der Bezeichnung »wg. Biedenkopf« in der Diehl-Liste eingetragenen Zahlung in Höhe von 30000 DM vom 19. 1. 79 nicht erhalten hat. In dem Schreiben vom 7. 7. 1982 heißt es:

»Wie vereinbart, habe ich mich inzwischen bemüht festzustellen, ob die in der Buchhaltung der Firma Flick aufgezeichneten Zahlungen vom 19. 1. 79 über DM 30000 und 30. 1. 1980 über DM 25000 an Stellen der Westfälischen CDU geflossen sind. Ich konnte jedoch keine entsprechende Zahlungen ermitteln. Ich muß deshalb davon ausgehen, daß die quittierten Beträge *an Dritte* (Hervorhebung durch den Unterzeichneten) geflossen sind.«

Beweis: Akten der StA Bonn 50 Js 36/82 Band V, Blatt 221 sowie Band VI Blatt 122

3) Die unter Ziffer 2) aufgeführten Erkenntnisse begründen den Verdacht, daß die Darstellung von Dr. Kohl hinsichtlich der Zahlung in Höhe von 30000 DM am 6. Dezember 1977 und der Zahlung in Höhe von 25000 DM am 11. August 1978 unrichtig ist.

a) Dr. Kohl behauptet, er habe die Zahlung in Höhe von 30000 DM vom 6. 12. 1977 nicht erhalten und die entsprechende Eintragung in der Diehl-Liste sei unrichtig.

Angesichts der Aufzeichnung aus dem Büro von Brauchitsch, derzufolge Frau Weber am 6. 12. 77 Herrn von Brauchitsch offenbar lediglich zu Abholungszwecken für kurze Zeit aufgesucht hat und der zeitlichen Übereinstimmung mit der Eintragung in der Diehl-Liste »6. 12. 77 wg. Kohl 30000 DM« muß davon ausgegangen werden, daß Frau Weber im Namen von Dr. Kohl den Betrag von 30000 DM entgegengenommen hat.

Zur genaueren Aufklärung wird die Vernehmung der Zeugin Juliane Weber, des Zeugen Eberhard von Brauchitsch sowie der Zeugin Ute Marga Heidemann (Anschrift ist der Staatsanwaltschaft Bonn bekannt), der früheren Sekretärin von Herrn von Brauchitsch bei der Firma Flick, erforderlich sein.

Weitere Aufschlüsse dürften aus einer genauen Auswertung folgender beim Landgericht Bonn befindlicher Akten zu erwarten sein:

Vertrauliche Tageskopien der Firma Flick
Tageskopien der Firma Flick
Sonstige Unterlagen der Firma Flick (Parteien; Spenden; Politiker, Büro Bonn).

Vor allem werden die Unterlagen, die unter dem Anfangsbuchstaben des jeweiligen Politikers in den genannten Akten abgeheftet sind, einer genauen Durchsicht zu unterziehen sein.

b) Auch die Bekundungen von Dr. Kohl, er habe in den Jahren 1978 und 1979 insgesamt lediglich 55000 DM von der Firma Flick über Herrn von Brauchitsch erhalten, sind unrichtig. Beide Varianten der Sachverhaltsdarstellung von Dr. Kohl lassen sich mit den vorhandenen Urkunden, den Angaben des Zeugen von Brauchitsch und des Zeugen Biedenkopf nicht in Einklang bringen.

Dr. Kohl will entweder (1. Variante) 55000 DM in Teilbeträgen von 25000 DM im Jahre 1978 und 30000 DM im Jahre 1979

oder

(2. Variante) in 1978 nichts und im Jahre 1979 den Gesamtbetrag von 55000 DM erhalten haben.

Nach den Eintragungen in der Diehl-Liste sowie den Angaben der Zeugen Biedenkopf und von Brauchitsch hat Dr. Kohl jedoch in den Jahren 1978 und 1979 insgesamt 80000 DM erhalten und zwar

11. 8. 1978	25000 DM	(Diehl-Liste: »vB wg. Kohl«)
19. 1. 1979	30000 DM	(Diehl-Liste: »vB wg. Kohl«)
19. 1. 1979	25000 DM	(Diehl-Liste: »vB wg. Biedenkopf 30000 DM; ./. lt. von Brauchitsch unmittelbar an Köppler gezahlter 5000 DM)

Der Zeuge hat in seiner von seinem Verteidiger vorgetragenen schriftlichen Sachverhaltsschilderung erklärt, daß Dr. Kohl von der am 19. 1. 79 lt. Diehl-Liste aus der Kasse entnommenen 2 × 30000 DM = 60000 DM Anfang März ein Betrag in Höhe von insgesamt 55000 DM ausgehändigt worden sei. Bestätigt wird diese Sachverhaltsschilderung durch den Zeugen Biedenkopf. Dahingestellt bleiben kann, ob die Geldübergabe tatsächlich erst Anfang März oder bereits im Januar 1979 stattgefunden hat. Die Eintragung im Kalender von Herrn von Brauchitsch und die sonstigen Aufzeichnungen aus dem Büro von Herrn von Brauchitsch sprechen eher dafür, daß die Zeugin Weber das Geld bereits am 19. Januar 1979 abgeholt hat.

Zur näheren Aufklärung sollten auch insoweit die Zeugen Weber, Heidemann und von Brauchitsch vernommen werden, außerdem der Zeuge Biedenkopf.

c) Schließlich hat Dr. Kohl bemerkenswerterweise überhaupt verschwiegen, daß seine Mitarbeiterin Juliane Weber Zahlungen der Firma Flick entgegengenommen hat. Nach Aussage von Dr. Kohl soll der Zeuge von Brauchitsch ihm die Spenden übergeben haben, wenn der Zeuge von Brauchitsch »kam oder jemanden vorbeischickte«. Daß er selbst bisweilen »jemanden vorbeigeschickt« hat, behielt Dr. Kohl für sich.

Erst durch die Aussage des Zeugen von Brauchitsch in der Hauptverhandlung vor der 7. Großen Strafkammer des Landgerichts Bonn wurde offenbart, daß die Zeugin Weber für Dr. Kohl Geldbeträge entgegengenommen hat, nachdem sich bereits zuvor anhand der Aufzeichnungen des Büros von Brauchitsch der Verdacht erhärtet hatte, daß die in der Diehl-Liste unter dem 6. 12. 77 eingetragene Summe von 30000 DM der Zeugin Weber am gleichen Tage ausgehändigt worden ist.

Es muß davon ausgegangen werden, daß Dr. Kohl dem Ausschuß in den drei zuvor genannten Punkten vorsätzlich die Unwahrheit gesagt hat. Er hat sich hinsichtlich der Zahlungen aus den Jahren 1977, 1978 und 1979 nicht auf ein fehlendes Erinnerungsvermögen berufen, sondern sehr bestimmte Angaben zu Protokoll gegeben, die er sogar noch besonders bekräftigt hat (»Das meine ich nicht so, das ist so.« Vgl. oben Seite 216). Vor allem die Tatsache, daß Dr. Kohl die Beteiligung seiner langjährigen Mitarbeiterin Juliane Weber beim Spendeninkasso verschwiegen hat, läßt nur den Schluß auf eine vorsätzliche Handlungsweise zu. Dabei fällt es auf, daß Dr. Kohl mit besonderer Bestimmtheit die Zahlung vom 6. 12. 77 bestreitet, die wahrscheinlich Frau Weber in Empfang genommen hat.

Die unrichtige Sachverhaltsdarstellung seitens Dr. Kohl ist möglicherweise darauf zurückzuführen, daß der Eingang der Beträge in Höhe von 30000 DM und 25000 DM auf den Konten der CDU nicht festgestellt werden konnte. Aus dem Vergleich der in den Jahren 1977, 1978 und 1979 auf den Konten der CDU verbuchten Eingängen an Flick-Spenden, die von Dr. Kohl an seine Partei weitergeleitet worden waren, mit den Ausgängen, die lt. Diehl-Liste in den genannten Jahren als Spendenzahlungen an Dr. Kohl gegangen sind, errechnet sich ein Fehlbetrag in Höhe von insgesamt 55000 DM, dessen Verbleib bisher ungeklärt ist. Es ist denkbar, daß Dr. Kohl die Zahlungseingänge vom Dezember 1977 und August 1978 in seiner Zeugenvernehmung deshalb in Abrede gestellt hat, weil er die Weitergabe der Beträge an seine Partei nicht zu belegen vermag. Strafrechtlich entlastet ihn jedoch eine solche Motivation nicht.

II.

(Vernehmung Dr. Kohl vor dem Untersuchungsausschuß »Parteispenden« des Landtages Rheinland-Pfalz)

1) Am 18. Juli 1985 wurde Dr. Kohl vor dem Untersuchungsausschuß »Parteispenden« des Landtages Rheinland-Pfalz vernommen. Gegenstand seiner Befragung dort waren u. a. folgende Fragen:

»1) War Ihnen als Mitglied der Landesregierung von Rheinland-Pfalz bekannt, daß die Staatsbürgerliche Vereinigung, die GEUM, die GEW Neuwied und mit ähnlicher Zielsetzung tätige Vereinigungen oder für diese tätig gewordenen Personen zur Geld- und Spendenbeschaffung dienten?

2) Wurde diese Tätigkeit der genannten Institutionen und für sie tätigen Personen von Ihnen als Mitglied der Landesregierung gebilligt?

3) Haben Sie die Tätigkeit dieser Organisationen oder der für sie tätigen Personen als gemeinnützig bzw. als Berufsverband ermöglicht oder unterstützt durch unzulässige Einflußnahme auf die steuerliche Behandlung?

4) Wenn ja, was waren die Beweggründe dafür?

5) Wissen Sie etwas darüber, ob in den Fällen eventueller unzulässiger Einflußnahme im Sinne der Frage 3) Beziehungen (z. B. Verträge, Vereinbarungen, Auftragsvergaben) zwischen dem Land, Mitgliedern der Landesregierung oder leitenden Mitarbeitern des Landes einerseits und Spendern für die Organisationen andererseits bestanden?«

Der Untersuchungsauftrag des rheinland-pfälzischen Parteispendenausschusses war unter Ziff. IV wie folgt festgelegt worden:

»1) Wußte der damalige Ministerpräsident des Landes Rheinland-Pfalz, Dr. Helmut Kohl, oder hätte er wissen müssen, daß die ›Staatsbürgerliche Vereinigung 1954 e.V.‹ Köln/Koblenz zur Geld- und Spendenbeschaffung für Parteien, insbesondere der CDU, diente?

2) Hat er die steuerliche Behandlung der genannten Gesellschaft als Berufsverband gebilligt?

3) Haben er oder andere Mitglieder der Landesregierung mit seinem Wissen oder auf seine bzw. ihre Veranlassung die steuerliche Behandlung der genannten Gesellschaft als Berufsverband ermöglicht oder unterstützt?«

Dementsprechend formulierte der Parteispendenausschuß am 11. Juli 1985 für die Beweiserhebung u. a. folgende Fragen:

»1) War der Landesregierung, einzelnen Mitgliedern der Landesregierung sowie leitenden Mitarbeitern des Landes bekannt, daß die genannten und mit ähnlicher Zielsetzung tätigen Vereinigungen oder Personen zur Geld- und Spendenbeschaffung für Parteien dienten? Oder hätte ihnen dies bei Beachtung ihrer Amts- und Dienstpflichten bekannt sein müssen?

2) Wurde die Tätigkeit dieser Organisationen und Personen von der Landesregierung oder von einzelnen Mitgliedern der Landesregierung als gemeinnützig oder die Behandlung als Berufsverband gebilligt?«

Vor seiner Vernehmung hatte Dr. Kohl zunächst mit Schreiben vom 29. Mai 1985 die ihm übermittelten Fragen u. a. wie folgt schriftlich beantwortet:

Zu Frage 1:
In den 50er Jahren wurden in der Bundesrepublik Deutschland Staatsbürgerliche Vereinigungen und ähnliche Einrichtungen geschaffen, die sich das Ziel gesetzt hatten, zur Stärkung und Festigung der demokratischen Ordnung beizutragen. Darüber hinaus gab es Berufsverbände, wie Gewerkschaften und berufsständische Organisationen, welche diese Ziele ebenfalls verfolgten. Ein Teil dieser Einrichtungen wurde entsprechend ihrer Organisationsstruktur und ihrer Zielsetzung von den zuständigen Behörden als steuerlich begünstigt anerkannt.
Eine Reihe solcher Einrichtungen hat im Rahmen ihrer Zielsetzung die demokratischen Parteien auch durch die Zuleitung von Spenden finanziell unterstützt.
Ich gehe davon aus, daß in den Fragen des Untersuchungsausschusses solche Einrichtungen gemeint sind.
In Rheinland-Pfalz ist die ›Staatsbürgerliche Vereinigung e.V. 1954 Köln/Koblenz‹ ansässig. Diese Vereinigung war und ist mir bekannt.
Ich habe auf deren staatspolitischen Seminaren – wie auch u. a. die früheren Bundeskanzler Brandt und Schmidt – Vorträge gehalten.
An die anderen in der Frage genannten Einrichtungen oder an sonstige mit ähnlicher Zielsetzung tätige Vereinigungen kann ich mich nicht näher erinnern; ich will aber nicht ausschließen, daß ich schon früher von diesen Einrichtungen gehört habe.
Ich habe keine konkrete Kenntnis von der Organisationsstruktur, der Wirtschaftsführung und dem Finanzgebaren der in der Frage genannten Einrichtungen. Ich kann mich auch nicht daran erinnern, daß ich in meiner Eigenschaft als Mitglied der Landesregierung Rheinland-Pfalz mit den genannten Einrichtungen befaßt war.

Zu Frage 2:
Ich hatte als Mitglied der Landesregierung Rheinland-Pfalz keinen Anlaß, die Tätigkeit der in der Frage genannten Einrichtungen oder der für sie arbeitenden Personen zu billigen oder zu mißbilligen.
Als Diskussionen im Zusammenhang mit der Parteienfinanzierung aufgekommen sind, habe ich in meiner Eigenschaft als Vorsitzender der CDU Deutschlands alle Anstrengungen unternommen, um die offenen Fragen einer gesetzlichen Klärung zuzuführen. Ich habe seit 1975 immer wieder in Gesprächen mit den Parteivorsitzenden der anderen demokratischen Parteien und mit den Fraktionsvorsitzenden des Deutschen Bundestages eine Lösung angestrebt. Aber alle meine Bemühungen scheiterten an der Haltung der SPD. Erst nach meiner Wahl zum Bundeskanzler ist es gelungen, die Parteienfinanzierung auf eine neue, befriedigende Grundlage zu stellen.

Zu Frage 3:
Nein.

Zu Frage 4:
Nein.
Ich kenne keinen Fall, in dem über eine Spende an meine Partei – ob Bundespartei oder Landesverband – versucht wurde, auf eine politische oder amtliche Entscheidung Einfluß zu nehmen. Sowohl in meiner Eigenschaft als Vorsitzender der CDU Rheinland-Pfalz als auch als Vorsitzender der CDU Deutschland habe ich die Weisung erteilt, keine mit Auflagen verbundenen Spenden entgegenzunehmen.
Der Bundesschatzmeister und der Landesschatzmeister des Landesverbandes Rheinland-Pfalz haben mir wiederholt bestätigt, daß meine Weisung strikt befolgt wurde.«

2) In seiner mündlichen Vernehmung vor dem Parteispendenausschuß am 18. Juli 1985 erklärte Dr. Kohl im einzelnen u. a. folgendes:

»Vorsitzender Abg. Schnarr... Zunächst sind es nur die allgemeinen Fragen, die auf der ersten Seite unter A 1—5 stehen. Zeuge Dr. Kohl: Die Fragen 1 und 2, die Sie gestellt haben — ich kann das nur für mich beantworten, was gefragt wird, für andere einzelne Mitglieder der Landesregierung kann ich das natürlich nicht beantworten – kann ich beide mit nein beantworten.
Vorsitzender Abg. Schnarr: Sie sagen also, die Frage, ob Ihnen bekannt gewesen sei, daß die SV, die GEUM und die GFEW
(Zeuge Dr. Kohl: Was ist GFEW?)
— das ist die Gesellschaft für europäische Wirtschaftspolitik, die in Neuwied ihren Sitz hat—, der Spendenbeschaffung dienten, könnten Sie nur mit Nein beantworten. Die zweite Frage ist, ob die Tätigkeit dieser

Vereinigungen (als Spendenwaschanlage) als gemeinnützig bzw. ihre steuerliche Behandlung als Berufsverband von Ihnen als damaliger Ministerpräsident gebilligt wurde. Wenn Sie sagen, Sie haben Sie nicht gekannt...
Zeuge Dr. Kohl: Ich habe in meiner Amtszeit als Ministerpräsident im dienstlichen — das ist doch praktisch der Kern Ihrer Frage — mit der Frage, ob steuerlich relevant oder ob gemeinnützig in Bezug auf diese Gesellschaften nichts zu tun gehabt.«

Beweis: Protokoll des Parteispendenausschusses des Landtages Rheinland-Pfalz vom 18. 7. 1985, um dessen Beiziehung gebeten wird, auf Seite 3 (im folgenden Prot. UA LT Seite 3 genannt)

Ferner erklärte Dr. Kohl zu den Beweisfragen unter Ziff. IV des Untersuchungsauftrages im Verlauf seiner Vernehmung folgendes:

»Vorsitzender Abg. Schnarr: ...Dann käme noch V, das ist auf Seite 3. Da ist die Frage, ob Sie als Ministerpräsident (Zuruf IV! — Zeuge Dr. Kohl: Bei IV waren wir noch)
— Ja, ob Sie, Herr Bundeskanzler, als damaliger Ministerpräsident — nun zu IV — etwas davon wußten, daß diese Staatsbürgerliche Vereinigung, die in Koblenz ihren Sitz hatte, als Geld- und Spendenbeschaffungsanlage diente.
Zeuge Dr. Kohl: Nein! Ich kannte natürlich die Staatsbürgerliche Vereinigung. Denn ich selbst habe, wie andere, vor allem dann noch später als Parteivorsitzender, immer wieder auf Veranstaltungen gesprochen. Die Staatsbürgerliche Vereinigung hat immer, d. h., das macht sie heute auch noch, Seminare veranstaltet, meistens im Hotel Dreszen in Godesberg, bei denen also praktisch alle wesentlichen Politiker der Bundesrepublik als Referenten, auch aus allen demokratischen Parteien, aufgetreten sind. Insofern kenne ich natürlich die Staatsbürgerliche Vereinigung; aber die Spendenpraxis und inwieweit das steuerlich relevant war oder nicht — das ist ja der Kern Ihrer Frage, wenn ich es richtig verstehe —,
(Vorsitzender Abg. Schnarr: Ja!)
— dazu kann ich nichts sagen.
Vorsitzender Abg. Schnarr: Da ist nämlich die weitere Beweisfrage formuliert, ob Sie von der steuerlichen Behandlung der Staatsbürgerlichen Vereinigung als Berufsverband Kenntnis hatten.
Zeuge Dr. Kohl: Ja, die Kenntnis, die ich heute habe, habe ich aus der Diskussion, die wir im parlamentarischen Untersuchungsausschuß in Bonn am Rande dieses Geschehens hatten, aber das ist ...
Vorsitzender Abg. Schnarr: Es geht dort um Ihre Zeit als Ministerpräsident, d. h. von 1969 bis 1976.
Zeuge Dr. Kohl: Nein...
...Abgeordneter Dr. Schnarr: Wissen Sie etwas davon, ob nach dem

11. 3. 76 von der Staatsbürgerlichen Vereinigung 50000 DM an Sie gezahlt wurden von einer Firma in...
Zeuge Dr. Kohl: Ist das der Vorgang Barmenia?
Ja.
Zeuge Dr. Kohl: Das habe ich eigentlich schon beantwortet. Ich hatte vorhin darauf hingewiesen — das ist doch der Zusammenhang mit Teltschik? —,
(Vorsitzender Abg. Schnarr: Ja!)
— daß ich dort angesprochen habe und daß ich darum gebeten habe, statt eines Honorars meiner Partei — das war ja vor der Bundestagswahl 76 — eine Spende zu überreichen. Über die Abwicklung dieser Sache weiß ich nichts; ich weiß auch nicht, wie die Details waren und die Höhe.«

Beweis: Protokoll UA LT Seite 15/16

Ferner erklärte Dr. Kohl zusätzlich auf Nachfrage:

»Abg. Scharping: Haben Sie irgendeinen konkreten Hinweis darauf, daß der Finanzverwaltung Rheinland-Pfalz in der Zeit Ihrer Ministerpräsidentenschaft bis 1976 etwas über die Praxis der Parteifinanzierung im Zusammenhang mit der Staatsbürgerlichen Vereinigung bekannt war?
Zeuge Dr. Kohl: Ich habe keinen solchen Hinweis.«

Beweis: Protokoll UA LT Seite 58

Nach etwa 2 Monaten seit seiner Vernehmung am 18. 7. 85 sah sich Dr. Kohl veranlaßt, dem Vorsitzenden ein Schreiben mit folgendem Inhalt zu übersenden:

»Sehr geehrter Herr Vorsitzender,
bei der Durchsicht des Protokolls über meine Zeugenaussage in der 18. Sitzung des Untersuchungsausschusses am 18. 7. 1985 ist mir aufgefallen, daß meine Antwort auf Seite 3 Abs. 2 des Protokolls zu den Fragen A 1) und A 2) des Beweisbeschlusses vom 11. 7. 1985 zu Mißdeutungen Anlaß geben könnte, sofern man die Antwort isoliert betrachtet.
Entsprechend den allgemein gefaßten Fragen habe ich allgemein geantwortet. Meine Aussage ist im Zusammenhang mit den übrigen Antworten zu den einschlägigen Einzelfragen insbesondere auf Seite 11, 12 und 15f. des Protokolls zu sehen. Auch steht diese Antwort in engem Zusammenhang mit meinen schriftlichen Antworten, die ich auf Wunsch des Untersuchungsausschusses mit Schreiben vom 29. 5. 1985 diesem übermittelt habe.
Ich gehe davon aus, daß diese Antworten einen Teil meiner Zeugenaussagen bilden.
Mit freundlichen Grüßen
gez. Helmut Kohl«

Beweis: Anliegende Ablichtung des Schreibens von Dr. Kohl vom 14. 9. 1985 — *Anlage 3*

3) Hinsichtlich der Frage, ob Dr. Kohl entsprechend seinen Angaben wußte, daß die Staatsbürgerliche Vereinigung Koblenz, als Geld- und Spendenbeschaffungsanlage diente, bestehen folgende Erkenntnisse:

a) In der Hauptverhandlung vor der 7. Großen Strafkammer des Landgerichts Bonn hat der Angeklagte von Brauchitsch erklärt, daß er sich hinsichtlich der Staatsbürgerlichen Vereinigung auf die Empfehlungen und Auskünfte angesehener Persönlichkeiten verlassen habe, u. a. auch die des damaligen Ministerpräsidenten und jetzigen Bundeskanzlers Dr. Kohl.

In einem Prozeßbericht vom 20. September 1985 in der Wochenschrift »DIE ZEIT« wird die Aussage von Brauchitschs wie folgt wiedergegeben:

»Die ›angesehensten Politiker‹, die ›höchste Staatsämter bekleiden und heute noch bekleiden‹, wären ›nicht selten mit bemerkenswerter Hartnäckigkeit‹ um Spenden des Hauses Flick vorstellig geworden. Männer wie Scheel, Kohl, von Hassel, Schröder, Ertl, Karry und Kiep hätten die Lenkung der Millionen über die Staatsbürgerliche Vereinigung mit steuersparender Wirkung befürwortet.«

Beweis: Auskunft der 7. Großen Strafkammer des Landgerichts Bonn sowie der Sitzungsvertreter der StA Bonn

Zur weiteren Aufklärung wird es erforderlich sein, den Zeugen von Brauchitsch über die Kenntnisse von Dr. Kohl hinsichtlich der Staatsbürgerlichen Vereinigung zu vernehmen.

In der Hauptverhandlung hat der Zeuge von Brauchitsch zudem ausgesagt, er sei mit dem damaligen Vorsitzenden der CDU-Bundestagsfraktion Prof. Carstens, Ministerpräsident Kohl und Schatzmeister Kiep sowie einem Dutzend Topmanagern aus Industrie und Wirtschaft am 11. November 1974 in der Villa des Vorsitzenden der Staatsbürgerlichen Vereinigung, Fritz Berg, zu Gast gewesen. Am Rande solcher Veranstaltungen sind nach Aussage von Brauchitschs die CDU-Politiker u. a. Helmut Kohl, und die Vorsitzenden der Staatsbürgerlichen Vereinigung immer auch auf Parteispenden zu sprechen gekommen, die über die Staatsbürgerliche Vereinigung abgewickelt werden sollten.

Beweis: Zeugnis von Brauchitsch, Kiep und Prof. Carstens

In den Aufzeichnungen des Sekretariats von Brauchitsch befindet sich ein Hinweis auf das Treffen vom 11. November 1974 unter Ziff. 2 mit folgendem Inhalt:

»Prof. Stein lädt Sie zu einem Gespräch in der Wohnung von Herrn Berg am 11. 11. um 19.00 Uhr ein. Teilnehmer: Dr. Kohl, H. Kiep, H. Carstens...«

Beweis: Akten StA Bonn 42 Js 657/82 — BMO 2
Blatt 25

Prof. Stein, der zweite Vorsitzende der Staatsbürgerlichen Vereinigung, lud seinerzeit die Politiker von CDU und FDP in getrennten Gruppen zu sogenannten »Spitzenbesprechungen« ein. So fand die Spitzenbesprechung mit der sogenannten Gruppe II (Genscher, Friderichs, Karry) im Hause Berg auf Einladung von Prof. Stein am 17. 12. 1974 statt.

Beweis: Wie vor — BMO 2 Blatt 28

b) Ausweislich der Diehl-Liste sind in den Jahren 1974 bis 1979 mehr als 3,2 Millionen DM über die Staatsbürgerliche Vereinigung in die Kassen der CDU geschleust worden.

Beweis: Diehl-Liste

Dem Zeugen von Brauchitsch war diese Umwegfinanzierung bekannt. Auch in den Jahren vor 1974 sind Spendenzahlungen an die CDU über die Staatsbürgerliche Vereinigung geflossen. So findet sich in den Aufzeichnungen des Sekretariats des Zeugen von Brauchitsch ein für ihn bestimmter Vermerk vom 24. 5. 1974, in dem unter Ziff. 5 folgendes festgehalten wurde:

»Herr Diehl wird auflisten die gesamten Zahlungen an die Staatsbürgerliche Vereinigung der letzten 4 Jahre für Montag vormittag./h.«

Beweis: Akten StA Bonn 42 Js 637/82 — BMO 2 Blatt 8

Dr. Kohl hatte zu dem Zeugen von Brauchitsch ein sehr enges und freundschaftliches Verhältnis. Es ist nicht anzunehmen, daß er ihn von der Umwegfinanzierung über die Staatsbürgerliche Vereinigung nicht informiert hat.

Beweis: Zeugnis von Brauchitsch

c) Aus einem von der Firma Flick an den damaligen Schatzmeister der CDU gerichteten Schreiben vom 16. 5. 1974 geht hervor, daß zwischen der Firma Flick und dem Zeugen Kiep keine Unklarheiten hinsichtlich der Abwicklung der Spendenleistungen über die Staatsbürgerliche Vereinigung zwecks Erlangung von Spendenbescheinigungen bestanden.

Es heißt in dem Schreiben u. a.:

»Unter Bezugnahme auf unsere am Montag, dem 13. Mai 1974, stattgehabte eingehende Besprechung überreichen wir Ihnen in der Anlage das an Herrn Professor Gustav Stein — Staatsbürgerliche Vereinigung 1954 e.V., Köln — gerichtete Originalschreiben unter Beifügung des darin erwähnten Verrechnungsschecks über den Betrag von insgesamt DM 500000. Absprachegemäß werden Sie das an Herrn Prof. Stein gerichtete Schreiben mit Verrechnungsscheck im Original an Herrn Prof. Stein persönlich übermitteln und die zwischen uns abgestimmten Dispositionen veranlassen. Unter uns vereinbarten wir in diesem Zusammenhang, daß Sie hiervon einen Teilbetrag von DM 400000 als Leistung für das Jahr 1974 verwenden. Über das Jahr 1975 werden wir zu einem späteren Zeitpunkt sprechen...«

Beweis: Wie vor — Blatt 18

In dem Schreiben an Professor Stein heißt es u. a.:

»In der Anlage überreichen wir Ihnen Verrechnungsscheck... über DM 500000, ausgestellt auf die Staatsbürgerliche Vereinigung 1954 e. V. Köln, mit der Bitte, diesen Betrag in einer Art und Weise zu verwenden, wie zwischen Herrn Kiep und uns vereinbart worden ist und über die Ihnen Herr Kiep mündlich berichten wird. Sie wollen bitte veranlassen, daß uns eine Spendenbescheinigung übermittelt wird...«

Beweis: Wie vor — Blatt 19

Über die Besprechung mit dem Zeugen Kiep vom 13. 5. 74 fand sich in den Unterlagen von Herrn von Brauchitsch folgender Vermerk von Herrn Kaletsch vom 14. 5. 1974, der auszugsweise folgenden Inhalt hat:

»...Wir zahlen also an L-K. jetzt im Jahre 1974 einen Gesamtbetrag von DM 0,5 Mio, und zwar aus Gründen der Abzugsfähigkeit über die Staatsbürgerliche Vereinigung.
Um Mißverständnissen auszuweichen und auch sicherzustellen, daß der Betrag in die Dispositionen von L-K. kommt, werden wir einen auf die Staatsbürgerliche Vereinigung ausgestellten Verrechnungsscheck mit einem an die Staatsbürgerliche Vereinigung gerichteten Brief an Herrn L-K. persönlich schicken, so daß L-K. in der Lage ist, diesen Brief mit dem Verrechnungsscheck an die Staatsbürgerliche Vereinigung selbst zu übermitteln.«

Beweis: Wie vor — Blatt 20/21

Zur weiteren Aufklärung ist die Vernehmung des Zeugen Kiep angezeigt. Der Zeuge verfügte ebenfalls über enge Beziehungen zu Dr. Kohl. Es muß davon ausgegangen werden, daß auch er mit ihm die Frage der Spendenabwicklung über die Staatsbürgerliche Vereinigung besprochen hat.

d) In den Spendenlisten der Barmenia-Versicherung aus den Jahren 1974, 1975 und 1976 ist vermerkt, daß für Dr. Kohl, in den genannten Jahren über die Staatsbürgerliche Vereinigung Spendenzahlungen in Höhe von insgesamt rd. 100000 DM geleistet worden sind.

Beweis: Auskunft der StA Bonn

e) Unter dem Datum des 19. November 1973 richtete der Stellvertretende Vorsitzende der Staatsbürgerlichen Vereinigung an Dr. Kohl ein persönliches Schreiben, das auszugsweise folgenden Inhalt hatte:

»Heute erhalte ich davon Mitteilung, daß der ›STERN‹ in seiner letzten Ausgabe in dem Artikel ›Wer macht den Kohl kaputt‹ folgendes ausführt...
Es versteht sich, daß ich kein Wort über Umverteilung von Wahlkampfspenden gesprochen noch sonstige Ausführungen im Sinne der Berichterstattung gemacht habe...«

Beweis: Anliegende Ablichtung des Schreibens Prof. Stein vom 19. November 1973 — *Anlage 4*

Aus dem Schreiben geht hervor, daß die Staatsbürgerliche Vereinigung Wahlkampfspenden »umverteilen« sollte und demzufolge zur Spendenbeschaffung diente.

f) In einem Schreiben vom 23. Mai 1977 dankte der Schatzmeister der CDU dem Vorsitzenden der Geschäftsführung der Robert Bosch GmbH Prof. Dr. Merkle auch im Namen von Dr. Kohl »für alle große Hilfe, die Sie uns erneut zuteil werden ließen und die uns wesentlich dabei helfen wird, die finanziellen Voraussetzungen für unsere politische Arbeit sicherzustellen«.

Beweis: Zeugnis 1) Kiep
2) Prof. Merkle

Die entsprechenden Spendenleistungen sollen ebenfalls über die Staatsbürgerliche Vereinigung geschleust worden sein.

Beweis: Wie vor

Nach dem Wortlaut des Schreibens vom 23. 5. 1977 ist davon auszugehen, daß Dr. Kohl auch über diese Spendentransaktion informiert war.

Beweis: Wie vor

g) Für eine Rücksprache mit Dr. Mann, dem Hauptgeschäftsführer des Bundesverbandes der Deutschen Industrie ließ der Zeuge von Brauchitsch von seinem Büro unter dem Datum vom 4. 9. 79 folgenden Vermerk anfertigen:

»Wegen Liquidation Staatsbürgerliche Vereinigung (Kohl informieren)«

Beweis: Akten StA Bonn 42 Js 657/82 BMO 2 Blatt 168

Dieser Vermerk spricht dafür, daß Dr. Kohl auch in die Überlegungen über die Liquidation der Staatsbürgerlichen Vereinigung eingeschaltet war. Das macht nur einen Sinn, wenn ihm die Spendentransaktionen über die Staatsbürgerliche Vereinigung bekannt waren.

In diesem Zusammenhang verdient ein Schreiben vom 3. Dezember 1979 Interesse, das der frühere im März 1980 verstorbene CDU-Abgeordnete Hans Dichgans an Herrn Buwert richtete, das folgenden Wortlaut hat:

»Lieber Herr Buwert,
vielen Dank für Ihre beiden Briefe. Wir sollten uns als in Liquidation befindlich betrachten, scheint mir ein genialer Einfall. Liquidationen können sich, wie wir beide gut wissen, überraschend lang hinziehen. In der Zwischenzeit können wir noch Geschäfte abwickeln. Dabei taucht folgendes Problem auf. Die Weltlage ist schwierig. Der Fall Teheran hat gezeigt, daß wir weit mehr wissen mußten, als wir wissen. Über eine Erweiterung der Forschung in diesem Bereich wird nachgedacht und man denkt insbesondere an die Schweiz, wo ja immer schon Untersuchungen dieser Art betrieben worden sind. Chancen haben solche Aktionen nur, wenn sie völlig vertraulich betrieben werden. Wenn sich nun in der Schweiz eine oder zwei Aktionen abspielen, sehr vertraulich, könnten wir sie nicht im Rahmen unserer Satzung unterstützen, auch in der Form, daß wir Kontakt nur mit einer einzelnen, vertrauenswürdigen Person haben, die uns von maßgebenden Leuten (Denkmodell Friderichs) empfohlen ist. Die offenbare Notwendigkeit höchster Vertraulichkeit könnte für uns Veranlassung sein, auf sonst übliche Berichte über Aktionen und Ergebnisse zu verzichten. Ich neige als Jurist dazu, das

für zulässig zu halten. Was meinen Sie? Wir wollen am 10. 12. darüber sprechen.
Mit herzlichen Grüßen
Ihr
gez. Hans Dichgans«

Beweis: Anliegende Ablichtung des Schreibens vom 3. 12. 79 — *Anlage 5*

Zum Verständnis dieses Schreibens ist der Hinweis geboten, daß die Staatsbürgerliche Vereinigung e.V. Koblenz in ihren Rechenschaftsberichten zur Verdeckung ihrer Spendenzahlungen in Millionenhöhe Aufwendungen für angebliche »Forschungsaufträge wissenschaftlicher und staatspolitischer Natur« an obskure Institute in der Schweiz und in Liechtenstein aufgeführt hat.

Beweis: Bericht der Steuerfahndungsstelle Sankt Augustin vom 28. Dezember 1982 in den Akten StA Bonn 40 Js 114/81 (SV), Seite 62 bis 82

Der damalige hessische Ministerpräsident Dr. Zinn hat deshalb bereits mit Recht im Jahre 1958 von einer »Tarnorganisation« gesprochen, von der er glaubte, daß dieser durch das vom Land Hessen erwirkte Urteil des Bundesverfassungsgerichts das Handwerk gelegt werden könnte. Zinn hat seinerzeit sein »äußerstes Befremden« zum Ausdruck gebracht, daß »sowohl die Bundesregierung als auch ihre Parteien nach den mündlichen Verhandlungen vor dem Verfassungsgericht in den letzten Wochen eine Einwirkung auf das Gericht versucht hätten«.

Beweis: Wie vor Seite 62

Sein Befremden wäre vermutlich noch sehr viel größer gewesen, wenn er erfahren hätte, daß die Spendenkanalisation über die Staatsbürgerliche Vereinigung auch in den folgenden Jahren fortgesetzt wurde.

h) Im Jahre 1980 kündigte Günther Herzog, Geschäftsführer der Landesvereinigung rheinland-pfälzischer Unternehmer, anläßlich eines Besuchs bei dem Zeugen Buwert, einer Schlüsselfigur bei der Abwicklung von Spenden zu Gunsten der CDU über die Staatsbürgerliche Vereinigung, an, daß sein Verband die 100000 DM nunmehr an Kohl persönlich zahlen wolle. Daraus könnte der Schluß gezogen werden, daß bis zum Jahre 1980 der genannte Verband die für Dr. Kohl bestimmten Gelder über die Staatsbürgerliche Vereinigung geleitet hat.

Beweis: Zeugnis Buwert und Günther Herzog

Buwert fertigte im Jahre 1980 auch über die Spendenpraxis der Staatsbürgerlichen Vereinigung ein »Memorandum« an, von dem er ein Exemplar auch Dr. Kohl zuleitete.

Beweis: Zeugnis Buwert

i) Am 15. Dezember 1980 soll ein Treffen zwischen Dr. Kohl, Schatzmeister Leisler Kiep, dem Generalbevollmächtigten Lüthje, Prof. Merkle, dem Vorstandssprecher der Deutschen Bank, Christians, sowie Prof. Rodenstock und Dr. Mann vom BDI stattgefunden haben. In dieser Unterredung sollen ebenfalls Einzelheiten der Spendenabwicklung über die Staatsbürgerliche Vereinigung erörtert worden sein.

Beweis: Zeugnis der vorgenannten Gesprächsteilnehmer

Von Dr. Lüthje muß angenommen werden, daß er seit langem in die Praktiken der Staatsbürgerlichen Vereinigung eingeweiht war. Unter den von der Steuerfahndungsstelle Sankt Augustin sichergestellten Urkunden fand sich auch ein Schreiben des Schatzmeisters der CDU, Leisler Kiep, vom 25. Juni 1972 an eine Firma X mit folgenden Ausführungen:

»Da Sie an dem Gespräch am 10. 7., zu dem Herr Ministerpräsident Filbinger eingeladen hatte, nicht teilnehmen konnten, darf ich mir erlauben, mich auf diesem Wege mit einer herzlichen Bitte an Sie zu wenden:
Unsere sehr eingehende Diskussion aktueller politischer Fragen ließ eine große Bereitschaft deutlich werden, uns auch bei der Schaffung der materiellen Voraussetzungen für einen erfolgreichen Bundestagswahlkampf zu helfen. Wir wären Ihnen zu ganz besonderem Dank verbunden, wenn sie uns Ihre Unterstützung zuteil werden lassen könnten...«

An diesem Schriftstück befand sich eine Notiz mit den Bankkonten der Staatsbürgerlichen Vereinigung, an der eine Visitenkarte des Generalbevollmächtigten Dr. Lüthje befestigt war. Auf der Notiz war handschriftlich vermerkt worden:

»Bei Zahlung Parallelmeldung an Herrn Leisler Kiep oder Herrn Lüthje (s. Visitenkarte)
(Zusendung einer Kopie der Spendenmeldung)

Beweis: Wie vor Seite 83

4) Zusammenfassend ist festzustellen, daß zahlreiche Indizien auf eine genaue Kenntnis von Dr. Kohl hinsichtlich der Spendenabwicklung

über die Staatsbürgerliche Vereinigung hindeuten. Darüber hinaus hat der Zeuge von Brauchitsch ausdrücklich erklärt, Dr. Kohl habe die Spendentransaktionen über die Staatsbürgerliche Vereinigung gekannt und gebilligt.

Demnach sind die Bekundungen von Dr. Kohl vor dem rheinland-pfälzischen Untersuchungsausschuß hinsichtlich seiner angeblichen Unkenntnis von der Spendenabwicklung über die Staatsbürgerliche Vereinigung falsch.

Es gibt keine Anhaltspunkte, daß es sich lediglich um einen entschuldbaren Gedächtnisfehler gehandelt haben könnte, weil die Kenntnis von Dr. Kohl über einen sehr langen Zeitraum bestanden haben muß und die Spendentransaktionen über die Staatsbürgerliche Vereinigung für die CDU, deren finanzielle Situation nach Darstellung von Dr. Kohl in den fraglichen Jahren äußerst prekär war, von großer Bedeutung und Tragweite waren.

5) Lediglich der Vollständigkeit halber ist darauf hinzuweisen, daß Spendenzuwendungen an die CDU über die Staatsbürgerliche Vereinigung unter Inanspruchnahme steuerlicher Vergünstigungen für Zuwendungen an gemeinnützige Organisationen oder Berufsverbände spätestens seit der Entscheidung des Bundesverfassungsgerichts aus dem Jahre 1958 unzulässig waren.
Der damalige Hauptgeschäftsführer des Bundesverbandes der Deutschen Industrie und Vorstandsmitglied der Staatsbürgerlichen Vereinigung e.V., Prof. Gustav Stein, hat das seinerzeit in einem SPIEGEL-Gespräch im Jahre 1959 ausdrücklich wie folgt anerkannt:

»SPIEGEL: Aber politische Parteien bekommen seit dem Karlsruher Verfassungsurteil nichts mehr von der Staatsbürgerlichen Vereinigung?

Stein: Nein, Parteien können heute nur noch aus Verbänden oder aus versteuertem Gewinn unterstützt werden.«

(SPIEGEL Nr. 45 vom 4. 11. 1959 Seite 25)

III.

Es wird gebeten, die erforderlichen Ermittlungen in die Wege zu leiten und den Unterzeichneten über deren Ergebnis zu unterrichten.

(Schily)

Otto Schily
Mitglied des Deutschen Bundestages

Staatsanwaltschaft Bonn
z. Hd. Herrn Staatsanwalt
Dettmann
Postfach 2109

5300 Bonn 1

Betr.: Ermittlungsverfahren gegen Bundeskanzler Dr. Helmut Kohl — AZ 50 AR 12/86 — (Strafanzeige vom 29. Januar 1986)

Sehr geehrter Herr Dettmann,

in Ergänzung des Sachvortrages in meinem Schreiben vom 29. Januar 1986 unter Ziff. I) darf ich noch auf folgendes hinweisen:

1) In der sogenannten Diehl-Liste sind in der Rubrik »Inoffizielle Zahlungen« für das Jahr 1977 folgende Zahlungen eingetragen:

»6. 12. vB wg. Kohl	30000 DM
6. 12 vB wg. Graf Lambsdorff	30000 DM«

Die sich aus der Addition der beiden Beträge von je 30000 DM ergebende Summe von 60000 DM korrespondiert mit einer »Barabhebung für Kasse Diehl« am 6. 12. 77 bei der Deutschen Bank in Höhe von 60000 DM.

Beweis: Band XXXVII Blatt 327 der Strafakten LG Bonn 27 F 7/83

2) Der Zeuge von Brauchitsch hat am 6. 12. 77 den Empfang eines Barbetrages in Höhe von 60000 DM quittiert. Auf der Rückseite der Quittung hat der Zeuge Diehl folgendes eingetragen:

»30 Ko
30 GrLa«

Beweis: Ordner »Flick-Konzern Dispositionskasse 1974—1981« Blatt 47 und 48

3) In dem von dem Buchhalter Diehl geführten Kassenbuch findet sich für das Datum vom 6. Dezember 1977 ebenfalls eine Eintragung

»vB wg. Kohl u. Lambsdorff 60000«

Beweis: Wie vor — Blatt 267

4) In der Schutzschrift seines Verteidigers, Rechtsanwalt Vester, vom 7. Dezember 1982 hat der Zeuge von Brauchitsch ausführlich zu den Aufzeichnungen in der Buchhaltung des Zeugen Diehl Stellung genommen. Der Zeuge von Brauchitsch hat in dieser Schutzschrift die Verläßlichkeit einiger Eintragungen in der Diehl-Liste bezweifelt. So ließ er u. a. vortragen, die in der Diehl-Liste eingetragene Zahlung an Graf Lambsdorff vom 6. 12. 77 sei nicht an ihn, sondern an den damaligen FDP-Schatzmeister Karry erfolgt.

Die Eintragung von Diehl am 6. 12. 77 hinsichtlich der Zahlung an Dr. Kohl in Höhe von 30000 DM hat der Zeuge von Brauchitsch in der genannten Schutzschrift nicht beanstanden lassen.

Beweis: Band IX Blatt 49ff. der Strafakten LG Bonn
27 F 7/83

Mit freundlichen Grüßen
(Schily)

Anmerkungen

1. Das Verfahren

[1] Hans Werner Kilz/Joachim Preuß, Flick – Die verkaufte Republik, Rowohlt 1983, S. 21ff.
[2] Der Tagesspiegel, 18. Dezember 1981
[3] Neue Zürcher Zeitung, 5. März 1982
[4] Die Welt, 30. November 1982
[5] 50 Js 36/82
[6] AZ 27F7/83 StA Bonn 50 Js 36/82
[7] 41 Js 272/80
[8] 42 Js 657/82, ausgetrennt aus dem Ermittlungsverfahren 40 Js 114/81
[9] AZ Js 11 711/83
[10] AZ 301 Js 14 455/84 und 301 Js 15 994/84
[11] 405 E – Bd. I–III
[12] 50 Js 36/82
[13] 40 Js 114/81
[14] 27 F 7/83 – 50 Js 36/82
[15] Ebd.
[16] Kölner Stadtanzeiger, 24. Oktober 1984
[17] Frankfurter Rundschau, 10. Dezember 1984
[18] Frankfurter Allgemeine Zeitung, Magazin, 1. März 1985

2. Politik in bar. Die ermittelten Tatsachen

Die Anmerkungen zu diesem Teil finden sich wie in der ursprünglichen Bundesdrucksache jeweils unmittelbar hinter der betreffenden Textstelle.

3. Die Verfassung unserer Republik

[1] Frankfurter Allgemeine Zeitung, 7. Mai 1985
[2] Zitiert nach Peter Kulitz, Unternehmerspenden an politische Parteien, Duncker & Humblot 1983, S. 29
[3] Ebd., S. 36
[4] Ebd., S. 39
[5] Ebd., S. 40
[6] Michael Schneider, Die Wiedergutmachung oder Wie man einen verlorenen Krieg gewinnt, Kiepenheuer & Witsch 1985, S. 225
[7] Denkschrift des SPD Vorstandes »Unternehmermillionen kaufen politische Macht!«, S. 2
[8] Kulitz, a. a. O., S. 46/47

[9] Ebd., S. 48
[10] Ebd., S. 48/49
[11] Ebd., S. 51
[12] Ebd., S. 51
[13] Ebd., S. 51/52
[14] Ebd., S. 53
[15] Ebd., S. 54
[16] Vom 6. Mai 1956
[17] Ebd.
[18] Joachim Wagner, Tatort Finanzministerium, Rowohlt 1986, S. 74ff.
[19] Kilz/Preuß, a. a. O., S. 13f.;
Kulitz, a. a. O., S. 80f und S. 137ff.
[20] Kulitz, a. a. O., S. 141
[21] Peter Lösche, Wovon leben die Parteien?, S. Fischer Taschenbuch Verlag 1984, S. 87
[22] Bericht zur Neuordnung der Parteienfinanzierung, S. 163
[23] Schneider, a. a. O., S. 270
[24] Der Spiegel 45/1959, S. 28
[25] Kilz/Preuß, a. a. O., S. 227
[26] Benjamin B. Ferencz, Lohn des Grauens, Campus 1981, S. 197
[27] Kilz/Preuß, a. a. O., S. 231
[28] Handelsblatt, zitiert nach Kilz/Preuß, a. a. O., S. 235
[29] Joachim Feyerabend, Die leisen Millionen. Das Imperium des Friedrich Karl Flick, Econ 1984, S. 32ff.
[30] Joseph Borkin, Die unheilige Allianz der IG Farben, Campus 1985, S. 111
[31] Robert Neumann, Hitler. Aufstieg und Untergang des Dritten Reiches, Kurt Desch Verlag 1961, S. 249
[32] Roul Hilberg, Die Vernichtung der europäischen Juden, Olle & Wolter 1982, S. 628
[33] Aussage von Franz Josef Strauß vor dem Untersuchungsausschuß, Protokoll 54/147
[34] BVerfGE Band 52, 86f.
[35] BVerfGE 8/71
[36] Hans Georg Schweppenhäuser, Macht des Eigentums, Radius 1970

Der Autor

Otto Schily, geboren am 20. Juli 1932 in Bochum, Jura-Studium in München, Hamburg und Berlin. Gründungsmitglied der GRÜNEN. Von März 1983 bis März 1986 Mitglied des Deutschen Bundestages. Mitglied des Präsidiums der Neuen Gesellschaft für bildende Kunst und des Beirats der Humanistischen Union. Rechtsanwalt in Berlin.
Veröffentlichte zuletzt »Vom Zustand der Republik«. Wagenbach: Berlin 1986

Buchanzeigen